DESENVOLVIMENTO DE SOFTWARE III

PROGRAMAÇÃO DE SISTEMAS WEB ORIENTADA A OBJETOS EM JAVA

M149d Machado, Rodrigo Prestes.
          Desenvolvimento de software III : programação de sistemas web orientada a objetos em Java / Rodrigo Prestes Machado, Márcia Häfele Islabão Franco, Silvia de Castro Bertagnolli. – Porto Alegre : Bookman, 2016.
          x, 209 p. : il. ; 25 cm.

          ISBN 978-85-8260-370-3

          1. Informática. 2. Desenvolvimento de software – Java. I. Franco, Márcia Häfele Islabão. II. Bertagnolli, Rodrigo Prestes. III. Título.

                                                    CDU 004.438

Catalogação na publicação: Poliana Sanchez de Araujo – CRB 10/2094

RODRIGO PRESTES MACHADO
MÁRCIA HÄFELE ISLABÃO FRANCO
SILVIA DE CASTRO BERTAGNOLLI

DESENVOLVIMENTO DE SOFTWARE III

PROGRAMAÇÃO DE SISTEMAS WEB ORIENTADA A OBJETOS EM JAVA

bookman

2016

© Bookman Companhia Editora Ltda., 2016

Gerente editorial: *Arysinha Jacques Affonso*

Colaboraram nesta edição:

Editora: *Maria Eduarda Fett Tabajara*

Processamento pedagógico: *Cristina Arena Forli*

Capa e projeto gráfico: *Paola Manica*

Editoração: *Estúdio Castellani*

Reservados todos os direitos de publicação à
BOOKMAN EDITORA LTDA., uma empresa do GRUPO A EDUCAÇÃO S.A.
A série Tekne engloba publicações voltadas à educação profissional e tecnológica.

Av. Jerônimo de Ornelas, 670 – Santana
90040-340 – Porto Alegre – RS
Fone: (51) 3027-7000   Fax: (51) 3027-7070

Unidade São Paulo
Av. Embaixador Macedo Soares, 10.735 – Pavilhão 5 – Cond. Espace Center
Vila Anastácio – 05095-035 – São Paulo – SP
Fone: (11) 3665-1100   Fax: (11) 3667-1333

SAC 0800 703-3444 – www.grupoa.com.br

É proibida a duplicação ou reprodução deste volume, no todo ou em parte, sob quaisquer formas ou por quaisquer meios (eletrônico, mecânico, gravação, fotocópia, distribuição na Web e outros), sem permissão expressa da Editora.

IMPRESSO NO BRASIL
PRINTED IN BRAZIL

Os autores

Rodrigo Prestes Machado (Org.)
Graduado em Ciência da Computação pela Universidade Católica de Pelotas (UCPel) e mestre em Informática pela Pontifícia Universidade Católica do Rio de Janeiro (PUC-Rio). Professor do IFRS.

Márcia Häfele Islabão Franco (Org.)
Graduada em Ciência da Computação pela UCPel, mestre em Ciência da Computação pela Universidade Federal de Pernambuco (UFPE) e doutora em Ciência da Computação pela UFRGS. Professora do IFRS.

Silvia de Castro Bertagnolli (Org.)
Graduada em Informática pela Universidade Federal de Santa Maria (UFSM). Mestre e doutora em Computação pela Universidade Federal do Rio Grande do Sul (UFRGS). Professora do IFRS.

Alex Martins de Oliveira
Graduado em Ciência da Computação pela Universidade Federal do Rio Grande do Norte e Mestre em Ciência da Computação pela Universidade Federal do Rio Grande do Sul (UFRGS). Atualmente, é professor no Instituto Federal de Educação, Ciência e Tecnologia do Rio Grande do Sul (IFRS/POA).

Carlos Tadeu Queiroz de Morais
Graduado em Matemática Aplicada à Informática pela Universidade Luterana do Brasil (ULBRA), mestre em Ciência da Computação pela UFRGS e doutor em Informática na Educação pela mesma universidade, com período sanduíche na Université Joseph-Fourier (Grenoble, França). Professor do IFRS e da Estácio FARGS.

Karen Selbach Borges
Graduada em Informática pela PUCRS e mestre em Ciência da Computação pela mesma universidade. Professora do IFRS.

Rodrigo Perozzo Noll
Graduado, mestre e doutor em Ciência da Computação pela PUCRS. Especialista em Web e Sistemas de Informação pela UFRGS. Professor do IFRS.

Apresentação

O Instituto Federal de Educação, Ciência e Tecnologia do Rio Grande do Sul (IFRS), em parceria com as editoras do Grupo A Educação, apresenta mais um livro especialmente desenvolvido para atender aos **eixos tecnológicos definidos pelo Ministério da Educação**, os quais estruturam a educação profissional técnica e tecnológica no Brasil.

A **Série Tekne**, projeto do Grupo A para esses segmentos de ensino, inscreve-se em um cenário privilegiado, no qual as políticas nacionais para a educação profissional técnica e tecnológica estão sendo valorizadas, tendo em vista a ênfase na educação científica e humanística articulada às situações concretas das novas expressões produtivas locais e regionais, as quais demandam a criação de novos espaços e ferramentas culturais, sociais e educacionais.

O Grupo A, assim, alia sua experiência e seu amplo reconhecimento no mercado editorial à qualidade de ensino, pesquisa e extensão de uma instituição pública federal voltada ao desenvolvimento da ciência, inovação, tecnologia e cultura. O conjunto de obras que compõe a coleção produzida em **parceria com o IFRS** é parte de uma proposta de apoio educacional que busca ir além da compreensão da educação profissional e tecnológica como instrumentalizadora de pessoas para ocupações determinadas pelo mercado. O fundamento que permeia a construção de cada livro tem como princípio a noção de uma educação científica, investigativa e analítica, contextualizada em situações reais do mundo do trabalho.

Cada obra desta coleção apresenta capítulos desenvolvidos por professores e pesquisadores do IFRS cujo conhecimento científico e experiência docente vêm contribuir para uma formação profissional mais abrangente e flexível. Os resultados desse trabalho representam, portanto, um valioso apoio didático para os docentes da educação técnica e tecnológica, uma vez que a coleção foi construída com base em **linguagem pedagógica e projeto gráfico inovadores**. Por sua vez, os estudantes terão a oportunidade de interagir de forma dinâmica com textos que possibilitarão a compreensão teórico-científica e sua relação com a prática laboral.

Por fim, destacamos que a Série Tekne representa uma nova possibilidade de sistematização e produção do conhecimento nos espaços educativos, que contribuirá de forma decisiva para a supressão da lacuna do campo editorial na área específica da educação profissional técnica e tecnológica.

Trata-se, portanto, do começo de um caminho que pretende levar à criação de infinitas possibilidades de formação profissional crítica com vistas aos avanços necessários às relações educacionais e de trabalho.

Clarice Monteiro Escott
Maria Cristina Caminha de Castilhos França
Coordenadoras da coleção Tekne/IFRS

Sumário

Introdução 1

capítulo 1
Orientação a objetos 5
Introdução 6
O que são classes e objetos? 6
Como os objetos são criados e
    manipulados? 8
Como os objetos se comunicam? 11
Quais são os tipos de relacionamento
    existentes entre os objetos? 13
O que é encapsulamento? 15
É possível reaproveitar o código? 17
    Coesão máxima e acoplamento mínimo 17
    Implementação de classes abertas/
        fechadas 18
    Implementação voltada para interfaces 22
Como identificar classes e seus
    relacionamentos, atributos e métodos? 24
    Identificando classes e seus
        relacionamentos 25
    Identificando atributos 26
    Identificando métodos 26

capítulo 2
**Modelagem de sistemas orientada a
objetos** 27
Introdução 28
Diagrama de casos de uso 28
    Atores 29
    Casos de uso 30
    Relacionamentos 30
    Descrição dos casos de uso 34
Diagrama de classes 39
    Classes 39
    Relacionamentos entre classes 41
    Estereótipos 47

Diagrama de sequência 50
    Ator 50
    Linha de vida 51
    Objetos 51
    Foco de controle 52
    Mensagens 52
    Autochamada 53

capítulo 3
Linguagem Java 59
Introdução 60
Detalhando os membros de classes 60
    Outros modificadores para membros
        de classes 63
Tipos *Wrappers* e autoboxing 67
Arrays 69
Coleções 73
Tratamento de exceções 77
Java e UML 81

capítulo 4
Mapeamento objeto-relacional 89
Introdução 90
Persistência de dados em Java com JDBC 90
    Instalando ferramentas para
        gerenciar o banco de dados 91
    Criando um projeto no NetBeans 93
    Persistindo dados de um objeto 94
    Padrões de desenvolvimento 96
Java Persistence API (JPA) 99
    Criando uma entidade JPA 99
    Trabalhando com o gerenciador de
        entidades 106
    Manipulando dados e gerando
        consultas JPA e JPQL 107
    Criando um DAO 111
    Relacionando entidades 113

capítulo 5
Enterprise JavaBeans................................. 121
Introdução..122
Session Beans...123
    Tipos de acesso aos Session Beans............124
    Stateless Session Bean..............................125
Stateful Session Bean..................................129
Singleton Session Bean................................132
Empacotamento e instalação de um EJB........137
Recuperando uma instância de um EJB........140
Message-Driven Beans................................142

capítulo 6
Servlets e JSP 149
Servlets..150
    Introdução..150
    Entendendo a API Servlet..........................151
    Ciclo de vida de um Servlet.......................153
    Primeiro Servlet..155
    Processando os parâmetros das requisições..157
    Objetos implícitos de um Servlet...............159
JSP..161
    Introdução..161
    Objetos implícitos.....................................162
    Scriptlets..165
    Expressões..166
    Diretivas...166
    Ações JSP: include e forward....................170
    Usando Beans...174
    Expression language (EL)...........................177
    JSP Standard TAG Library (JSTL)................177

capítulo 7
Construindo *Web Services* com Java EE.. 183
Introdução..184
XML *Web Services* 185
    SOAP e WSDL...186
    Implementando um XML *Web Service* com JAX-WS..187
    Construindo um cliente para um XML *Web Service* 191
RESTful *Web Services* 193
    Principais anotações disponíveis no JAX-RS...194
    Exemplos de RESTful *Web Service* 199
    Construindo um cliente para um RESTful *Web Service* usando o AngularJS..204

Introdução

por Alex Martins de Oliveira

Com o sistemático aumento do uso da linguagem de programação Java no mundo do trabalho, em áreas acadêmicas e científicas, observou-se claramente a necessidade de se oferecer um material com um nível de profundidade maior para os profissionais da área de desenvolvimento de software. Pensando nisso, os professores do Instituto Federal de Educação, Ciência e Tecnologia do Rio Grande do Sul (IFRS) escreveram a trilogia *Desenvolvimento de Software*, que se completa com a publicação deste volume.

Desenvolvimento de Software III: programação de sistemas web orientada a objetos em Java aborda aspectos e funcionalidades da linguagem de programação Java, desde conceitos básicos da programação orientada a objetos, passando por análise e modelagem, até implementações de estruturas mais complexas como EJB (*Enterprise JavaBeans*) e *Web Services*.

Os conceitos e tecnologias que serão apresentados nos capítulos são descritos a seguir. A ordem de apresentação do conteúdo segue uma estrutura que permite ao leitor criar uma sequência lógica intuitiva que pode ser utilizada no processo de desenvolvimento de software utilizando a metodologia orientada a objetos com a linguagem de programação Java.

Capítulo 1: Orientação a objetos

A base tecnológica de todo o livro é calcada no modelo de programação orientada a objetos, paradigma para o desenvolvimento de software organizado e baseado em objetos que visa resolver problemas que a programação procedural não consegue, como a separação entre suas funções e dados e o reaproveitamento de código (reusabilidade).

No Capítulo 1 são abordadas as principais características, os conceitos e os componentes da programação orientada a objetos, bem como suas principais vantagens em relação à programação procedural ou estruturada.

De modo geral, pode-se dizer que essa forma de programação é organizada a partir de objetos, oriundos de classes previamente desenhadas e implementadas: os objetos representam as entidades do mundo real. Dentre os diversos conceitos e componentes que serão apresentados, podemos destacar classes, objetos, atributos, métodos, abstração e encapsulamento, mensagens, herança, polimorfismo, instâncias e interfaces.

Capítulo 2: Modelagem de sistemas orientada a objetos

A modelagem de sistemas exerce um importante papel no processo de desenvolvimento de sistemas. Durante a modelagem, são tomadas as decisões sobre a estrutura e o comportamento que o sistema irá apresentar.

A análise orientada a objetos consiste na geração de modelos conceituais gráficos e descritivos de um problema a ser resolvido por meio da programação orientada a objetos. Esses modelos que representam uma realidade irão auxiliar o programador na tarefa de implementação por meio da linguagem Java. Assim como a análise estruturada está para a programação procedural ou estruturada, a análise orientada a objetos está para a programação orientada a objetos.

No Capítulo 2 são abordados os principais diagramas da UML (Unified Modeling Language): diagrama de casos de uso, diagrama de classes e diagrama de sequência. A UML é utilizada para modelagem visual de sistemas baseados no paradigma da orientação a objetos, oferecendo formas claras e gráficas de documentação de componentes do software em desenvolvimento. Essa linguagem de modelagem se tornou padrão de análise orientada a objetos em todo o mundo.

Capítulo 3: Linguagem Java

O Capítulo 3 aborda a linguagem de programação Java criada para desenvolver aplicações de qualquer porte que utiliza o paradigma da programação orientada a objetos.

É dado enfoque puramente técnico ao estudo da linguagem Java, sendo discutidas questões de ordem estrutural, como pacotes, instâncias, métodos, variáveis, construtores, herança, etc.

Do ponto de vista funcional, são abordados recursos de programação e lógica computacional. A estrutura e o ambiente de programação, compilação, criação de classes e objetos são assuntos discutidos sob o aspecto conceitual do Java. Outros assuntos relevantes apresentados incluem *wrappers*, autoboxing e autounboxing, exceptions, estruturas de controle, *arrays*, collection, static, final e super, e foi enfatizada a relação entre estruturas da linguagem Java e o diagrama de classes UML.

Capítulo 4: Mapeamento objeto-relacional

A modelagem objeto-relacional corresponde a uma etapa importante no desenvolvimento de software dentro do paradigma de orientação a objetos. Na programação procedural, essa modelagem é chamada de modelagem entidade-relacional. Extensão do modelo relacional, a modelagem objeto-relacional se refere ao SGBD (Sistema Gerenciador de Banco de Dados) do sistema; em outras palavras, descreve a estrutura de banco de dados orientado a objetos e o software (objetos, herança e classes) que manipula seus dados e consultas.

Como na prática há poucos sistemas de banco de dados orientado a objetos, a modelagem objeto-relacional requer um artifício para converter os dois paradigmas. O chamamos genericamente de mapeamento objeto-relacional (MOR), e abordaremos exemplos de *framework* com essa funcionalidade.

Capítulo 5: Enterprise JavaBeans

Disponibilizados em *conteiners*, EJBs são componentes dentro da linguagem de programação Java cuja principal função é encapsular as regras de negócio do software em desenvolvimento. A ideia por trás desse recurso é a possibilidade de reúso e de centralização do núcleo principal do sistema.

O Capítulo 5 define o que são EJBs, quais são seus tipos e quando utilizá-los, descreve como desenvolver Session Beans e Message-Driven Beans, identifica os mecanismos que envolvem a construção de clientes para os EJBs e distingui as formas de empacotamento e instalação dos EJBs em um servidor de aplicação.

Capítulo 6: Servlets e JSP

No Capítulo 6 são apresentados conceitos e estruturas de Servlet e JSP (*JavaServer Pages*). Embora possam causar confusão, são coisas distintas, mas que podem trabalhar em conjunto.

Em relação ao Servlet, são abordadas suas características de desempenho, portabilidade e robustez. Além disso, aspecto mais voltado à programação como o container Java gerencia suas estruturas, também serão apresentados.

No que diz respeito ao JSP, são abordadas características da linguagem como tipos nativos de dados, padrão de sintaxe, tipos de TAGs, etc.

De forma geral, o Servlet está para a estrutura de CGI assim como JSP está para linguagens como PHP e ASP.

Capítulo 7: Construindo *Web Services* com Java EE

O último capítulo do livro apresenta o *Web Service*, um protocolo de comunicação. Conceitos, tipos e arquiteturas dessa tecnologia serão detalhados sempre sob o ponto de vista prático. Além disso, também será mostrado em que situações o *Web Service* pode ser utilizado e aplicado.

Duas soluções de mercado serão confrontadas para que o leitor possa ter uma visão mais ampla dessa solução. A primeira delas é o SOAP (Simple Object Access Protocol), que tem como características o uso do XML como formato para transferência de mensagens e as comunicações definidas a partir de um padrão de arquivo chamado de WSDL (*Web Services Description Language*). A segunda tecnologia de *Web Service* abordada é o REST (*Representational State Transfer*), considerada uma alternativa ao SOAP, com protocolo mais flexível em relação ao formato de suas mensagens e cujas implementações normalmente são mais simples e leves, proporcionando melhor desempenho.

Karen Selbach Borges

capítulo 1

Orientação a objetos

A orientação a objetos é um paradigma de análise, modelagem e programação de sistemas de software que busca resolver um problema, decompondo-o em partes menores, a fim de obter a solução completa. Isso é possível por meio da aplicação dos conceitos de abstração de dados e modularização. Neste capítulo, vamos conhecer os fundamentos da orientação a objetos.

Objetivos de aprendizagem

» Identificar classes, bem como seus atributos e métodos.

» Identificar o relacionamento entre as classes.

» Definir objetos a partir das classes identificadas.

» Descrever os mecanismos de reaproveitamento de código.

>> Introdução

A orientação a objetos, tanto na programação quanto na análise e na modelagem de sistemas, está centrada na resolução de problemas na forma *bottom-up*, ou seja, resolvendo as pequenas partes do problema, chega-se à solução completa. Para que isso seja possível, são utilizados os conceitos de abstração de dados e modularização.

Uma **abstração** corresponde a um conceito, e, na computação, um tipo abstrato de dados (TAD) é uma especificação de um conjunto de dados e operações que podem ser executadas sobre esses dados. Um exemplo de TAD é uma figura geométrica.

A **modularização** permite transformar um TAD em um "componente de software", que pode ser reaproveitado e, se necessário, adaptado para diferentes projetos. Por exemplo, o TAD figura geométrica pode ser utilizado em um projeto de software educativo para o ensino da matemática ou em um projeto de software para desenho industrial (CAD).

Os TADs e a modularização constituem os alicerces dos conceitos de classes e objetos, que serão detalhados a seguir.

>> O que são classes e objetos?

Em modelagem orientada a objetos, uma classe é uma abstração de entidades* e operações existentes no domínio do sistema de software. Entende-se por domínio o espaço em que um problema reside. Um exemplo de domínio de um sistema para controle de envio e recebimento de correspondência é o serviço de correio.

Podemos definir, então, **classe** como a descrição de um molde que especifica as propriedades e o comportamento para um conjunto de objetos similares. Esse comportamento é definido pelas funções que os objetos podem realizar, as quais se denominam **método**; já as propriedades são chamadas de **atributos**.

---

* Conceito apresentado no livro *Desenvolvimento de Software I: conceitos básicos* (OKUYAMA; MILETTO; NICOLAO, 2014), no capítulo "Sistema de banco de dados".

» EXEMPLO

Considerando a abstração das lâmpadas, independentemente de seu tipo, todas elas apresentam as propriedades de voltagem, potência, cor e luminosidade. Além disso, todas acendem, apagam, aquecem e iluminam. Com base nesse entendimento, podemos criar a classe Lampada, definida por um diagrama UML, conforme a Figura 1.1.

```
Lâmpada
- voltagem : int
- potencia : int
- cor : String
- luminosidade : int
+ acender() : void
+ apagar() : void
+ aquecer() : void
+ iluminar() : void
```

Figura 1.1 Diagrama UML da classe Lampada.
Fonte: Autor.

Os **objetos** são "unidades" (instâncias) geradas a partir do mesmo modelo (classe). Assim, a partir da classe Lampada, podemos criar vários objetos, cada um com seu próprio conjunto de valores de propriedades, mas com o mesmo resultado na execução dos métodos (Tabela 1.1).

Tabela 1.1 » Objetos do tipo lâmpada e suas propriedades

Tipo de lâmpada	Propriedade			
	Voltagem	Potência	Cor	Luminosidade
Incandescente	220V	60W	Laranja	864 lúmens
Fluorescente compacta	110V	60W	Branca	900 lúmens
Led	110V	18W	Amarela	932 lúmens

Os atributos servem também para determinar o estado do objeto. Se em Lampada acrescentarmos um atributo chamado de "estaLigada", podemos utilizá-lo para guardar a informação de ligado/desligado.

Da mesma forma, os métodos servem para alterar os estados de um objeto. Por exemplo, os métodos acender() e apagar() da lâmpada serão os responsáveis por modificar seu estado, colocando-a em situação de ligado/desligado, respectivamente.

E na implementação, como fica?

Veja na Figura 1.2 o código Java para a classe `Lampada`.

```java
class Lampada{
    // Declaração de atributos
    int voltagem;
    int potência;
    String cor;
    int luminosidade;
    boolean estaLigada;

    //Métodos da classe
    void acender() {
        estaLigada = true;
        iluminar();
    }

    void apagar() {
        estaLigada = false;
    }

    void iluminar(){
        System.out.println("Quanta luz !");
    }

    boolean verificar(){
        return estaLigada;
    }
}
```

Figura 1.2 Código Java para a classe `Lampada`.
Fonte: Autor.

>> Agora é a sua vez!

Vamos criar uma classe que represente uma porta. Para isso, responda às seguintes questões:

1. Quais são os atributos necessários para a criação dessa classe?
2. Quais são os métodos necessários para a criação dessa classe?
3. Como ficaria a implementação dessa classe?

>> Como os objetos são criados e manipulados?

Em Java, os objetos são criados utilizando a palavra reservada `new`. Por exemplo:

```
Lampada lamp1 = new Lampada ();
```

Cada objeto tem um nome (no caso do exemplo citado, é `lamp1`) e um identificador, que o distingue dos demais objetos – o OID (Object Identifier) do objeto que em Java, é obtido por meio do método `toString()`. Então, observe o seguinte:

- `lamp1` é uma variável que será utilizada para referenciar uma instância da classe `Lampada`.
- O objeto só passa a existir depois de executar a instrução `new Lampada();`

A instrução `new` serve como chamada para o método construtor da classe. Este, como diz o nome, é utilizado para construir os objetos ou, de forma mais técnica, instanciar a classe. Assim, quando instanciamos uma classe, são alocadas áreas de memória independentes para cada objeto. Nessas áreas, são armazenadas as propriedades de cada objeto. Em Java, as propriedades são inicializadas com os seguintes valores-padrão:

- Atributos do tipo *boolean* são inicializados automaticamente com o valor *false*.
- Atributos do tipo *char* são inicializados com o caractere cujo código Unicode é zero e que é impresso como um espaço.
- Atributos do tipo inteiro (*byte*, *short*, *long*, *int*) ou de ponto flutuante (*float*, *double*) são automaticamente inicializados com o valor zero, do tipo do campo declarado.
- Instâncias de qualquer classe, inclusive da classe `String`, são inicializadas automaticamente com *null*.

E na implementação, como fica?

É importante destacar que, em Java, existe um **construtor-padrão** (*default*). Esse construtor é automaticamente incorporado ao código pela máquina virtual, caso não seja encontrada a implementação de outro construtor para a mesma classe. O construtor *default* da classe `Lampada` possui uma implementação como a apresentada na Figura 1.3.

```
 9    public Lampada (){
10        voltagem = 0;
11        potencia = 0;
12        cor = null;
13        luminosidade = 0;
14        estaLigada = false;
15
16    }
```

Figura 1.3 Código Java exemplificando a implementação do construtor *default* da classe `Lampada`.
Fonte: Autor.

O código da Figura 1.4 executa esse construtor duas vezes, gerando duas instâncias da classe.

```
12    public static void main(String[] args) {
13        Lampada lamp1 = new Lampada();
14        Lampada lamp2 = new Lampada();
15
16    }
```

Figura 1.4 Código Java que cria duas instâncias da classe `Lampada` a partir do construtor *default*.
Fonte: Autor.

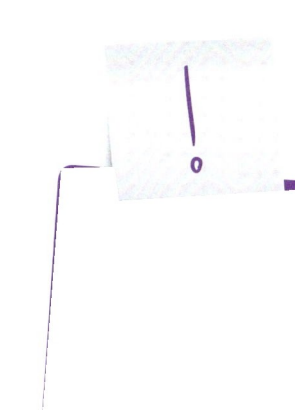

É possível escrever construtores alternativos para uma classe. Nesse caso, é importante saber que o construtor *default* deixa de existir e que todos os construtores têm exatamente o mesmo nome da classe e não devem ser declarados como *void* ou conter qualquer tipo de retorno. Observe o código da Figura 1.5.

```
20      public Lampada(int voltagem, int potencia, String cor) {
21          this.voltagem = voltagem;
22          this.potencia = potencia;
23          this.cor = cor;
24  // Luminosidade e estaLigada são inicializadas com os valores padrão;
25      }
```

Figura 1.5 Código Java de um construtor alternativo para a classe `Lampada`.
Fonte: Autor.

O código da Figura 1.6 executa esse construtor duas vezes, gerando duas instâncias da classe.

```
12      public static void main(String[] args) {
13          Lampada lamp1 = new Lampada(110, 60, "branca");
14          Lampada lamp2 = new Lampada(220, 40, "amarela");
15      }
```

Figura 1.6 Código Java que cria duas instâncias da classe `Lampada` a partir do construtor alternativo.
Fonte: Autor.

A Figura 1.7 mostra que cada instância possui sua própria área de memória e seu próprio conjunto de valores para as propriedades.

Lamp1
voltagem=110
potencia=60
cor=branca
luminosidade=0
estaligada=false

Lamp2
voltagem=220
potencia=40
cor=amarela
luminosidade=0
estaligada=false

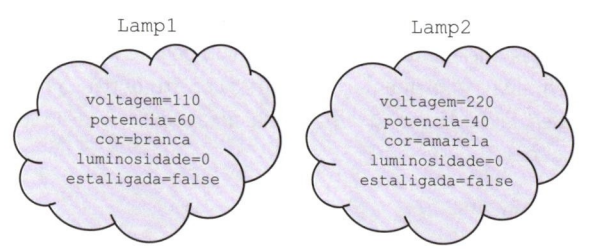

Figura 1.7 Os objetos `lamp1` e `lamp2`, cada qual com seu conjunto independente de valores para as propriedades.
Fonte: Autor.

Assim, a atribuição `lamp2 = lamp1` corresponde a atribuir uma cópia do OID de `lamp1` para `lamp2`, ou seja, `lamp2` e `lamp1` passam a apontar para a mesma área (Fig. 1.8).

Lamp1 Lamp2
voltagem=110
potencia=0
cor=null
luminosidade=0
estaligada=false

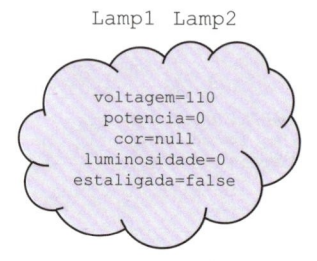

Figura 1.8 As variáveis `lamp1` e `lamp2` referenciam a mesma instância.
Fonte: Autor.

Então, se escrevermos o código

```
System.out.println("Voltagem de lamp2 = "+ lamp2.voltagem);
```

teremos como resultado : 110.

Qualquer alteração que fizermos com base na variável `lamp2` irá afetar o conteúdo de `lamp1`.

Assim, a atribuição `lamp1 = new Lampada()` corresponde atribuir um novo OID para `lamp1`, o que significa que o conteúdo de `lamp1` não poderá mais ser acessado.

>> Agora é a sua vez!

1. Escreva o código para:
    a. Definir um construtor para a classe `Porta`.
    b. Criar instâncias de `Porta`.
    c. Pintar cada porta de uma cor diferente.
    d. Abrir e fechar as portas.

>> Como os objetos se comunicam?

Para interagir entre si, os objetos enviam mensagens uns para os outros, como na Figura 1.9.

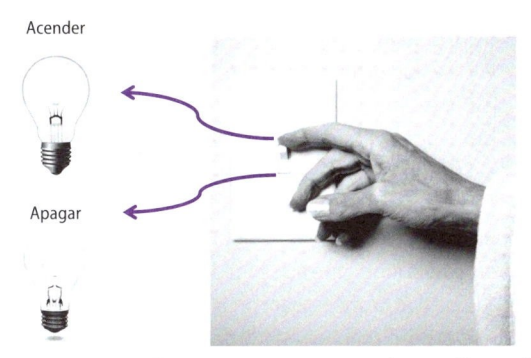

Figura 1.9   Objeto interruptor enviando mensagens para os objetos lâmpada.
Fonte: Thinkstock.

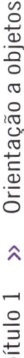

A troca de mensagem representa a chamada de um método. O envio de mensagem sempre possui:

- Um objeto emissor.
- Um objeto receptor.
- Um seletor de mensagens, que é o nome do método.

São elementos opcionais para a troca de mensagens:

- Parâmetros, por onde chegam as informações externas ao objeto.
- Valor de retorno, por onde o método devolve as informações resultantes do seu processamento.

E na implementação, como fica?

Veja, na Figura 1.10, o código Java para a classe `Abajour`.

```java
class Abajour { // Esse é o emissor
    //Declaração de atributos
    Lampada luz; // Esse é o receptor. A lâmpada é parte do abajour.
    String cor;
    double peso;
    boolean estaLigado;

    //Métodos da classe
    void ligar() {
        luz.acender(); // Chamada de método da instância de Lâmpada
        estaLigado = true;
    }

    void desligar() {
        luz.apagar();// Chamada de método da instância de Lâmpada
        estaLigado = false;
    }

    boolean verificar() { // Esse método retorna a informação sobre o
                          // estado do abajour
        return estaLigado;
    }

    void trocarCor(String novaCor) { // Esse método recebe a informação
                                     //da nova cor a ser aplicada ao abajour
        cor = novaCor;
    }
}
```

Figura 1.10 Código Java para a classe `Abajour`.
Fonte: Autor.

Com base no código Java apresentado para a classe `Abajour`, vamos abordar os três tipos de mensagens existentes:

1. **Informativa:** fornece informações para que o objeto modifique seu estado.
   - Esse tipo de mensagem corresponde a procedimentos.
   - Por exemplo: `abajour.trocarCor("azul");`
2. **Interrogativa:** solicita ao objeto que revele alguma informação sobre si próprio.
   - Esse tipo de mensagem corresponde a funções.
   - Por exemplo: `boolean status = abajour.verificar();`
3. **Imperativa:** solicita ao objeto que faça algo para si próprio, para outro objeto ou para o ambiente ao seu redor.
   - Esse tipo de mensagem pode ser tanto um procedimento quanto uma função.
   - Afeta não apenas o estado do objeto, mas também o estado do mundo externo.
   - Por exemplo: `abajour.ligar();` Esse comando fará com que a lâmpada acenda e ilumine o ambiente a sua volta.

>> Agora é a sua vez!

Escreva uma classe `Relogio` e responda às seguintes questões:

1. Quais são os atributos necessários a essa classe?
2. Quais são os métodos necessários a essa classe?
   a. Para funcionar, algum método precisa receber dados externos? Por quê?
   b. Algum método tem como resultado de execução um dado que precisa ser informado a quem mandou executar o método? Por quê?
   c. Algum método altera o estado do mundo externo? Por quê?

>> Quais são os tipos de relacionamento existentes entre os objetos?

Um programa desenvolvido utilizando o paradigma Orientado a Objetos funciona graças a um conjunto de objetos que colaboram entre si para a solução de um problema. Assim, é importante saber que:

- Os objetos podem existir independentemente uns dos outros.
- Um objeto pode conter outros.
- Um objeto pode prestar serviços a outro.
- Um objeto pode ser uma especialização de outro.

Existem diferentes tipos de relacionamento. A fim de entendê-los, tomemos como exemplo o trem a vapor.

Dependência
- Relacionamento do tipo **A usa B**.
- Por exemplo: um trem usa uma estrada de ferro (não faz parte do trem, mas este depende dela).

Agregação
- Relacionamento do tipo **A é parte de B**.
- Por exemplo: o farol é parte de uma locomotiva, mas esta não deixará de ser uma locomotiva se não tiver um farol.

Composição
- Relacionamento do tipo **A é parte essencial de B**.
- Por exemplo: a locomotiva é uma parte essencial de um trem.

Generalização/Especialização
- Relacionamento do tipo **A é um tipo B**.
- Por exemplo: um trem é um meio de transporte (meio de transporte corresponde à generalização; trem, à especialização).
- Relação que estabelece o mecanismo de herança.

E na implementação, como fica?

Nos relacionamentos de agregação e composição, existirá um objeto B (parte) que deverá ser declarado como propriedade de um objeto A (todo). Se esse objeto B for parte do construtor de A, então, se estabelecerá uma relação de composição.

Já no relacionamento de agregação também existe um objeto B (parte), declarado como propriedade de um objeto A (todo). Entretanto, esse objeto não consta como parâmetro do construtor de A, e existe um método responsável por adicionar (agregar) B a A. No caso do exemplo da Figura 1.11, esse método é o `setCorretor`. Veja o exemplo a seguir, na Figura 1.11.

```java
class Imovel {

    // Corretor e proprietário são parte de Imóvel
    Corretor corretor;
    Pessoa proprietario; // Parte essencial de Imovel
    String registro;
    double valorAluguel;
    boolean estaAlugado;

    Imovel(Pessoa proprietario, String registro,
            double valorAluguel) {
        this.proprietario = proprietario; //Aqui está a composição
        this.registro = registro;
        this.valorAluguel = valorAluguel;
    }

    //Aqui está a agregação
    void setCorretor(Corretor corretor) {
        this.corretor = corretor;
    }
}
```

Figura 1.11 Código Java da classe `Imovel` no contexto de uma corretora de Imóveis.
Fonte: Autor.

O relacionamento de herança, em Java, é representado pela palavra reservada `extends`. Veja os exemplos nas Figuras 1.12 e 1.13.

```java
class Pessoa {

    String nome;
    String cpf;
    String telefone;

    Pessoa(String nome, String cpf, String telefone) {
        this.nome = nome;
        this.cpf = cpf;
        this.telefone = telefone;
    }
}
```

Figura 1.12 Código Java da classe `Pessoa`.
Fonte: Autor.

```java
class Corretor extends Pessoa {

    String creci;
    double taxaCorretagem;

    Corretor(String nome, String cpf, String telefone,
            String creci, double taxaCorretagem) {
        super(nome, cpf, telefone); // chama o construtor da superclasse
        this.creci = creci;
        this.taxaCorretagem = taxaCorretagem;
    }
}
```

Figura 1.13 Código Java da classe `Corretor`, definida como uma especialização de `Pessoa`.
Fonte: Autor.

Observe que, no construtor da classe filha (`Corretor`), a primeira linha de código é uma chamada ao construtor da classe mãe (palavra reservada `super`). Se essa linha não for implementada, a máquina virtual entenderá que deve ser utilizado o construtor *default* da classe mãe. Então, considerando a implementação de `Pessoa` fornecida no exemplo da Figura 1.12, o código a seguir irá gerar um erro (Fig. 1.14).

```java
class Corretor extends Pessoa {

    String creci;
    double taxaCorretagem;

    Corretor(String nome, String cpf, String telefone,
            String creci, double taxaCorretagem) {
        // Erro porque o construtor de Pessoa não é default
        this.creci = creci;
        this.taxaCorretagem = taxaCorretagem;
    }
}
```

Figura 1.14 Código Java da classe `Corretor` com erro de compilação.
Fonte: Autor.

O que é encapsulamento?

Cada parte de um problema possui implementação própria e deve realizar seu trabalho independentemente das outras partes. O encapsulamento mantém essa independência, ocultando os detalhes internos por meio de uma interface externa. A fim de compreender esse processo, tomemos o exemplo das máquinas de café, conhecidas como *vending machine*.

Ao comprar café em uma máquina, não precisamos saber como ele é feito. Os mecanismos de funcionamento estão encapsulados na máquina. O processo de preparo acontece sem que sejam vistos os ingredientes e os mecanismos utilizados. A interação se dá por meio de uma interface externa, geralmente composta por botões de comandos.

Com as classes, o processo é o mesmo. Alguns métodos e atributos, por decisão de projeto, não devem ser manipulados diretamente. São, então, declarados como privados e somente podem ser alterados ou consultados por meio de métodos públicos do objeto (interface pública).

E na implementação, como fica?

A fim de compreender o impacto do encapsulamento em um sistema orientado a objetos, vamos analisar o que acontece quando os atributos e os métodos de uma classe estão visíveis para os demais objetos do sistema. Para isso, considere a classe `Pessoa` da Figura 1.15.

```java
public class Pessoa {

    public String nome;
    public String cpf;
    public String telefone;

    public Pessoa(String nome, String cpf, String telefone) {
        this.nome = nome;
        this.cpf = cpf;
        this.telefone = telefone;
    }
}
```

Figura 1.15 Código Java da classe `Pessoa` com o modificador de visibilidade *public* para atributos e método construtor.
Fonte: Autor.

Repare que os atributos da classe `Pessoa` foram declarados públicos. Isso permite que o código da Figura 1.16 seja executado corretamente, alterando o valor do atributo CPF.

```java
public static void main(String[] args) {
    Pessoa pessoa1 = new Pessoa("Ana", "23456-00", "33302775");
    pessoa1.cpf = "87766-11";
}
```

Figura 1.16 Método *main* da classe `Principal`, utilizado para criar uma instância de Pessoa e alterar o atributo CPF.
Fonte: Autor.

Sabemos que o CPF de uma pessoa não pode ser alterado. Desse modo, esse atributo não deveria ter sido declarado como público, mas como *private*, conforme mostra a Figura 1.17.

```java
public class Pessoa {

    private String nome;
    private String cpf;
    private String telefone;

    public Pessoa(String nome, String cpf, String telefone) {
        this.nome = nome;
        this.cpf = cpf;
        this.telefone = telefone;
    }

    public String getNome() { return nome; }

    public String getCpf() { return cpf; }

    public String getTelefone() { return telefone; }

    public void setNome(String novoNome) { this.nome = novoNome; }

    public void setTelefone(String novoNumero) { this.telefone = novoNumero; }
}
```

Figura 1.17 Código Java da classe `Pessoa` utilizando os mecanismos básicos de encapsulamento.
Fonte: Autor.

Se o código da Figura 1.16 for executado após a alteração da visibilidade dos atributos, de *public* para *private*, o método *main* não irá compilar e retornará uma mensagem do tipo "*cpf has private access in Pessoa*".

A solução, nesse caso, é utilizar métodos públicos. Nesse conjunto, destacam-se:

- O método construtor: permite atribuir valores de inicialização às propriedades.
- Os métodos *getters*: permitem recuperar os valores armazenados pelas propriedades.
- Os métodos *setters*: permitem alterar os valores das propriedades.

É possível reaproveitar o código?

O **reaproveitamento de código** é uma das maiores vantagens da orientação a objetos. Na criação de uma classe para representar os usuários de um sistema, por exemplo, quantos projetos diferentes precisam de autenticação de usuários? É possível escrever uma classe `Usuario` uma única vez e reutilizá-la infinitas vezes, ganhando tempo no desenvolvimento dos projetos.

Outra situação possível é encontrar uma classe cujo código é quase uma solução para um projeto. Nesse caso, é possível especializar a classe, acrescentando ou alterando comportamento, de modo que atenda às necessidades do projeto. Assim, para que uma classe se torne reutilizável, deve-se seguir algumas regras básicas, as quais são apresentadas a seguir.

Coesão máxima e acoplamento mínimo

Cada classe deve ser responsável por resolver apenas um problema do sistema. Por exemplo, a classe `Lampada` deve ser projetada de modo a resolver apenas as questões de iluminação de um ambiente. Apesar de as lâmpadas também esquentarem, o problema do aquecimento do ambiente não deve ser de responsabilidade da lâmpada, mas da classe `Calefacao`. Seguindo esse princípio, garantiremos ao máximo a coesão de uma classe.

Entretanto, às vezes uma classe precisa do auxílio de outras para poder cumprir a sua responsabilidade. Por exemplo, uma moto depende de rodas para andar e poder transportar pessoas. Isso gera uma dependência (acoplamento) entre as classes. Se o projeto que estiver sendo desenvolvido precisar de um objeto moto, será necessário incorporar também o objeto roda, mesmo que este não seja exatamente o tipo de mecanismo necessário para movimentar o veículo (p. ex., uma moto que utiliza esquis para andar na neve). Então, quanto menor for o acoplamento, mais flexível é o código e mais fácil é o reaproveitamento.

» Implementação de classes abertas/fechadas

As classes devem "ser abertas para extensões e fechadas para modificações" (MEYER, 1997). Essa afirmação indica que as classes devem ser projetadas de modo a permitir o acréscimo de novas funcionalidades sem, no entanto, apresentar modificação em seus métodos. Isso é possível graças à herança, ao polimorfismo e ao uso de classes abstratas.

Herança

Por meio do recurso de herança, uma classe pode ser especializada. Dessa forma, é possível criar novas classes (filhas) a partir de uma classe já existente (mãe), reaproveitando seus atributos e operações. Na relação de classes do tipo mãe-filha, chamamos a classe mãe de superclasse e as classes filhas de subclasses. As classes filhas, por sua vez, podem ter suas próprias filhas, gerando assim uma família de classes. A Figura 1.18 apresenta a família de classes dos animais.

As subclasses herdam os atributos e operações das superclasses. Assim, a classe `Carnivoro` possuirá o atributo peso e as operações `comer` e `reproduzir`, além daqueles que são específicos da própria subclasse. O interessante é que os atributos e operações herdados não precisam ser reescritos, podem ser reaproveitados.

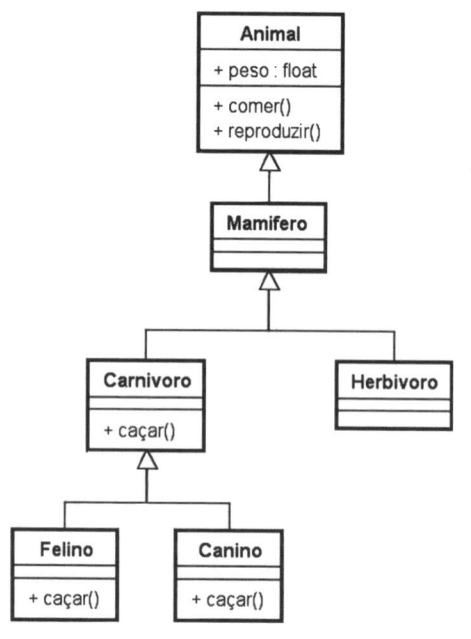

Figura 1.18 Família de classes dos animais.
Fonte: Autor.

Entretanto, em determinadas situações, é necessário que a classe filha tenha, além do método herdado, outro com o mesmo nome, mas que funciona de uma forma diferente. Nesses casos é possível sobrecarregar o método herdado.

E na implementação, como fica?

Considere a classe `Lampada` apresentada no início deste capítulo. Podemos criar um tipo especial de lâmpada chamada de `LampadaNatal` que apresenta o efeito de pisca-pisca.

```java
public class LampadaNatal extends Lampada {

    private int tempoPisca; // tempo entre um pisca e outro
    private int tempoLigada; // tempo em que as luzes devem ficar piscando

    public LampadaNatal (int voltagem, int potencia, String cor){
        super(voltagem, potencia, cor); // chama o construtor da superclasse
    }

    //sobrecarga do método apagar, incialmente definido em Lampada
    public void acender(int tempoPisca, int tempoLigada) {
        estaLigada = true; //atributo herdado de Lampada
        this.tempoPisca = tempoPisca;
        this.tempoLigada = tempoLigada;
        piscar();
    }

    public void piscar(){
        while (tempoLigada > 0){ //atributo herdado de Lampada
            esperar();
            System.out.println(cor);
            tempoLigada --;
        }
    }

    public void esperar () {
        System.out.println("Aguardando"+ tempoPisca +" segundos");
    }

}
```

Figura 1.19 Subclasse `LampadaNatal`.
Fonte: Autor.

Observe que a subclasse possui atributos e métodos próprios, e que o método `acender` foi sobrecarregado. Assim é possível que a `LampadaNatal` funcione de duas maneiras:

1. Acenda e ilumine. Para isso irá utilizar o método `acender` herdado de `Lampada`.
2. Acenda e pisque. Para isso irá utilizar o método sobrescrito, que recebe por parâmetro o tempo (entre um pisca e outro).

A Figura 1.20 demonstra como ficam as chamadas de método.

```java
public class TestaLampada {

    public static void main(String[] args) {

        LampadaNatal lamp = new LampadaNatal (110, 60, "amarela");
        lamp.acender(); //método herdado de Lampada Vai apenas iluminar
        lamp.apagar(); //método herdado de Lampada

        lamp.acender(30, 10); //método sobrecarregado
        lamp.apagar();
    }

}
```

Figura 1.20 Exemplo de uso dos métodos herdados da classe `Lampada`.
Fonte: Autor.

Polimorfismo

Segundo Arnold, Gosling e Holmes (2007, p. 92), polimorfismo significa "que um objeto de uma dada classe pode ter várias formas, seja como sua própria classe ou qualquer classe que ele estenda". Para entender melhor isso, considere novamente a família de classes dos animais.

Se instanciarmos a classe `Animal`, teremos um objeto do tipo `Animal`. Agora, se instanciarmos uma classe do tipo `Mamifero`, teremos um objeto do tipo `Mamifero`, que também é do tipo `Animal` (efeito da herança). Assim, toda a subclasse se comporta como as suas superclasses: se o animal come, então o mamífero também come.

Entretanto, algumas vezes é necessário redefinir a forma como uma operação é executada na subclasse. Nesse caso, observe as duas subclasses `Felino` e `Canino`: ambas herdaram a operação `caçar` da classe `Carnivoro`, porém a operação `caçar` é diferente entre felinos e caninos. Nesse caso, será necessário que as subclasses sobrescrevam a operação `caçar`, herdada da classe `Carnivoro`, assim indicando o polimorfismo.

E na implementação, como fica?

Considere novamente a classe `Lampada` apresentada no início deste capítulo. Podemos criar um tipo especial de lâmpada chamada de `LampadaMedicinal` que, quando ligada, aquece, por meio de um mecanismo de infravermelho, a região do corpo para onde está direcionada. Veja o código da Figura 1.21.

```java
public class LampadaMedicinal extends Lampada {

    private int temperaturaMaxima;
    private int temperatura; //graduação de calor
    private int tempo; //tempo que deve ficar ligada

    public LampadaMedicinal (int voltagem, int potencia, String cor,
                            int temperaturaMaxima){
        super(voltagem, potencia, cor); // chama o construtor da superclasse
        this.temperaturaMaxima = temperaturaMaxima;
    }

    public void ajustarTemperatura(int temperatura){
        if (temperatura < temperaturaMaxima){
            this.temperatura = temperatura;
        } else {
            System.out.println("Temperatura maior que o máximo permitido");
        }
    }

    //sobrecarga do método acender
    void acender(int tempo) {
        estaLigada = true;
        this.tempo = tempo;
        iluminar();
    }

    //sobrescrita do método iluminar, originalmente definido em Lampada
    public void iluminar() {
        while(tempo>0){
            aquecer();
            tempo--;
        }
    }

    public void aquecer(){
        System.out.println("Mantendo aquecido em " + temperatura + " graus");
    }
}
```

Figura 1.21 Subclasse `LampadaMedicinal`.
Fonte: Autor.

Observe que o método `iluminar` foi sobrescrito. Assim, o método `iluminar` originalmente definido em `Lampada` passa a não funcionar mais. Observe também que o método acender foi sobrecarregado, o que permite que a lâmpada funcione de duas maneiras:

1. Acenda e aqueça por um tempo indefinido. Para isso irá utilizar o método acender herdado de `Lampada`.
2. Acenda e aqueça por um tempo determinado. Para isso irá utilizar o método sobrescrito, que recebe por parâmetro o tempo (de funcionamento).

Nesse exemplo, o operador `instanceof` é utilizado para testar o tipo da instância. Repare que uma instância de `LampadaMedicinal` pode ser atribuída tanto a uma variável declarada como `LampadaMedicinal`, quanto para uma variável declarada como `Lampada`.

```java
public class TestaLampada {

    public static void main(String[] args) {

        LampadaMedicinal lamp1 = new LampadaMedicinal (110, 60, "vermelha", 60);
        if (lamp1 instanceof LampadaMedicinal){ //true
            System.out.println("Lamp1 é do tipo LampadaMedicinal");
        }
        if (lamp1 instanceof Lampada){ //true
            System.out.println("Lamp1 é do tipo Lampada");
        }
        lamp1.ajustarTemperatura(40);
        lamp1.acender(10);

        Lampada lamp2 = new LampadaMedicinal (110, 60, "vermelha", 60);
        if (lamp2 instanceof LampadaMedicinal){ //true
            System.out.println("Lamp2 é do tipo LampadaMedicinal");
        }
        if (lamp2 instanceof Lampada){ //true
            System.out.println("Lamp2 é do tipo Lampada");
        }
        lamp2.ajustarTemperatura(40);
        lamp2.acender(10);
    }
}
```

Figura 1.22 Exemplo de polimorfismo.
Fonte: Autor.

Observe a indicação de erro nas linhas 22 e 23 do código. Isso ocorre porque o objeto `lamp2`, por ter sido declarado como `Lampada`, não consegue executar os métodos de `LampadaMedicinal`, a pesar de ser uma instância desse tipo. Para corrigir essa situação é necessário fazer uma conversão entre tipos (*casting*). A Figura 1.23 mostra como isso é feito na linguagem Java.

```java
public class TestaLampada {

    public static void main(String[] args) {

        Lampada lamp2 = new LampadaMedicinal (110, 60, "vermelha", 60);
        if (lamp2 instanceof LampadaMedicinal){ //true
            System.out.println("Lamp2 é do tipo LampadaMedicinal");
        }
        if (lamp2 instanceof Lampada){ // true
            System.out.println("Lamp2 é do tipo Lampada");
        }
        ((LampadaMedicinal)lamp2).ajustarTemperatura(40);
        ((LampadaMedicinal)lamp2).acender(10);
    }
}
```

Figura 1.23 Exemplo de conversão de tipos.
Fonte: Autor.

Classes abstratas

As **classes abstratas** são criadas para representar de forma genérica uma família de classes. Por exemplo, as figuras triângulo, quadrado e círculo fazem parte de uma família de objetos, a qual podemos denominar FormaGeometrica. Sabe-se que toda forma geométrica pode ser representada graficamente e pode ter sua área e seu perímetro calculados a partir das medidas da figura. Entretanto, as fórmulas para os cálculos são próprias de cada tipo de figura. Assim, as figuras podem utilizar o método desenhar herdado da superclasse FormaGeometrica, mas devem fornecer soluções próprias para os cálculos de área e perímetro.

E na implementação, como fica?

Veja nas Figuras 1.24 e 1.25, os códigos Java da classe abstrata FormaGeometrica e da classe Quadrado, respectivamente.

```java
// Aqui a palavra abstract evita que a classe seja instanciada, obrigando o
// programador a utilizar o código nela contido através da criação de
// especializações (subclasses)
public abstract class FormaGeometrica {

    public void desenhar (){
        System.out.println ("desenhando ...");
    }

    // Os dois métodos abaixo foram definidos como abstratos por quê a forma de
    // cálculo é diferente para cada figura, o que obriga as classes filhas a
    // sobrescrevê-los com os códigos adequados
    public abstract double calcularArea();

    public abstract double calcularPerimetro();
}
```

Figura 1.24 Código Java da classe abstrata FormaGeometrica.
Fonte: Autor.

```java
public class Quadrado extends FormaGeometrica {
    private double lado;

    public Quadrado (double lado){
        this.lado = lado;
    }

    //Sobrescrita do método abstrato declarado em FormaGeometrica
    public double calcularArea(){
        return (lado * lado);
    }

    //Sobrescrita do método abstrato declarado em FormaGeometrica
    public double calcularPerimetro(){
        return (4*lado); // equivalente a soma dos 4 lados
    }
}
```

Figura 1.25 Código Java da classe Quadrado, definida como uma especialização de FormaGeometrica.
Fonte: Autor.

» Implementação voltada para interfaces

O uso de classes abstratas apresenta o inconveniente de impedir que uma classe assuma o tipo de duas ou mais classes (herança múltipla). Uma classe Despertador nunca poderá, por exemplo, ser Radio e Relogio ao mesmo tempo.

As **interfaces** são um recurso alternativo a essa situação. Elas funcionam como "contratos" que definem o que a subclasse poderá fazer, mas não determinam nada sobre a maneira como será feito. Esse recurso é o mesmo dos métodos abstratos.

Para melhor entendimento, observe o diagrama UML da Figura 1.26.

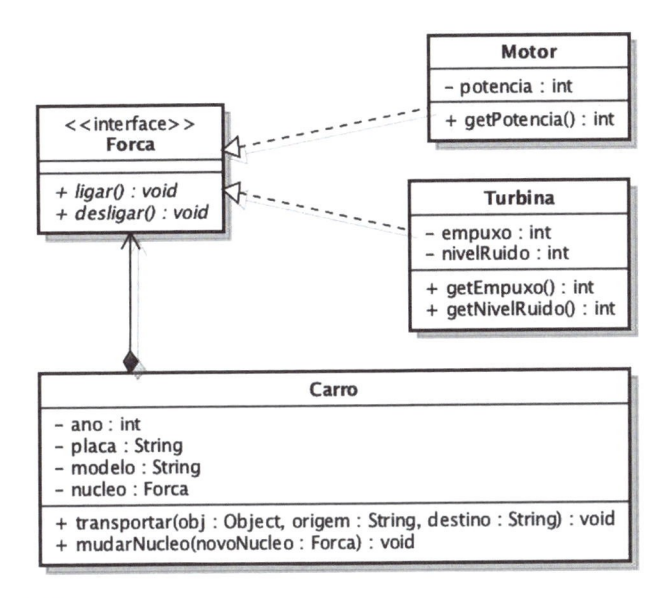

```
                              ┌──────────────────────────┐
                              │          Motor           │
                              ├──────────────────────────┤
                              │ - potencia : int         │
    ┌─────────────────┐ ◁─ ─ ─│ + getPotencia() : int    │
    │ <<interface>>   │       └──────────────────────────┘
    │     Forca       │
    ├─────────────────┤       ┌──────────────────────────┐
    │ + ligar() : void│ ◁─ ─ ─│         Turbina          │
    │ + desligar() :  │       ├──────────────────────────┤
    │   void          │       │ - empuxo : int           │
    └─────────────────┘       │ - nivelRuido : int       │
             △                ├──────────────────────────┤
             │                │ + getEmpuxo() : int      │
             ◆                │ + getNivelRuido() : int  │
    ┌──────────────────────────────────────────┐
    │                  Carro                   │
    ├──────────────────────────────────────────┤
    │ - ano : int                              │
    │ - placa : String                         │
    │ - modelo : String                        │
    │ - nucleo : Forca                         │
    ├──────────────────────────────────────────┤
    │ + transportar(obj : Object, origem :     │
    │   String, destino : String) : void       │
    │ + mudarNucleo(novoNucleo : Forca) : void │
    └──────────────────────────────────────────┘
```

Figura 1.26 Diagrama de classes apresentando uma solução.
Fonte: Autor.

Nesse exemplo, Forca é uma interface criada para representar uma família de classes (Motor é um tipo de Forca, bem como Turbina) e para permitir que o veículo tenha o seu núcleo de força alterado sem a necessidade de alterações da classe Carro.

Considerando que Motor e Turbina implementam, e não estendem, Forca, fica aberta a possibilidade para que, se necessário, sejam implementadas outras interfaces. Por exemplo, java.lang.Comparable, que determina como comparar dois objetos do mesmo tipo em termos de grandeza (maior, menor ou igual).

E na implementação, como fica?
Veja a seguir, nas Figuras 1.27, 1.28 e 1.29, os códigos Java da interface Forca, da classe Motor e da classe Principal.

```java
1   public interface Forca{
2       public void ligar();
3       public void desligar();
4   }
```

Figura 1.27 Código Java da interface Forca.
Fonte: Autor.

```java
public class Motor implements Forca{
    private int potencia;

    public Motor (int potencia) {
        this.potencia = potencia;
    }

    public int getPotencia() {
      return potencia;
    }

    // sobrescrita do método ligar de Forca
    public void ligar() {
      System.out.println("Motor ligado !");
    }

    // sobrescrita do método desligar de Forca
    public void desligar() {
      System.out.println("Motor desligado !");
    }
}
```

Figura 1.28 Código Java da classe `Motor`.
Fonte: Autor.

Vamos testar. O código da Figura 1.29 executa, por meio do método `main`, operações de mudança de núcleo em um carro.

```java
public class Principal {
    public static void main(String[] args){
        Carro carro = new Carro();
        System.out.println("O carro do século 20");
        carro.mudarNucleo(new Motor(200));
        carro.ligar();
        carro.andar();

        System.out.println("O carro do século 21");
        carro.mudarNucleo(new Turbina());
        carro.ligar();
        carro.andar();
    }
}
```

Figura 1.29 Código Java da classe `Principal`.
Fonte: Autor.

Observe que o carro aceita como novo núcleo qualquer classe que implemente a interface `Forca`. Assim, se no futuro os carros forem movidos por um reator nuclear, basta criar: `public class Reator implements Forca`.

>> Como identificar classes e seus relacionamentos, atributos e métodos?

A partir da descrição de um cenário, é possível identificar classes e o relacionamento existente entre elas, atributos e métodos. Para isso, existem algumas orientações, que são abordadas a seguir.

❯❯ Identificando classes e seus relacionamentos

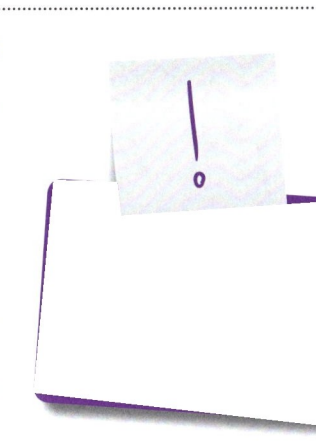

Para localizar classes, procure por substantivos que representam **entidades do mundo real**, por exemplo, usuário, mensagem, endereço, etc.

Observe a seguinte descrição de cenário: *Quando um usuário estiver usando o sistema, ele poderá enviar e receber mensagens de texto ou gráfica entre membros de suas listas. Mensagens são textos ou imagens inseridos pelos usuários que podem ser excluídas, respondidas, reenviadas, compartilhadas para outras redes sociais e citadas...* Com base nessa descrição, podemos nos questionar acerca da responsabilidade de gerenciar as mensagens. A critério de quem ela fica? Ao contrário do que possa parecer, a responsabilidade é da classe Mensagem (que poderia, para alguns, passar por propriedade da classe). O usuário é o ator que interage com o sistema. Pense no sistema de *e-mail* que você utiliza: o botão de excluir, encaminhar ou responder aparece junto da mensagem, não é mesmo?

A decisão sobre o tipo de relacionamento entre as classes depende de fazer as perguntas certas, na ordem certa. Para isso, utilize o esquema da Figura 1.30.

Por exemplo, para o trecho da descrição do cenário que diz *os usuários possuem listas dos usuários que seguem e lista dos usuários seguidores*, utilizaremos o esquema anterior. De início, devemos nos questionar se Lista é um tipo de usuário. Como a resposta para essa pergunta é negativa, seguimos para a próxima questão: Lista é parte essencial de Usuário? De forma mais explicativa, só poderão existir usuários que possuam listas? A resposta para essa questão também é negativa. Podemos concluir, assim, que o relacionamento é de agregação.

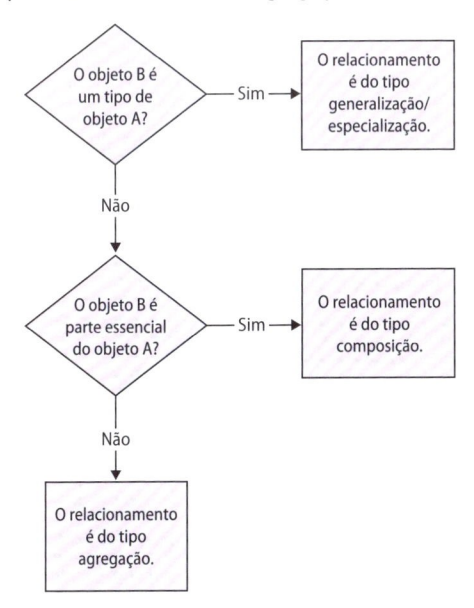

Figura 1.30 Esquema de decisão sobre os tipos de relacionamento entre as classes.
Fonte: Autor.

» Identificando atributos

Para localizar atributos, procure por substantivos que representam **propriedades de uma entidade**, como nome, imagem, idade, etc.

Alguns atributos não são encontrados com tanta facilidade. Eles são identificados a partir da análise do contexto do problema. Por exemplo, quando a descrição do cenário é a seguinte: *os usuários poderão bloquear outros usuários que estejam postando mensagens impróprias*, chega-se à conclusão de que será necessário adicionar um atributo à classe `Usuario` para indicar se aquele usuário está bloqueado ou não.

» Identificando métodos

Para localizar métodos, procure por verbos que representam ações, por exemplo, enviar (mensagem), cadastrar (login e senha), entre outros.

Novamente é importante pensar nas responsabilidades da classe. Quando a descrição do cenário diz: *um usuário também pode marcar ou desmarcar mensagens como favoritas de acordo com seu interesse*, a classe `Mensagem` deve possuir um método que permita identificá-la como favorita ou não. Como foi abordado, é responsabilidade da classe `Mensagem` o gerenciamento das funções relativas ao envio, à exclusão, entre outras.

REFERÊNCIAS

ARNOLD, K.; GOSLING, J.; HOLMES, D. *A linguagem de programação Java*. 4. ed. Porto Alegre: Bookman, 2007.

MEYER, B. *Object-oriented software construction*. 2nd ed. Upper Saddle River: Prentice Hall, 1997.

OKUYAMA, F. Y.; MILETTO, E. M.; NICOLAO, M. *Desenvolvimento de software I*: conceitos básicos. Porto Alegre: Bookman, 2014.

LEITURAS RECOMENDADAS

FOWLER, M. *UML essencial*: um breve guia para a linguagem padrão de modelagem de objetos. 3. ed. Porto Alegre: Bookman, 2004.

SANTOS, R. *Introdução à programação orientada a objetos usando Java*. Rio de Janeiro: Campus, 2003.

SINTES, A. *Aprenda programação orientada a objetos em 21 dias*. São Paulo: Makron Books, 2002.

Márcia Häfele Islabão Franco
Carlos Tadeu Queiroz de Morais

capítulo 2

Modelagem de sistemas orientada a objetos

A modelagem de sistemas exerce um importante papel no processo de desenvolvimento de sistemas. Durante a modelagem, são tomadas as decisões sobre a estrutura e o comportamento que o sistema irá apresentar. A UML é uma linguagem de modelagem padrão, desenvolvida para o paradigma orientado a objetos, que permite que essas definições estruturais e comportamentais do sistema sejam documentadas no formato de diagramas. Neste capítulo, veremos em detalhes os diagramas de casos de uso, de classes e de sequência, e também analisaremos exemplos de aplicação.

Objetivos de aprendizagem

» Reconhecer os principais aspectos e elementos do diagrama de casos de uso.

» Definir os principais elementos e características do diagrama de classes.

» Identificar os principais elementos e características do diagrama de sequência.

» Analisar os exemplos de aplicação.

>> Introdução

A modelagem de sistemas exerce um papel fundamental em todas as etapas do processo de desenvolvimento de sistemas. Durante a modelagem, são tomadas decisões sobre a estrutura e o comportamento do sistema.

A **Unified Modeling Language** (UML), ou Linguagem de Modelagem Unificada, desenvolvida para o paradigma orientado a objetos e independente de processo de desenvolvimento, permite a visualização, a especificação, a construção e a documentação dos artefatos de um sistema. Ela possibilita que as definições estruturais e comportamentais do sistema sejam documentadas no formato de diagramas, sendo composta por treze diagramas, responsáveis por fornecerem diferentes visões do sistema.

Os diagramas da UML se subdividem em diagramas estruturais e diagramas comportamentais. Os **diagramas estruturais** tratam de aspectos estáticos do sistema, permitindo modelar aspectos relacionados à estrutura do sistema. Esses diagramas são os seguintes: diagrama de classes, diagrama de objetos, diagrama de componentes, diagrama de estrutura composta, diagrama de implantação e diagrama de pacotes.

Já os **diagramas comportamentais** estão relacionados com aspectos dinâmicos do sistema, possibilitando modelar o sistema do ponto de vista comportamental. Esses diagramas são os seguintes: diagrama de casos de uso, diagrama de sequência, diagrama de comunicação, diagrama de máquina de estados, diagrama de atividades, diagrama de temporização e diagrama de visão geral da interação.

Este capítulo tem por objetivo apresentar, de forma geral, os principais conceitos, elementos e características do diagrama de classes, diagrama de casos de uso e diagrama de sequência. Esses diagramas foram escolhidos por serem os mais utilizados na prática e por servirem de base para construção de outros diagramas.

>> Diagrama de casos de uso

O diagrama de casos de uso é um diagrama comportamental da UML, sendo o mais utilizado entre os diagramas comportamentais. Além disso, ele serve como base para a construção de outros diagramas da UML.

O diagrama de casos de uso é utilizado no início da modelagem do sistema, geralmente nas fases de levantamento e análise de requisitos. Ele desempenha um papel importante, pois possibilita a especificação, a visualização e a documentação de funcionalidades e características do sistema.

Os principais elementos do diagrama de casos de uso são os atores, os casos de uso e os relacionamentos. Os atores representam os usuários do sistema (usuários humanos, dispositivos de hardware e subsistemas), que interagem, por meio de relacionamentos, com os casos de uso, os quais representam os requisitos funcionais do sistema. Dessa forma, esse diagrama fornece uma visão da interação entre os requisitos funcionais do sistema, os usuários e os demais componentes externos.

>> IMPORTANTE

As fases do processo de desenvolvimento de software são levantamento de requisitos, análise de requisitos, projeto, implementação, testes e implantação. A fase de levantamento de requisitos tem por objetivo identificar as funcionalidades e as características que o sistema deve apresentar para que sejam atendidas as necessidades do cliente. A fase de análise de requisitos é responsável por analisar detalhadamente os dados levantados na fase de levantamento de requisitos. Nela, modelos são construídos com o intuito de representar as características do sistema.

As próximas seções apresentam uma visão geral dos principais elementos e conceitos aplicados no diagrama de casos de uso. Os exemplos ilustrados, com o objetivo de explicar as características do diagrama, se baseiam em partes de dois sistemas, sendo estes: sistema de controle acadêmico e o sistema de microblog.

>> Atores

No diagrama de casos de uso, os **atores** são entidades externas, ou seja, não são entidades componentes do sistema, mas interagem com o sistema. Eles podem ser usuários do sistema, dispositivos de hardware ou outro sistema que realizam as operações do sistema. São representados por um boneco-palito, que contém uma breve descrição do papel que ele assume no sistema, conforme ilustra a Figura 2.1. No exemplo, o ator recebe o nome de Usuário.

Figura 2.1 Exemplo de ator no diagrama de casos de uso.
Fonte: Autores.

>> Casos de uso

Na UML, o comportamento do sistema é modelado por meio de **casos de uso** que representam os requisitos funcionais do sistema, ou seja, descrevem um conjunto de operações que um sistema executa a fim de produzir um resultado para um ator.

Conforme ilustra a Figura 2.2, um caso de uso é representado por uma elipse que contém seu nome. No exemplo, o caso de uso se refere à operação Cadastrar Curso.

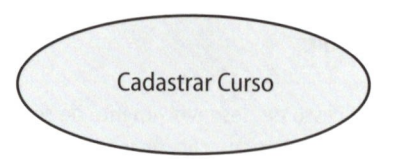

Figura 2.2 Exemplo de caso de uso.
Fonte: Autores.

Casos de uso podem ser utilizados como técnica de levantamento de requisitos, durante a fase de levantamento de requisitos, a fim de identificar o comportamento esperado do sistema.

>> Relacionamentos

Nos diagramas de casos de uso, os **relacionamentos** representam as interações entre atores e casos de uso. Os principais relacionamentos são associação, inclusão, extensão e generalização. A seguir, abordamos cada um deles.

Associação

No diagrama de casos de uso, uma **associação** ocorre somente entre atores e casos de uso. Esse tipo de relacionamento indica que um ator interage com uma funcionalidade (ou operação) do sistema, que é representada por um caso de uso. Essa interação pode se dar por meio da execução de uma operação ou por meio do recebimento de algum resultado produzido por uma operação, indicando, desse modo, uma comunicação entre atores e casos de uso.

A associação é representada por uma linha que une o ator ao caso de uso, conforme a Figura 2.3.

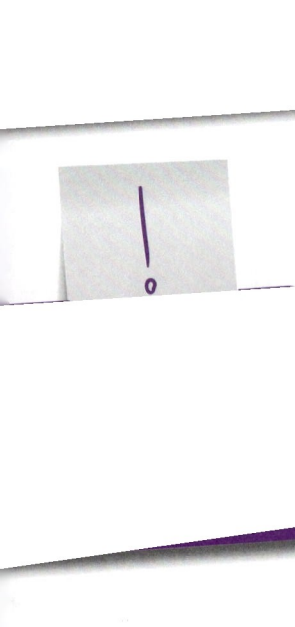

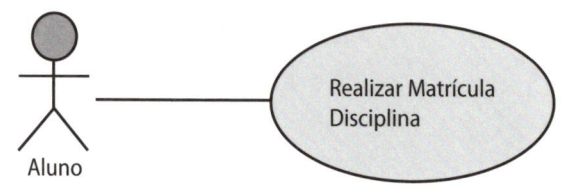

Figura 2.3 Associação entre ator e caso de uso.
Fonte: Autores.

No exemplo, o ator é denominado Aluno, o qual interage, por meio de uma associação, com o caso de uso Realizar Matrícula Disciplina. Isso representa que o aluno poderá executar no sistema a operação de realizar a matrícula nas disciplinas.

Inclusão

Outro tipo de relacionamento que ocorre somente entre casos de uso é a inclusão (*include*). Ela indica que uma operação depende de outra para ser executada.

Nesse tipo de relacionamento, um caso de uso base incorpora o comportamento de outro caso de uso, ou seja, a execução de um caso de uso base obriga a execução de outro caso de uso.

O relacionamento de inclusão é representado por uma linha tracejada que contém uma seta aberta e estereotipado como <<include>>.

Observa-se no exemplo da Figura 2.4 que os relacionamentos de inclusão partem do caso de uso Registrar Aula (caso de uso base), e a seta aponta para os casos de uso Registrar Frequência e Registrar Conteúdo (casos de uso que serão incorporados ao base). O ator Professor só poderá registrar a aula se registrar a frequência e o conteúdo trabalhado.

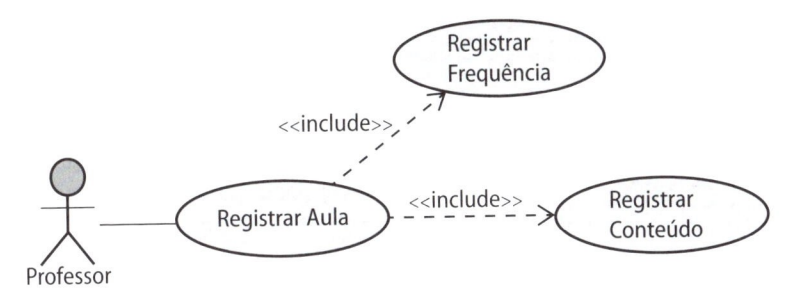

Figura 2.4 Relacionamento de inclusão entre casos de uso.
Fonte: Autores.

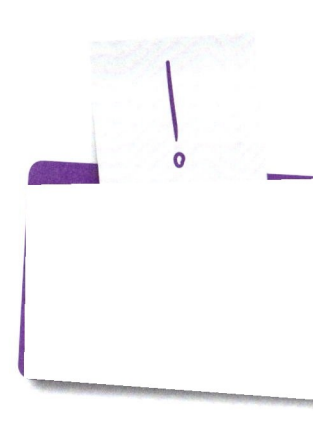

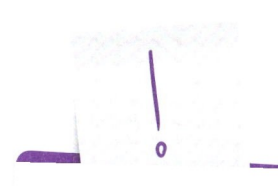

Extensão

O **relacionamento de extensão** (*extend*) é um tipo de relacionamento que também ocorre somente entre casos de uso. Ele é semelhante à inclusão, porém um caso de uso base poderá ou não incorporar o comportamento do caso de uso estendido. Nesse caso, o que determinará se o caso de uso será ou não incorporado é o resultado de um teste (ou condição, ou validação) que está associado ao relacionamento. Dessa forma, pode-se dizer que a extensão está relacionada a um comportamento opcional.

O relacionamento de extensão é representado por uma linha tracejada com uma seta aberta e estereotipada como <<extend>>, conforme a Figura 2.5.

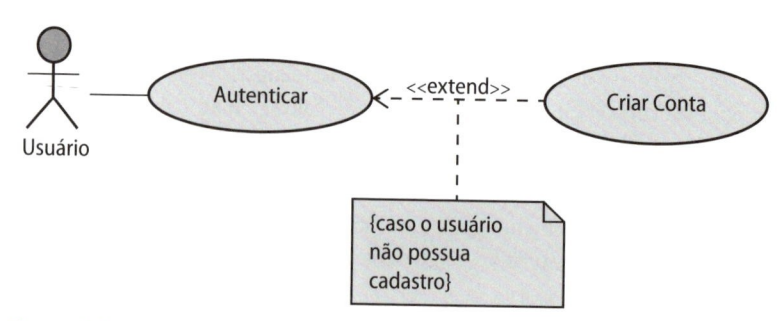

Figura 2.5 Relacionamento de extensão.
Fonte: Autores.

O ator Usuário pode realizar a operação Autenticar (caso de uso base) para acessar o sistema. Entretanto, caso o usuário ainda não possua cadastro, ele poderá realizar a operação de Criar Conta (caso de uso estendido).

Observa-se no exemplo da Figura 2.5 a restrição "{caso o usuário não possua cadastro}" associada ao relacionamento. O uso de restrições é uma boa prática a ser adotada, pois muitas vezes pode não ficar evidente a condição para que a operação, que representa o caso de uso estendido, seja executada.

A Figura 2.6 apresenta um exemplo em que um ator Usuário poderá realizar a operação de Ler Mensagem, sendo esta o caso de uso base. O exemplo apresenta a restrição "{caso o usuário queira responder a mensagem}", que auxilia na compreensão da condição associada à relação de extensão. Observa-se que, se a condição for satisfeita, a operação Responder Mensagem, que representa o caso de uso estendido, será incorporada ao caso de uso base. O uso de pontos **de extensão** (*extension points*) auxilia na identificação dos casos de uso que poderão ser incorporados a outros casos de uso, se as condições forem atendidas.

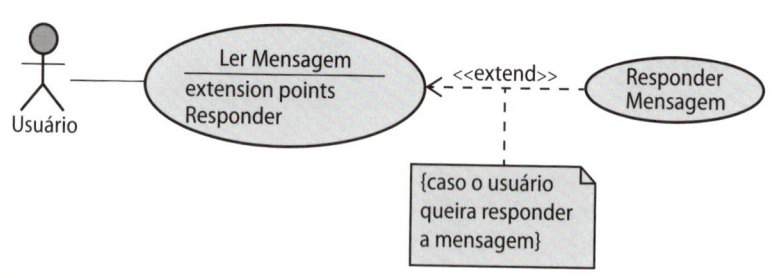

Figura 2.6 Uso de pontos de extensão.
Fonte: Autores.

Generalização

A generalização (ou especialização) é um tipo de relacionamento utilizado entre atores e entre casos de uso. Quando aplicada entre atores, temos um ator geral (denominado pai) e um ou mais atores especializados (denominados filhos). É muito utilizada para representar diferentes níveis de acesso ao sistema.

A Figura 2.7 apresenta três atores, que são Aluno, Aluno Curso Técnico e Aluno Curso Superior. Os três atores do exemplo possuem características comuns. Os atores especializados podem realizar a operação representada pelo caso de uso Cursar Disciplina. Além disso, podem ainda realizar diferentes operações no sistema: o ator Aluno Curso Técnico pode Realizar Estágio e o ator Aluno Curso Superior pode Entregar Trabalho Conclusão.

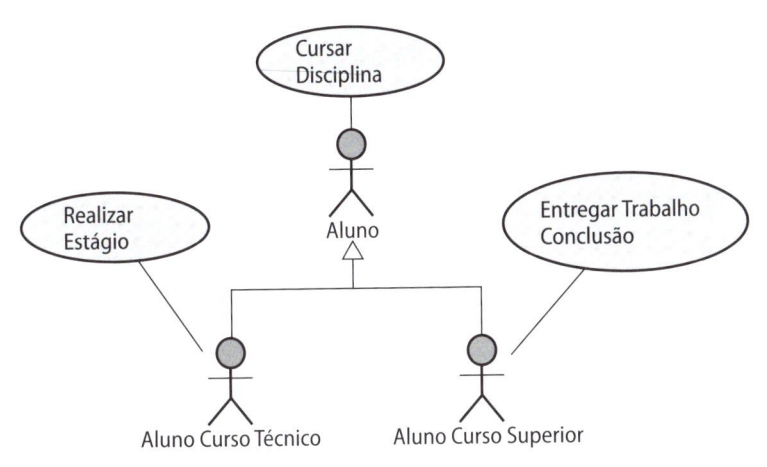

Figura 2.7 Generalização entre atores.
Fonte: Autores.

Na generalização entre atores, um caso de uso (denominado filho) herda o comportamento de outro caso de uso (denominado pai). Esse relacionamento é utilizado quando existem dois ou mais casos de uso com características semelhantes.

Na Figura 2.8, os casos de uso especializados Cadastrar Professor e Cadastrar Técnico Administrativo herdam o comportamento do caso de uso geral Cadastrar Servidor.

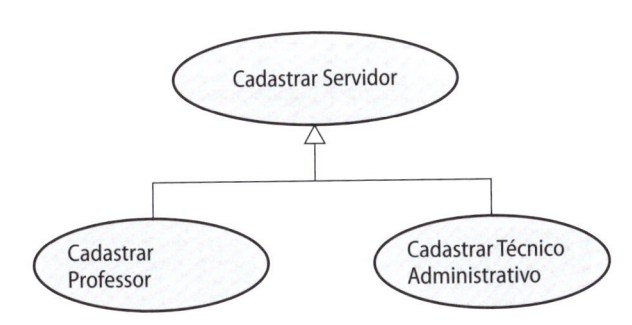

Figura 2.8 Generalização entre casos de uso.
Fonte: Autores.

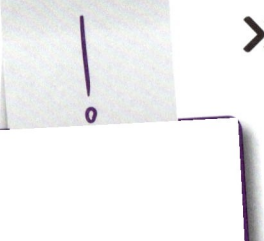

≫ Descrição dos casos de uso

Os casos de uso representam as funcionalidades do sistema, mas não fornecem qualquer informação acerca da sua implementação. Assim, muitas vezes informações que auxiliem na compreensão dos casos são fundamentais. Dessa forma, é necessária a elaboração da descrição dos casos de uso.

Não existe um formato único a ser aplicado na descrição dos casos de uso. Recomenda-se apenas que a descrição contenha, no mínimo, nome, descrição, atores envolvidos, fluxo de eventos (fluxo principal, fluxo alternativo e fluxo de exceção) e indicação dos pontos de extensão.

O Quadro 2.1 apresenta o exemplo de descrição do caso de uso Autenticar referente à Figura 2.5.

Quadro 2.1 ≫ Descrição do caso de uso Autenticar

Nome do caso de uso	Autenticar
Descrição	Descreve os passos necessários para o usuário acessar o sistema.
Atores envolvidos	Usuário
Fluxo principal	
Ações do Usuário	**Ações do Sistema**
1. Informa o *login* de acesso ao sistema.	
	2. Verifica se existe uma conta referente a esse *login*.
	3. Solicita a senha.
4. Informa a senha.	
	5. Realiza a autenticação.
	6. Exibe a página principal do sistema.
Fluxo alternativo I – Usuário não lembra a senha	
Ações do Usuário	**Ações do Sistema**
1. Aciona uma opção informando que esqueceu sua senha.	
	2. Solicita o *e-mail* do usuário.
3. Informa seu *e-mail*.	
	4. Emite *e-mail* com *link* para redefinir a senha.

Quadro 2.1 » *Continuação*

Fluxo de exceção I – Conta inexistente	
Ações do Usuário	**Ações do Sistema**
	1. Exibe mensagem ao usuário informando que uma conta deve ser cadastrada.
	2. Executa ponto de extensão PE1.

Fluxo de exceção II – Senha inválida	
Ações do Usuário	**Ações do Sistema**
	1. Informa ao usuário que a senha está incorreta.

Ponto de extensão

PE1. Caso de uso Criar Conta

No exemplo, a descrição é composta por:

- **Nome do caso de uso:** Serve para identificar o caso de uso.

- **Descrição**: Descreve brevemente o objetivo do caso de uso.

- **Atores envolvidos**: São os atores que interagem com o caso de uso.

- **Fluxo de eventos**: Descreve o conjunto de ações que ocorrem no caso de uso. Nesse exemplo, o fluxo de eventos é composto por:

  - **Fluxo principal:** Descreve as ações que frequentemente são realizadas quando a operação representada pelo caso de uso for solicitada.

  - **Fluxo alternativo**: Descreve ações alternativas que podem ocorrer.

  - **Fluxo de exceção**: Descreve as validações do caso de uso.

- **Ponto de extensão**: Refere-se ao relacionamento de extensão. Nesse caso, ele referencia o caso de uso que poderá ser incorporado ao caso de uso base, dependendo do retorno da validação.

Observa-se, no exemplo, que não é descrito o fluxo de eventos do caso de uso Criar Conta. Apenas se faz referência a ele na descrição do caso de uso base. Assim, elabora-se uma nova descrição, conforme ilustra o Quadro 2.2.

Quadro 2.2 » Descrição do caso de uso Criar Conta

Nome do caso de uso	Criar Conta
Descrição	Descreve os passos necessários para o usuário realizar o cadastro no sistema.
Atores envolvidos	Usuário

Fluxo principal

Ações do Usuário	Ações do Sistema
1. Fornece os dados de cadastro.	
	2. Realiza o cadastro do usuário.

Fluxo de exceção I – Usuário já cadastrado

Ações do Usuário	Ações do Sistema
	1. Exibe uma mensagem informando que já existe usuário cadastrado com o mesmo CPF.

Fluxo de exceção II – *Login* existente

Ações do Usuário	Ações do Sistema
	1. Comunica ao usuário que o *login* informado já existe.
	2. Habilita campo para cadastro de novo *login*.

Fluxo de exceção III – Senha fraca

Ações do Usuário	Ações do Sistema
	1. Informa ao usuário que a senha fornecida não é segura e que deve conter ao menos seis caracteres.
	2. Habilita campo para cadastro de nova senha.

Fluxo de exceção IV – Dados obrigatórios ausentes

Ações do Usuário	Ações do Sistema
	1. Informa ao usuário que os dados obrigatórios precisam ser preenchidos.

A Figura 2.9 ilustra o diagrama de casos de uso referente ao exemplo do sistema de microblog. Foram abordadas apenas algumas funcionalidades do sistema com o intuito de o diagrama não ficar muito extenso e, assim, dificultar o entendimento.

No exemplo, o ator, responsável por realizar ou solicitar operações no sistema, é o Usuário. O Usuário interage, por meio de associações, com os casos de uso Autenticar, Criar Conta, Pesquisar Usuário, Seguir Usuário, Deixar Seguir, Retornar Seguidos, Retornar Seguidores, Ler Mensagem, Citar Mensagem, Responder Mensagem, Reenviar Mensagem, Compartilhar Mensagem, Compartilhar por e-mail e Compartilhar no Facebook, que representam as funcionalidades do sistema.

Observa-se um relacionamento de extensão entre os casos de uso Autenticar e Criar Conta, indicando que o usuário, ao se autenticar no sistema, poderá ser direcionado para realizar o cadastro, caso não o possua.

Notam-se também relacionamentos de extensão entre o caso de uso Ler Mensagem e os casos de uso Citar Mensagem, Responder Mensagem, Reenviar Mensagem e Compartilhar Mensagem, indicando que o usuário, após ler a mensagem, poderá realizar qualquer uma dessas operações, caso desejar.

No exemplo do sistema de microblog, o relacionamento de generalização indica que os casos de uso Compartilhar por e-mail e Compartilhar no Facebook são casos de uso especializados do caso de uso geral Compartilhar Mensagem.

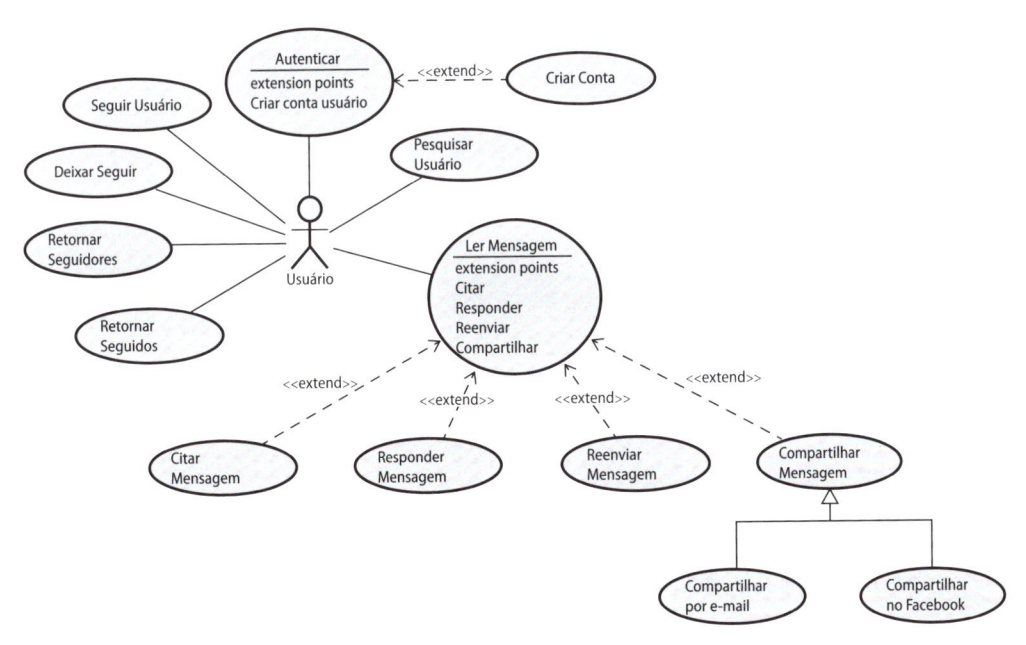

Figura 2.9 Diagrama de caso de uso do sistema de microblog.
Fonte: Autores.

O Quadro 2.3 apresenta a descrição do caso de uso Ler Mensagem.

Quadro 2.3 » **Descrição do caso de uso Ler Mensagem**

Nome do caso de uso	Autenticar
Descrição	Descreve os passos necessários para o usuário ler uma mensagem no sistema.
Atores envolvidos	Usuário

Fluxo Principal

Ações do Usuário	Ações do Sistema
1. Aciona a opção de ler mensagem.	
	2. Exibe a íntegra da mensagem.
	3. Exibe as seguintes opções: Responder Mensagem, Reenviar Mensagem, Citar Mensagem, Compartilhar Mensagem.

Fluxo Alternativo I – Responder mensagem

Ações do Usuário	Ações do Sistema
1. Executa ponto de extensão PE1.	

Fluxo Alternativo II – Reenviar mensagem

Ações do Usuário	Ações do Sistema
1. Executa ponto de extensão PE2.	

Fluxo Alternativo III – Citar mensagem

Ações do Usuário	Ações do Sistema
1. Executa ponto de extensão PE3.	

Fluxo Alternativo IV – Compartilhar mensagem

Ações do Usuário	Ações do Sistema
1. Executa ponto de extensão PE4.	

Ponto de extensão

PE1. Caso de uso Responder Mensagem

PE2. Caso de uso Reenviar Mensagem

PE3. Caso de uso Citar Mensagem

PE4. Caso de uso Compartilhar Mensagem

Neste exemplo, é apresentada apenas a descrição do caso de uso Ler Mensagem. Entretanto, é importante destacar que, para cada ponto de extensão referenciado na descrição do caso de uso Ler Mensagem, deve-se elaborar uma descrição correspondente, assim como para todos os outros casos de uso do diagrama.

Diagrama de classes

O **diagrama de classes** é um diagrama estrutural da UML que tem como objetivo apresentar uma visão estática de como as classes que irão compor o sistema se relacionam, complementam-se e transmitem informações entre si. Entre os diagramas estruturais da UML, sem dúvidas é o principal e o mais utilizado na modelagem de sistemas orientada a objetos. Além disso, serve como base para a construção de outros diagramas da UML.

Nesta seção, são apresentados, de forma geral, os principais conceitos e elementos utilizados no diagrama de classes. Os exemplos que serão apresentados também foram construídos com base em partes de um sistema de controle acadêmico e em um sistema de microblog.

Classes

O diagrama de classes é composto pelas classes e pelos relacionamentos existentes entre elas. Conforme apresentado no Capítulo 1, uma **classe** é a descrição de um molde que especifica os atributos (ou propriedades) e o comportamento para um conjunto de objetos. Um **objeto** é uma instância de uma classe. O comportamento de uma classe é definido pelas funções que os objetos podem realizar, as quais recebem o nome de **operações**. Na UML, as classes são representadas por um retângulo que pode conter até três partições. Na Figura 2.10, há o exemplo de uma classe denominada `Aluno`, que será explicada a seguir.

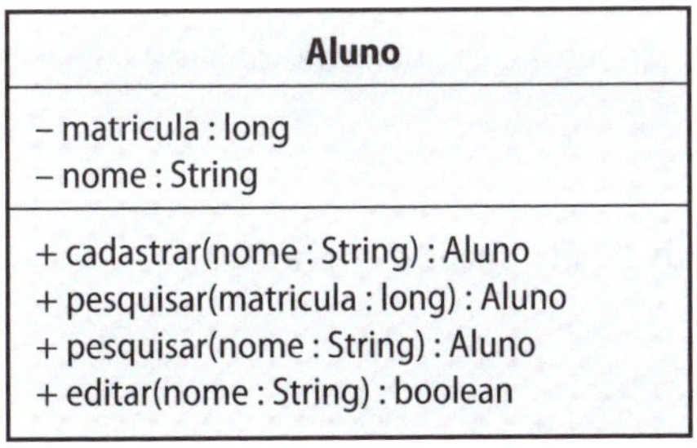

```
┌─────────────────────────────────────┐
│              Aluno                  │
├─────────────────────────────────────┤
│ – matricula : long                  │
│ – nome : String                     │
├─────────────────────────────────────┤
│ + cadastrar(nome : String) : Aluno  │
│ + pesquisar(matricula : long) : Aluno│
│ + pesquisar(nome : String) : Aluno  │
│ + editar(nome : String) : boolean   │
└─────────────────────────────────────┘
```

Figura 2.10 Exemplo de classe.
Fonte: Autores.

A primeira partição define o nome da classe. No exemplo, a classe recebe o nome de Aluno. O nome da classe deve estar de acordo com o domínio do problema que está em modelagem. Geralmente o nome é um substantivo ou uma expressão breve com o primeiro caractere maiúsculo. As palavras não devem ser acentuadas e, no caso de uma expressão, não deve haver espaço entre elas, por exemplo, DiarioDeClasse.

A segunda partição define os atributos da classe e seus tipos de dados. No exemplo, a classe `Aluno` possui os atributos `matricula` do tipo *long* e `nome` do tipo String. Esses atributos têm visibilidade privada e são representados pelo símbolo de menos (-) na frente dos atributos, indicando assim que não podem ser utilizados por outra classe do programa. Os tipos de dados que podem ser utilizados são apresentados no Capítulo 3. O nome dos atributos também deve ser um substantivo ou expressão breve, que deve representar as propriedades da classe. Diferentemente das classes, o nome dos atributos deve começar com caracteres minúsculos, por exemplo: `nome` ou `dataIngresso`.

A terceira partição define as operações da classe. No exemplo, as operações da classe `Aluno` com suas respectivas assinaturas e valores de retorno são:

- **`cadastrar(nome : String) : Aluno`**: A operação cadastrar recebe como parâmetro uma String e retorna um objeto do tipo Aluno.

- **`pesquisar(matricula : long) : Aluno`**: A operação pesquisar recebe como parâmetro um *long* e retorna um objeto do tipo Aluno.

- **`pesquisar(nome : String) : Aluno`**: A operação pesquisar recebe como parâmetro uma String e retorna um objeto do tipo Aluno. As duas operações pesquisar realizam a mesma função, o que difere uma da outra é o parâmetro utilizado na pesquisa.

- **`editar(nome : String) : boolean`**: A operação editar recebe como parâmetro uma String e retorna um *boolean*. Nesse caso, se a execução da operação estiver correta, retornará *true*; caso contrário, *false*.

Nesse exemplo, as operações da classe Aluno possuem visibilidade pública indicada pelo símbolo de mais (+) na frente da operação. Desse modo, podem ser utilizadas por qualquer classe do programa. Os níveis de visibilidade que podem ser atribuídos aos atributos e às operações de uma classe são apresentados no Quadro 2.4.

Quadro 2.4 » **Níveis de visibilidade de atributos e operações**

+	**Público**	Pode ser acessado por qualquer classe do programa.
−	**Privado**	Utilizado somente pela própria classe.
#	**Protegido**	Utilizado somente pela própria classe e pelas suas subclasses.
~	**Pacote**	Pode ser acessado pela própria classe ou por qualquer outra classe do mesmo pacote.

>> DICA

Em alguns diagramas, é possível observar classes somente com a primeira partição. Isso ocorre em diagramas nos quais as partições dos atributos e das operações foram ocultadas pelo analista para que o diagrama não fique muito extenso ou poluído. Pelo mesmo motivo, é comum que as operações das classes não apresentem parâmetros e retornos. Outra ocorrência possível é a inexistência de atributos e/ou operações em algumas classes.

>> Relacionamentos entre classes

No diagrama de classes, os relacionamentos entre as classes são fundamentais, uma vez que representam de que forma as classes compartilham informações e como colaboram na execução das operações do sistema.

Na UML, o relacionamento entre as classes determina os diferentes vínculos entre os objetos. Esses vínculos são determinados pelo tipo de relacionamento, que podem ser por associação, generalização, dependência ou realização.

Esta seção apresenta os principais tipos de relacionamentos, com seus respectivos conceitos, que podem ser utilizados no diagrama de classes.

Associação binária

A **associação binária** é um tipo de relacionamento que indica a existência de um vínculo entre os objetos de uma classe com objetos de outra classe. A Figura 2.11 apresenta um exemplo de associação binária. Os atributos e as operações das classes foram omitidos com o intuito de focar o relacionamento entre as classes.

Disciplina	possui ▷	Professor
0..*		1

Figura 2.11 Exemplo de associação binária.
Fonte: Autores.

A associação é representada por uma linha que relaciona as classes `Disciplina` e `Professor`. Observa-se, no exemplo, que o relacionamento existente entre as classes apresenta o nome "possui" e multiplicidade "0..*" e "1".

O **nome** é opcional e é utilizado para auxiliar na compreensão do tipo de vínculo existente entre os objetos. A **multiplicidade** indica o número mínimo e máximo de objetos que podem estar associados.

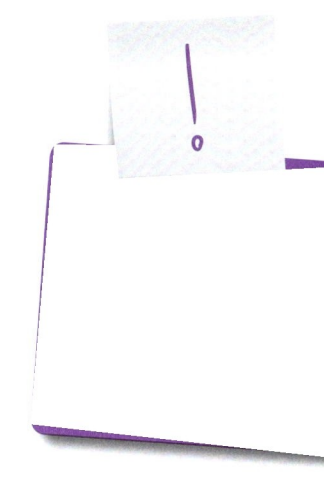

Dessa forma, de acordo com nome e multiplicidade representados, um objeto da classe `Disciplina` "possui" uma relação com um objeto da classe `Professor`. Contudo um objeto da classe `Professor` pode relacionar-se ou não com outros objetos da classe `Disciplina`.

Os valores de multiplicidade que podem ser utilizados no diagrama de classe são apresentados no Quadro 2.5.

Quadro 2.5 » Exemplos de multiplicidade

1..1 ou 1	**Um e somente um**
	Um objeto da classe de origem relaciona-se com um e somente um objeto da classe de destino. Em muitos diagramas, esse tipo de multiplicidade é omitido nos relacionamentos.
1..*	**No mínimo 1 e no máximo muitos**
	Um objeto da classe de origem relaciona-se com um ou vários objetos da classe destino.
0..* ou *	**No mínimo nenhum e no máximo muitos**
	Um objeto da classe de origem pode ou não se relacionar com objetos da classe de destino.
0..1	**No mínimo nenhum e no máximo um**
	Um objeto da classe de origem relaciona-se com um objeto da classe de destino ou com nenhum.
m..n	Faixa de valores que pode ser estabelecida, por exemplo, **2..7**. Nesse caso, um objeto da classe de origem relaciona-se com pelo menos dois e no máximo sete objetos da classe de destino.

Outra informação que um relacionamento pode conter é a navegabilidade. A **navegabilidade** indica o sentido em que as informações são transmitidas entre os objetos das classes envolvidas. Observa-se, na Figura 2.11, que a associação contém duas setas nas extremidades da linha. Uma delas aponta para a classe `Mensagem` e a outra para a classe `Assunto`. Nesse caso, a classe `Mensagem` poderá executar operações da classe `Assunto`, assim como a classe `Assunto` poderá executar operações da classe `Mensagem`.

O nome "é citado por" e a multiplicidade "0..*" e "1..*", representados na associação, indicam que um objeto da classe `Assunto` é citado por, no mínimo um e no máximo muitos, objetos da classe `Mensagem`, assim como um objeto da classe `Mensagem` poderá citar nenhum ou muitos objetos da classe `Assunto`.

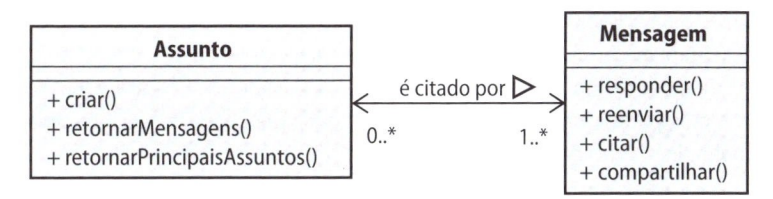

Figura 2.12 Exemplo de associação com navegabilidade.
Fonte: Autores.

Associação unária
Esse tipo de relacionamento é usado quando se pretende representar a existência de um vínculo entre objetos da mesma classe. A Figura 2.13 apresenta um exemplo de associação unária na classe `Disciplina`.

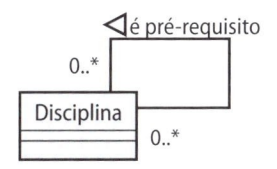

Figura 2.13 Exemplo de associação unária.
Fonte: Autores.

Observa-se que uma linha parte da classe `Disciplina` e atinge ela própria. Essa linha indica que pode existir um relacionamento, que recebe o nome de "é pré-requisito", entre os objetos da classe `Disciplina`. A multiplicidade "0..*", utilizada nos dois extremos da linha, indica que uma disciplina pode ou não ser pré-requisito de outra disciplina e que uma disciplina pode ou não possuir pré-requisitos.

Agregação
O relacionamento de agregação é um tipo especial de associação utilizado quando se deseja representar vínculos do tipo todo/parte entre objetos. Na UML, usamos o relacionamento de agregação quando pretendemos mostrar que as informações de um objeto, denominado objeto-todo, precisam ser complementadas pelas informações de um ou mais objetos, denominados objetos-parte.

A agregação é representada por uma linha com um losango na extremidade da classe que contém o objeto-todo, conforme consta na Figura 2.14.

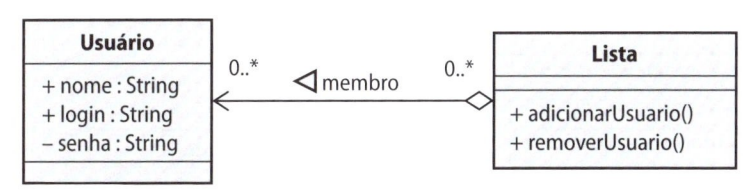

Figura 2.14 Exemplo de agregação entre classes.
Fonte: Autores.

Os objetos da classe `Lista` representam o todo e os objetos da classe `Usuario` representam as partes. Nesse caso, uma instância da classe `Lista` poderá conter como membro nenhuma ou muitas instâncias da classe `Usuario` como suas partes (objetos-parte). Uma instância da classe Usuario poderá pertencer a nenhuma ou muitas instâncias da classe da `Lista`.

Na agregação, caso o objeto-todo deixe de existir, suas partes permanecerão existindo. Por exemplo, se um objeto da classe `Lista` for excluído, os objetos da classe `Usuario` continuarão existindo no sistema.

A composição é um tipo especial de agregação que apresenta um vínculo mais forte entre o objeto-todo e os objetos-parte. Diferentemente da agregação, na composição, os objetos-parte estão associados a um objeto-todo. Dessa forma, os objetos-parte não existem sem o objeto-todo. A composição é representada por uma linha com um losango preenchido localizado na extremidade da classe que contém o objeto-todo, conforme ilustra a Figura 2.15.

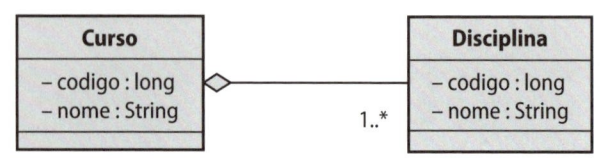

Figura 2.15 Exemplo de composição.
Fonte: Autores.

O objeto-parte da classe `Disciplina` só existe se estiver vinculado a um objeto-todo da classe `Curso`. Assim, se um curso deixar de existir, suas disciplinas também deixarão. A multiplicidade indica que uma disciplina está vinculada somente a um curso e o curso tem pelo menos uma disciplina.

Generalização

Na UML, a generalização (ou especialização) é um tipo de relacionamento utilizado para classes de um sistema que possuem atributos e operações muito semelhantes. Por meio da generalização, é possível definir uma ou mais classes a partir de uma classe existente, reaproveitando seus atributos e suas operações.

Veja a seguir, na Figura 2.16, um exemplo de generalização entre classes.

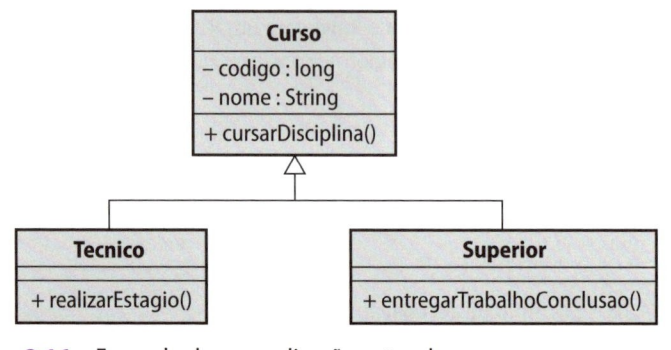

Figura 2.16 Exemplo de generalização entre classes.
Fonte: Autores.

A classe Curso é uma superclasse (classe geral) e, a partir dela, derivam-se duas subclasses (classes especializadas), Tecnico e Superior. As classes especializadas herdam os atributos (codigo e nome) e a operação (cursarDisciplina()) da classe Curso. A subclasse Tecnico possui a operação realizarEstagio(), além das operações e dos atributos herdados. Já a subclasse Superior, contém a operação entregarTrabalhoConclusao(), além dos atributos e das operações herdados da classe Curso. A generalização é representada por uma seta fechada localizada na extremidade da superclasse.

Classe associativa

As classes associativas derivam das associações que possuem multiplicidade "muitos" (*) em todas as suas extremidades. Elas devem ser utilizadas quando existem atributos relacionados a essa associação e quando eles não podem ser armazenados em nenhuma das classes envolvidas.

Veja a seguir, na Figura 2.17, um exemplo de classe associativa.

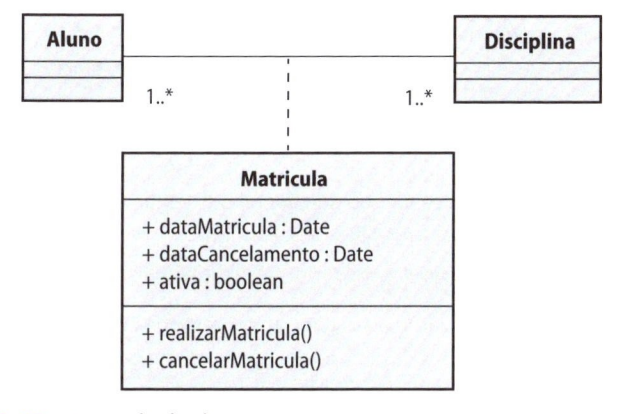

Figura 2.17 Exemplo de classe associativa.
Fonte: Autores.

Na Figura 2.17, uma instância da classe Aluno pode matricular-se em uma ou mais instâncias da classe Disciplina, assim como uma instância da classe Disciplina pode ter muitas instâncias da classe Aluno matriculadas. Observa-se que nesse relacionamento existem atributos e operações que não pertencem exclusivamente às classes Aluno e Disciplina, sendo necessária a criação da classe Matricula para armazená-los.

Dependência

O relacionamento de dependência é utilizado quando uma classe depende de atributos ou de operações de outra classe para poder executar suas operações.

Conforme se nota na Figura 2.18, o relacionamento de dependência é representado por uma linha tracejada que contém uma seta. A linha parte da classe que é dependente, e a seta aponta para a classe responsável pela operação.

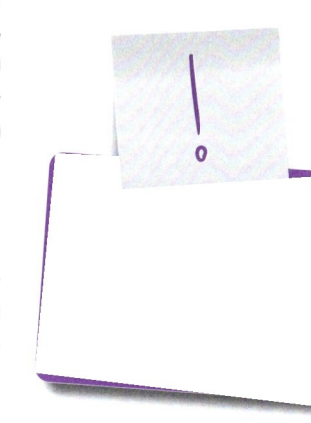

Observa-se que a classe `JanelaUsuario` depende da operação `retornarSeguidores() : List<Usuario>`, da classe `ConsultaSeguidores`, para executar a operação visualizarSeguidores(), e esta depende da operação `retornarSeguidores() : List<Usuario>` da classe `Usuario`.

<<boundary>> JanelaUsuario	<<control>> ConsultaSeguidores	<<entity>> Usuario
+ visualizarSeguidores()	+ retornarSeguidores() : List<Usuario>	- nome : String + retornarSeguidores() : List<Usuario>

Figura 2.18 Relacionamento de dependência entre classes.
Fonte: Autores.

As classes apresentam seus estereótipos, indicados acima do nome da classe, sendo eles `<<boundary>>`, `<<control>>` e `<<entity>>`. A seção "Estereótipos" apresenta os principais estereótipos utilizados nos diagramas de classe.

O estereótipo `<<boundary>>` indica que a classe `JanelaUsuario` serve de comunicação entre os atores externos do sistema e o sistema. O estereótipo `<<control>>` indica que a classe `ConsultaSeguidores` é responsável por intermediar as classes `JanelaUsuario` e `Usuario`. Os objetos instanciados na classe `ConsultaSeguidores` são responsáveis por interpretar os eventos ocorridos sobre os objetos da classe `JanelaUsuario` e retransmiti-los aos objetos da classe `Usuario`. O estereótipo `<<entity>>` indica que a classe `Usuario` contém informações recebidas e armazenadas ou geradas pelo sistema.

Realização

O relacionamento de realização está ligado ao contexto de interface. Embora a realização apresente características dos relacionamentos de generalização e dependência, ela tem um propósito bem diferente dos demais relacionamentos apresentados neste capítulo.

Conforme apresentado no Capítulo 1, uma interface é uma coleção de operações utilizadas para especificar um serviço de uma classe ou de um componente, ou seja, especifica um contrato que define as execuções de uma classe, mas não especifica como elas serão realizadas.

O relacionamento de realização é representado por uma linha tracejada com uma seta fechada. A linha parte de uma classe, e a seta aponta para a interface, conforme apresentado na Figura 2.19.

Além de se observar relacionamentos de dependência entre as classes `JanelaLoginSenha`, `AutenticacaoLoginSenha` e `Usuario`, nota-se também o relacionamento de realização entre a classe `AutenticacaoLoginSenha` e a interface `IAutenticacao`. Nesse caso, a classe `AutenticacaoLoginSenha` implementa a operação `autenticar() : boolean` definida pela interface `IAutenticacao`.

```
         <<interface>>
         IAutenticacao
+ autenticar() : boolean
```

```
       <<control>>                              <<entity>>
  AutenticacaoLoginSenha  ----->              Usuario
+ autenticar() : boolean          – nome : String
                                  – login : String
                                  – senha : String
                                  + autenticar(nome : String, login : String) : boolean
```

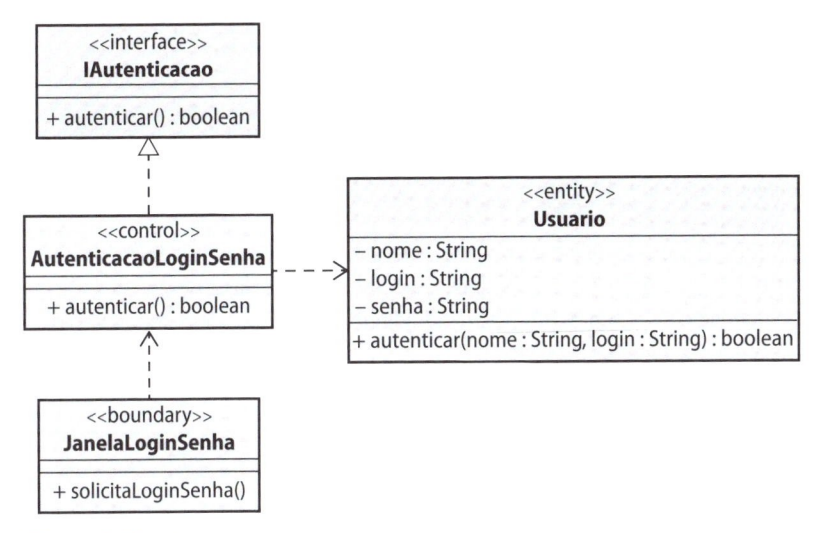

```
       <<boundary>>
     JanelaLoginSenha
+ solicitaLoginSenha()
```

Figura 2.19 Exemplo de realização.
Fonte: Autores.

>> Estereótipos

Na modelagem de sistemas, os estereótipos são utilizados para indicar que determinados componentes do sistema executam funções diferentes dos demais. A UML apresenta diversos estereótipos, além de permitir a criação de novos. Os estereótipos podem ser utilizados em todos os diagramas da UML. Entretanto, são mais utilizados nos diagramas de Classes.

Os três principais estereótipos utilizados nos diagramas de Classes são <<entity>>, <<control>> e <<boundary>>.

O estereótipo <<entity>> é utilizado quando se deseja indicar que a classe armazena informações sobre uma entidade. A Figura 2.20 ilustra o exemplo de uma classe Usuario com estereótipo <<entity>>.

○
Usuário

Figura 2.20 Estereótipo <<entity>>.
Fonte: Autores.

O estereótipo <<boundary>> é utilizado em classes que servem como meio de comunicação entre os atores externos e o sistema. Na maior parte das vezes, esse estereótipo é associado à própria interface do sistema. A Figura 2.20 apresenta um exemplo desse estereótipo.

Figura 2.21 Estereótipo <<boundary>>.
Fonte: Autores.

A Figura 2.21 apresenta um exemplo do estereótipo <<control>>. Esse estereótipo representa classes que têm a função de intermediar as classes <<boundary>> e os demais componentes do sistema. Os objetos dessa classe são responsáveis por interpretar os eventos ocorridos na classe <<boundary>> e retransmiti-los aos objetos da classe <<entity>>.

Figura 2.22 Estereótipo <<control>>.
Fonte: Autores.

Nesse tipo de representação, não é possível visualizar os atributos e os métodos das classes. Como apresentado nas seções sobre dependência e realização, o tipo de estereótipo também pode ser indicado acima do nome da classe, conforme consta nas Figuras 2.18 e 2.19.

A Figura 2.23 ilustra o diagrama de classes referente ao sistema de microblog. Nela, há quatro classes com seus respectivos atributos e operações: Usuario, Lista, Mensagem e Assunto. O diagrama ilustra também os relacionamentos existentes entre as classes, como associação, agregação e composição.

A classe Usuario tem como atributos nome : String, login : String, senha : String e localidade : String, além das operações criar(), responsável pela instanciação dos objetos da classe; autenticar(), responsável pelo acesso do usuário ao sistema; pesquisar(), responsável por pesquisar usuários; seguir(), indica a intenção de ser comunicado sobre as ações do usuário que serão passadas como parâmetro; deixarSeguir(), indica a intenção de não mais receber mensagens referente às ações do usuário passado como parâmetro; retornarSeguidores(), retorna a lista de usuários seguidores; e retornarSeguidos(), retorna a lista de usuários que estão sendo seguidos. Observa-se ainda uma associação unária na classe Usuario, indicando que um objeto da classe Usuario pode seguir nenhum ou muitos objetos da classe.

A classe Lista é responsável por organizar os usuários em listas. Essa classe possui o atributo nome : String, e suas operações são criar(), responsável pela instanciação dos objetos da classe; remover(), que desativa uma lista; adicionarUsuario(), que adiciona um usuário à lista; e removerUsuario(), que remove um usuário da lista.

Nesse exemplo, um relacionamento de composição entre as classes Usuario e Lista indica que um objeto-todo da classe Usuario pode conter ou não muitos objetos-parte da classe Lista. Já um objeto-parte da classe Lista pertence somente a um objeto-todo da classe Usuario. Nesse caso, um usuário é proprietário de nenhuma ou muitas listas, e uma lista pertence somente a um usuário. Nota-se ainda um relacionamento de agregação entre as classes Lista e Usuario, em que um objeto-todo da classe Lista poderá conter nenhum ou muitos objetos-parte da classe Usuario. Assim, uma lista poderá ter como membros nenhum ou muitos usuários, assim como um usuário poderá pertencer ou não a muitas listas.

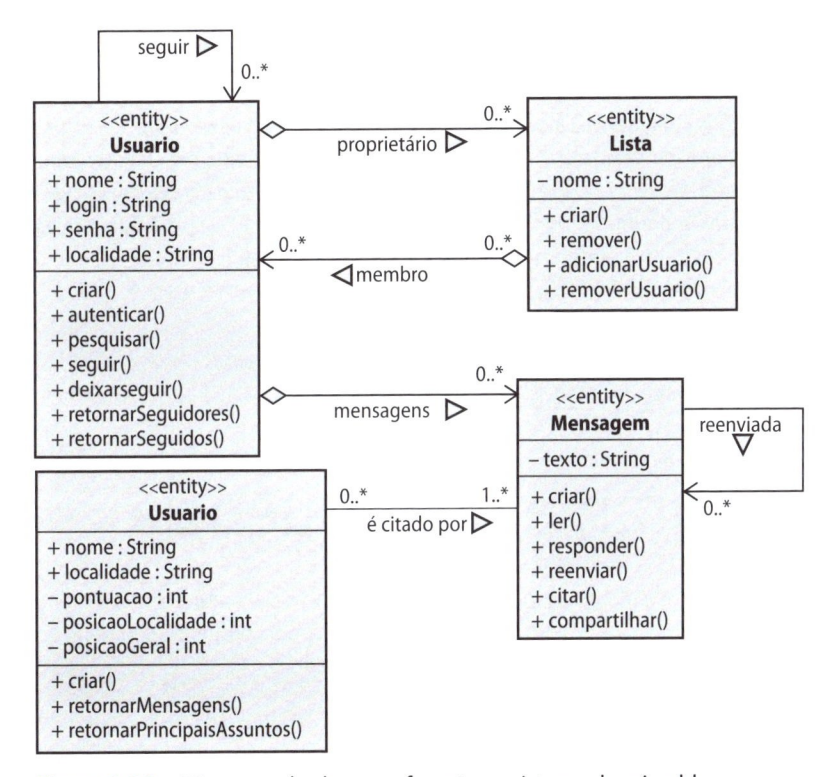

Figura 2.23 Diagrama de classes referente ao sistema de microblog.
Fonte: Autores.

A classe Mensagem representa um texto inserido por um usuário. A classe possui como atributo texto : String, e suas operações são criar(), responsável pela instanciação de um objeto da classe; ler(), possibilita que o usuário leia as mensagens; responder(), cria uma nova mensagem, com texto próprio, relacionada a outra; reenviar(), cria uma nova mensagem relacionada a outra (a nova mensagem não possui texto próprio.); citar(), cria uma nova mensagem, com texto próprio, e inclui um assunto à mensagem, por exemplo, "#case"; compartilhar(), permite enviar a mensagem para outras redes sociais ou por *e-mail*. Observa-se que existe um relacionamento de composição entre as classes Usuario e Mensagem, que indica que um objeto-todo da classe Usuario poderá conter nenhum ou vários objetos-parte da classe Mensagem. Nesse caso, se um usuário for excluído, todas as mensagens desse usuário também serão. Nota-se também uma associação unária na classe Mensagem, indicando a existência de um vínculo entre objetos da mesma classe, ou seja, uma mensagem pode ser reenviada por nenhuma ou muitas mensagens.

A classe Assunto representa um assunto citado em uma ou mais mensagens. Os objetos dessa classe correspondem ao símbolo "#", utilizado no Twitter. Essa classe possui os atributos nome : String, localidade : String, pontuacao : int, posicaoLocalidade : int, posicaoGeral : int, e suas operações são criar(), responsável pela instanciação de um objeto da classe Assunto; retornarMensagens(), retorna as mensagens em que o assunto foi citado; retornarPrincipaisAssuntos(), retorna uma lista dos assuntos mais bem pontuados atualmente. Observa-se a associação entre as classes Assunto e Mensagem, que indica que um objeto da classe Assunto é citado por um ou muitos objetos da classe Mensagem. Da mesma forma, um objeto da classe Mensagem pode citar nenhum ou muitos objetos da classe Assunto. Desse modo, um assunto ("#assunto") pode ser referenciado em uma ou muitas mensagens, e uma mensagem pode referenciar nenhum ou muitos assuntos.

>> Diagrama de sequência

O diagrama de sequência é um diagrama comportamental da UML que apresenta a interação entre os elementos do sistema, enfatizando a sequência temporal em que as mensagens são trocadas durante o processo.

O diagrama de sequência é construído com base no diagrama de caso de uso, sendo sugerida a construção de um diagrama de sequência por caso de uso. Esse diagrama também depende do diagrama de classes, uma vez que as classes utilizadas nele estão descritas no diagrama de classes.

Esta seção apresenta os principais elementos do diagrama de sequência, assim como a aplicação deles em determinados exemplos.

>> Ator

Os atores representam entidades externas que interagem com as funcionalidades do sistema ou com outros atores envolvidos no processo, sendo responsáveis por gerar eventos que darão início ao processo. Como o diagrama de sequência é construído com base no diagrama de casos de uso, os atores envolvidos são os mesmos do diagrama de casos de uso.

O ator é representado por um boneco-palito com o nome associado ao papel que exerce no sistema, exatamente igual ao ator do diagrama de casos de uso. No diagrama de sequência, ele vem acompanhado da linha de vida. Na Figura 2.24, há um exemplo do ator Aluno.

Figura 2.24 Ator no diagrama de sequência.
Fonte: Autores.

>> Linha de vida

linha de vida indica a existência de um objeto ao longo de um período de tempo durante um processo. Conforme apresentado na Figura 2.22, a linha de vida é representada por uma linha tracejada que parte do objeto e estende-se verticalmente até o final do diagrama.

>> Objetos

Os objetos representam as instâncias das classes. Eles podem existir durante toda a interação ou ser criados e destruídos durante a interação. Os objetos que existem durante toda a interação são alinhados no topo, com suas linhas de vida estendendo-se até o final do diagrama. Já os que são criados e destruídos durante a interação têm suas linhas de vida finalizadas com um X.

A Figura 2.25 apresenta um exemplo de um objeto "disciplina1" que é uma instância da classe `Disciplina`. Esse é um exemplo de objeto que existe durante todo o processo de interação.

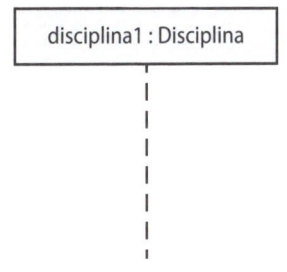

Figura 2.25 Exemplo de objeto que existe durante todo o processo de interação.
Fonte: Autores.

Na Figura 2.26, vemos o exemplo de um objeto "curso1" que é criado e destruído durante o processo de interação.

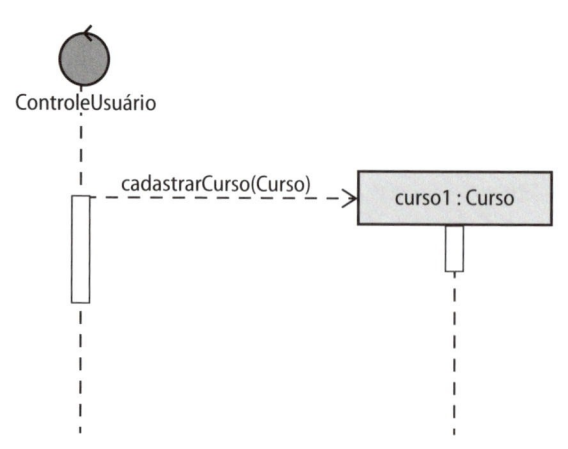

Figura 2.26 Exemplo de objeto que é criado e destruído durante a interação.
Fonte: Autores.

» Foco de controle

O foco de controle indica um período em que um objeto está executando uma ou mais ações durante a interação. Ele é representado por um retângulo posicionado em cima da linha de vida, tendo a parte superior alinhada com o início da ação e a inferior alinhada com seu término, conforme apresentado na Figura 2.27.

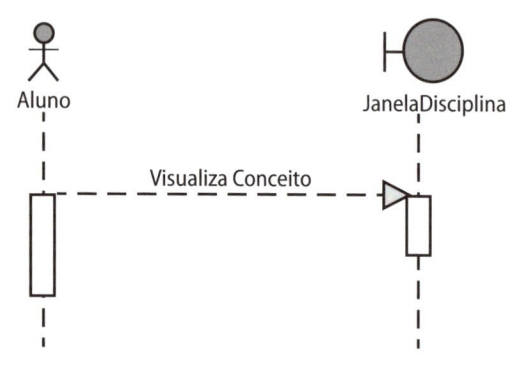

Figura 2.27 Exemplo de foco de controle e mensagem simples.
Fonte: Autores.

» Mensagens

As mensagens representam a ocorrência de eventos que podem ou não solicitar a chamada de um método, podendo ainda indicar a comunicação entre dois atores.

Na Figura 2.27, a mensagem indica a ocorrência de um evento que não solicita a execução de um método. Ela é representada por uma linha com uma seta preenchida. O processo que está sendo representado é a interação entre o ator Aluno e a classe `JanelaDisciplina`. Esse ator envia uma solicitação para visualizar o conceito para a classe `JanelaDisciplina`.

Um exemplo de mensagem acompanhada da solicitação de execução de um método pode ser observado na Figura 2.28. No exemplo, há também uma mensagem de retorno, representada por uma linha tracejada que contém uma seta aberta.

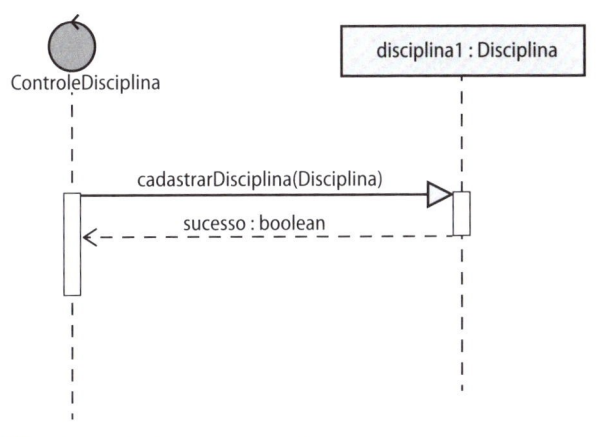

Figura 2.28 Exemplo de mensagens de envio e retorno.
Fonte: Autores.

» Autochamada

A autochamada é utilizada quando um objeto necessita enviar uma mensagem para ele próprio. Observa-se, na Figura 2.29, um exemplo de autochamada em que a mensagem parte do objeto e atinge ele próprio.

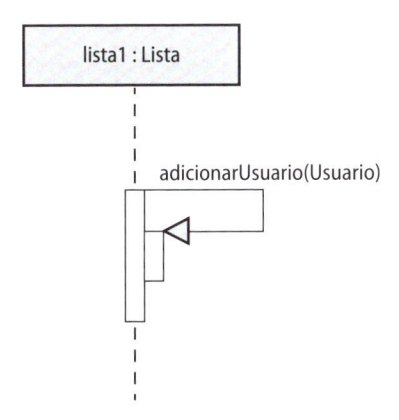

Figura 2.29 Exemplo com autochamada.
Fonte: Autores.

O diagrama de sequência, apresentado na Figura 2.30, foi construído com base no caso de uso Realizar Matrícula Disciplina. Nesse processo, o ator Aluno acessa o sistema de matrícula por meio da interface do sistema, representada pela classe `JanelaMatriculaDisciplina`. A interface repassa a solicitação para a classe de controle `ControleMatriculaDisciplina`, que dispara o método `listarDisciplina(Aluno)` na classe `Disciplina`. Observa-se que a classe `Disciplina` envia ao controle, que repassa para a interface, uma mensagem de retorno com uma lista de disciplinas nas quais o aluno poderá matricular-se. A interface se comunica com o ator por meio da exibição das disciplinas.

Em seguida, o aluno seleciona as disciplinas em que pretende matricular-se. No exemplo, há uma autochamada na classe `JanelaMatriculaDisciplina`. Esta possibilita a execução do método `habilitarBotaoConfirmar()` diversas vezes, permitindo assim que o aluno adicione as disciplinas selecionadas. Em seguida, o aluno confirma a matrícula, e a interface repassa a confirmação para o controle, que instancia o objeto "mat1" da classe `Matricula` e dispara o método `confirmarMatricula(Aluno,Disciplina)`.

O objeto "mat1" retorna uma mensagem de sucesso para o controle. O controle, por sua vez, dispara a mensagem para a interface, que exibirá ao aluno a mensagem de que a matrícula foi realizada com sucesso.

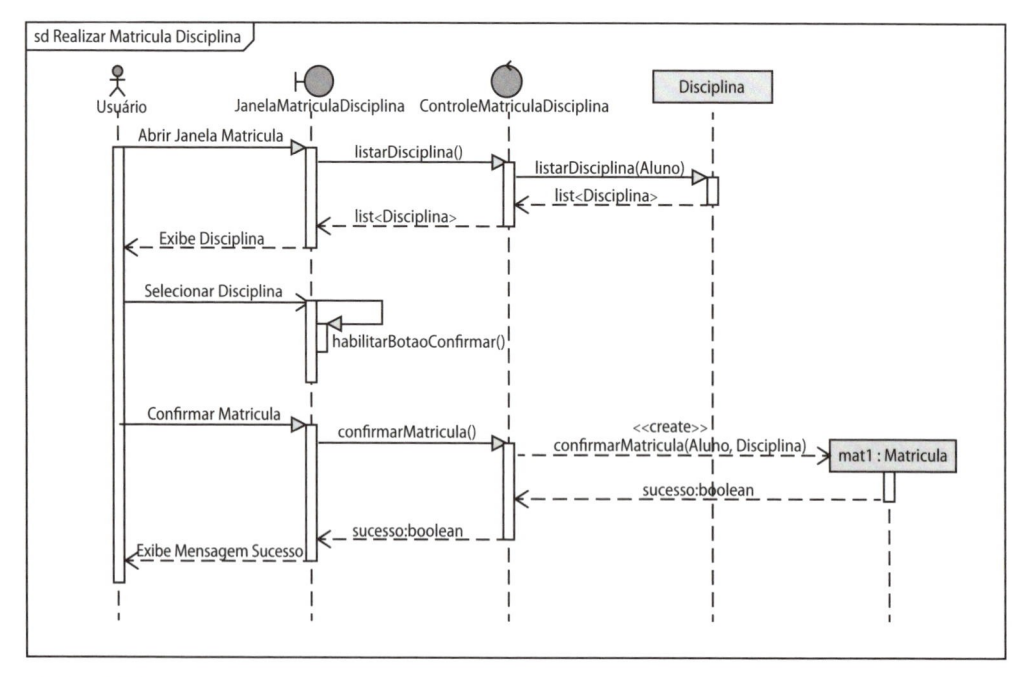

Figura 2.30 Diagrama de sequência Realizar Matrícula Disciplina.
Fonte: Autores.

A Figura 2.31 apresenta o diagrama de sequência do caso de uso Pesquisar Usuário referente ao sistema de microblog. Nela, o processo começa com o ator Usuário acessando a interface, representada pela classe `JanelaUsuario`, em que ele informa o texto para a pesquisa. A interface repassa a solicitação de `pesquisarUsuario(particula: String)` para a classe de controle `ControleUsuario`, que dispara o método `pesquisarUsuario(particula: String)` na classe `Usuario`.

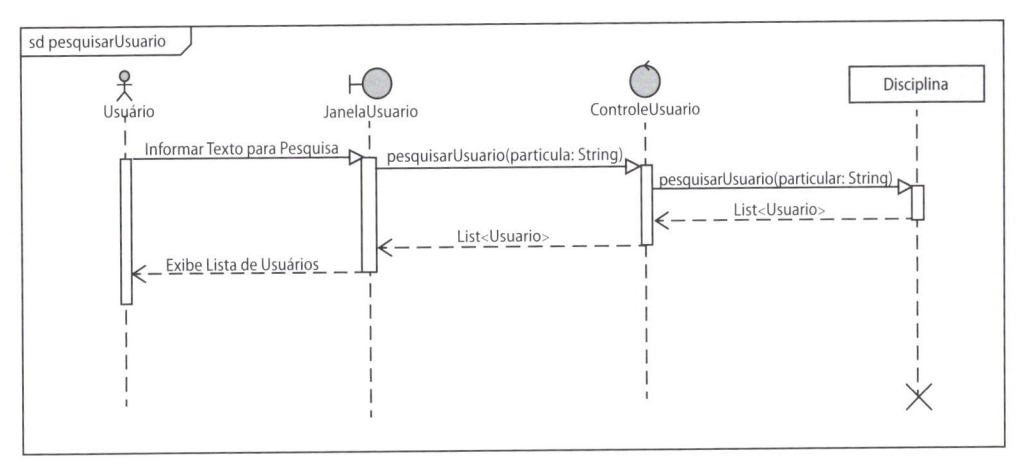

Figura 2.31 Diagrama de sequência referente ao caso de uso Pesquisar Usuário.
Fonte: Autores.

A classe `Usuario` envia ao controle, que repassa para a interface, uma mensagem de retorno com uma lista de usuários com base no argumento do método pesquisado. Por fim, a interface se comunica com o usuário por meio da exibição da lista de usuários encontrados.

Observa-se, nesse exemplo, um "X" no final da linha de vida da classe `Usuario`, indicando que os objetos que forem instanciados na classe `Usuario` serão excluídos logo após o retorno da pesquisa.

> ## » PARA SABER MAIS
>
> Além dos elementos apresentados nesta seção, os diagramas de sequência dispõem de mais elementos e particularidades que não foram abordados, por exemplo, o uso de operadores de interação. Esses operadores podem ser do tipo `alt` – (alternativas) escolha entre dois ou mais comportamentos; `opt` – (opção) escolha de um comportamento, caso a condição seja verdadeira; `loop` – (laço) representação de um laço que poderá ser executado diversas vezes; entre outros. Os operadores são utilizados dentro de quadros de interação, o que é outra particularidade do diagrama de sequência. Para mais informações, sugere-se a leitura das bibliografias sobre UML 2, que são apresentadas no final deste capítulo.

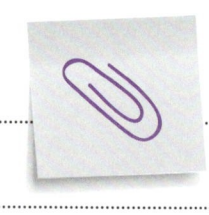

>> RESUMO

Este capítulo apresentou, de forma geral, os principais conceitos, características e elementos do diagrama de casos de uso, diagrama de classes e diagrama de sequência. É importante destacar que não foram abordados todos os aspectos dos diagramas. Dessa forma, para mais informações, sugere-se a leitura da bibliografia recomendada.

>> Agora é a sua vez!

1. Discuta com seu colega se as afirmações a seguir são verdadeiras ou, se forem falsas, justifique.

    a. No diagrama de casos de uso, o relacionamento de extensão indica que um caso de uso base incorpora o comportamento de outro caso de uso.
    b. No diagrama de classes, o relacionamento de dependência indica que uma classe depende de atributos ou de operações de outra classe para poder executar suas operações.
    c. No diagrama de sequência, as mensagens representam a ocorrência de eventos que podem ou não solicitar a chamada de um método, podendo ainda indicar a comunicação entre dois atores.
    d. No diagrama de casos de uso, o comportamento do sistema é modelado por meio de casos de uso, que representam os requisitos funcionais do sistema.
    e. No diagrama de sequência, os objetos podem existir durante toda a interação ou ser criados e destruídos durante a interação.
    f. No diagrama de classes, o relacionamento de composição tenta demonstrar que as informações de um objeto-todo precisam ser complementadas pelas informações de um objeto-parte. Esse relacionamento é utilizado quando se deseja dizer que uma classe é formada por diversas outras.
    g. No diagrama de classes, o relacionamento de agregação dos objetos-parte tem de pertencer exclusivamente a um objeto-todo. Nesse caso, quando uma parte é criada, sua existência deve ser coincidente com o todo, e, quando um todo é eliminado, suas partes também devem ser eliminadas.

2. Analise as seguintes afirmações sobre o diagrama de casos de uso e discuta com seu colega quais estão corretas:

    I. Esse tipo de diagrama serve para descrever as interações típicas entre os usuários de um sistema e o próprio sistema, fornecendo uma narrativa sobre como o sistema é utilizado.
    II. Os atores podem estar conectados aos casos de uso por associações e generalizações.
    III. Uma associação entre um caso de uso e um ator significa um canal de comunicação entre ambos.

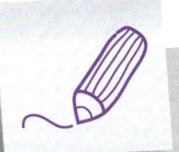

» Agora é a sua vez!

3. Analise as seguintes afirmações sobre o diagrama de classes e discuta com seu colega quais estão corretas:

   I. Faz parte dos diagramas estruturais da UML.
   II. Permite a visualização dos requisitos funcionais do sistema.
   III. É utilizado na fase de levantamento de requisitos.

4. Analise as seguintes afirmações sobre o diagrama de sequência e discuta com seu colega quais estão corretas:

   I. Apresenta as interações entre objetos, enfatizando a sequência temporal em que as mensagens são trocadas.
   II. É um diagrama estrutural da UML.
   III. É construído com base no diagrama de casos de uso.

REFERÊNCIAS

BOOCH, G.; RUMBAUGH, J.; JACOBSON, I. *UML*: guia do usuário. 2. ed. Rio de Janeiro: Campus, 2006.

FOWLER, M. *UML essencial*: um breve guia para a linguagem padrão de modelagem de objetos. 3. ed. Porto Alegre: Bookman, 2004.

GUEDES, G. T. A. *UML 2*: uma abordagem prática. 2. ed. São Paulo: Novatec, 2011.

LARMAN, C. *Utilizando UML e padrões*: uma introdução à análise e ao projeto orientados a objetos e ao desenvolvimento iterativo. 3. ed. Porto Alegre: Bookman, 2007.

PRESSMAN, R. S. *Engenharia de software*: uma abordagem profissional. 7. ed. Porto Alegre: AMGH, 2011.

SOMMERVILLE, I. *Engenharia de software*. 9. ed. São Paulo: Pearson Education, 2011.

Rodrigo Perozzo Noll
Silvia de Castro Bertagnolli

capítulo 3

Linguagem Java

Java é uma das linguagens de programação mais populares e utilizadas atualmente. Conhecer sua semântica e sintaxe é fundamental para a construção de soluções de qualidade. Com base nessa premissa, este capítulo apresenta algumas características da linguagem, como o detalhamento dos membros de uma classe, o uso de tipos primitivos e Wrappers, a manipulação de coleções de elementos por meio de arrays e do Framework Collection, bem como o mecanismo de tratamento de exceções. Além disso, são abordadas algumas relações entre elementos da Linguagem de Modelagem Unificada (UML) e estruturas da linguagem Java, permitindo a tradução de modelos visuais em código-fonte da aplicação.

Objetivos de aprendizagem

» Identificar a estrutura da linguagem Java.

» Reconhecer e aplicar adequadamente modificadores, *Wrappers*, *arrays*, coleções e tratamento de exceções.

» Associar e traduzir modelos UML em blocos de código Java e vice-versa.

>> Introdução

A linguagem de programação Java foi concebida em 1991, por James Gosling e sua equipe na Sun Microsystems. Inicialmente, foi chamada de Oak, mas em 1995 foi renomeada para Java. Após o surgimento da *World Wide Web* (WWW), a Sun começou a investir em um novo conceito da linguagem Java, os **applets**, cujo objetivo era dividir a responsabilidade da aplicação entre o navegador e o servidor da aplicação. Esse novo conceito deu maior visibilidade à linguagem.

Atualmente, Java está não apenas na Internet, mas por trás de diversas aplicações e dispositivos que fazem parte do nosso dia a dia, desde aplicações desktop, aplicativos em telefones móveis e jogos até soluções corporativas.

Uma diferença entre a linguagem Java e o desenvolvimento estruturado é o fato de o código-fonte ser compilado em arquivos de classes. Esses arquivos são interpretados por uma **Máquina Virtual Java (JVM)**, permitindo que um mesmo código rode de forma equivalente em diferentes plataformas, isto é, a JVM representa uma camada que traduz o código-fonte compilado em instruções específicas para cada sistema operacional.

O foco da linguagem Java é a programação orientada a objetos, conforme já apresentado no Capítulo 1. Enfatizando mais a linguagem, este capítulo apresenta novos conceitos e relaciona Java com a UML, utilizada para a análise e a modelagem orientada a objetos (Capítulo 2).

>> Detalhando os membros de classes

Uma classe Java é composta por métodos e atributos, que representam seus membros. Esta seção tem como objetivo examinar algumas das definições que modificam o comportamento ou acesso desses membros.

Um conjunto dessas definições são os modificadores de acesso, os quais restringem o que de uma classe é acessível por outra. A restrição de acesso é obtida por meio do uso dos modificadores: `public`, `private` e `protected`. Se nenhum modificador é declarado para um membro, então Java atribui o nível-padrão (também conhecido como *default* ou de pacote).

Quando um membro de classe é declarado como `public`, ele pode ser acessado por qualquer outra classe do seu programa. Se um membro é definido como `private`, somente os membros da classe que o definiu dessa forma podem acessá-lo. Um membro-padrão (*default*) pode ser acessado publicamente apenas por classes que pertencem a um mesmo pacote.

Para ilustrar o uso desses modificadores de acesso, observe o diagrama da Figura 3.1 e o código que o traduz na Figura 3.2.

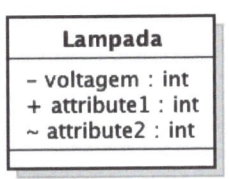

```
Lampada
- voltagem : int
+ attribute1 : int
~ attribute2 : int
```

Figura 3.1 Modificadores de acesso `private`, `public` e `default`.
Fonte: Autores.

```java
public class Lampada{
    // modificador privado, este membro
    // só é acessível dentro da própria classe
    private int voltagem;

    // modificador público, este membro
    // é acessível por qualquer classe do programa
    public int potencia;

    // modificador padrão, este membro é acessível
    // publicamente por qualquer classe dentro do pacote
    // em que ele se encontra
    int luminosidade;
}
```

Figura 3.2 Tradução do esquema da Figura 3.1.
Fonte: Autores.

Há também o modificador de acesso `protected`, que possibilita o acesso ao membro por todas as classes que estão em um mesmo pacote e também por todas as suas subclasses (que podem estar em outros pacotes). Em caso de dúvidas, revise os conceitos de herança apresentados no Capítulo 1.

O Quadro 3.1 sumariza como os modificadores de acesso restringem a visibilidade dos membros das classes.

Quadro 3.1 » **Acesso aos membros da classe**

Visibilidade	private	**padrão**	protected	public
Visível na própria classe	Sim	Sim	Sim	Sim
Visível por uma subclasse no mesmo pacote	Não	Sim	Sim	Sim
Visível por classes do mesmo pacote	Não	Sim	Sim	Sim
Visível por subclasses em pacotes diferentes	Não	Não	Sim	Sim
Visível por classes em pacotes diferentes	Não	Não	Não	Sim

» Agora é a sua vez!

1. Crie um projeto Java no IDE NetBeans e implemente a classe representada pelo esquema a seguir. Para o método `calcularSalario()`, use a fórmula `valorHora * numHoras`. Em caso de dúvidas sobre como criar o projeto, siga as instruções descritas no arquivo "Preparando o ambiente de desenvolvimento", disponível no site do Grupo A (**www.grupoa.com.br**).

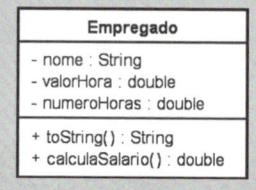

```
          Empregado
   - nome : String
   - valorHora : double
   - numeroHoras : double
   + toString() : String
   + calculaSalario() : double
```

2. Faça um projeto Java no IDE NetBeans com a estrutura das classes a seguir.

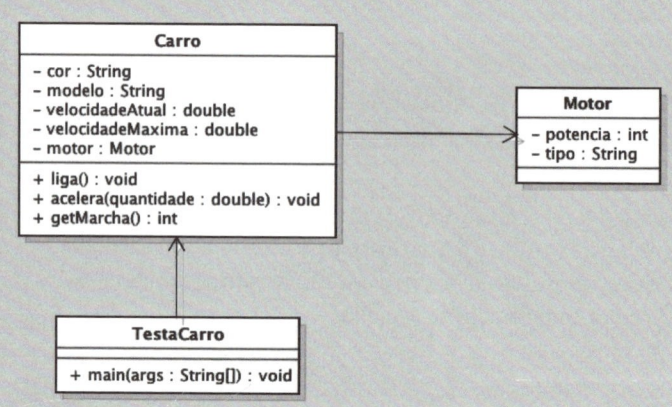

```
              Carro
   - cor : String
   - modelo : String
   - velocidadeAtual : double
   - velocidadeMaxima : double
   - motor : Motor
   + liga() : void
   + acelera(quantidade : double) : void
   + getMarcha() : int

              Motor
   - potencia : int
   - tipo : String

            TestaCarro
   + main(args : String[]) : void
```

Outros modificadores para membros de classes

Existem outros modificadores não relacionados ao acesso que também podem ser aplicados a membros de uma classe, como `final` e `static`. O modificador `final` pode ser aplicado a classes, métodos e atributos. Ele tem como objetivo prevenir que um membro seja redefinido ou que uma classe tenha classes derivadas.

Quando uma classe é definida como `final`, você está indicando ao programa que essa classe não permite classes derivadas, ou seja, a classe final fica impedida de possuir subclasses. Por exemplo, uma classe `PessoaFisica` poderia ser declarada como `final` quando na aplicação não há lógica em definir uma subclasse desta classe. Se você declarasse uma classe `Pessoa` como `final`, essa definição ficaria incoerente caso houvesse alguma especialização dessas pessoas como físicas e/ou jurídicas.

E na modelagem e na implementação, como fica?

Considerando o esquema da Figura 3.3, o método `iluminar()` é declarado como `final` na superclasse `Lampada`, então esse método não pode ser sobrescrito na subclasse `LampadaIncandescente`. Com isso, percebe-se que o modificador `final` impede heranças indevidas, isto é, evita que uma subclasse possa modificar o comportamento definido pela superclasse. Note que, no diagrama de classes, uma operação final é definida como `leaf`.

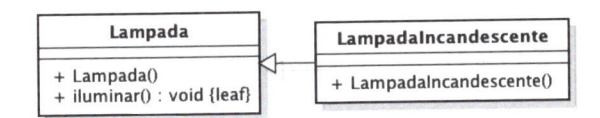

Figura 3.3 Modificador final aplicado a métodos.
Fonte: Autores.

A implementação da superclasse e de sua subclasse ilustrada na Figura 3.3 pode ser analisada no código da Figura 3.4. Observe que somente o método `iluminar()` não pode ser sobrescrito, uma vez que foi definido como `final`.

```
2    public class LampadaIncandescente extends Lampada {
3        public LampadaIncandescente (){}
4
5        //ERRO! Não compilará, pois não pode sobrescrever
6        //o método final da superclasse Lampada
7        public void iluminar (){
8        }
9    }
```

Figura 3.4 Tradução do esquema da Figura 3.3.
Fonte: Autores.

O modificador `final` também pode ser aplicado em atributos para evitar que seu valor seja alterado, isto é, ele transforma o atributo em uma constante durante toda a execução do programa (Fig. 3.5). Um exemplo de uma constante em um programa é apresentado no código da Figura 3.6. Na UML, a propriedade do atributo deve ser marcada como "read-only" (nesse caso, foi adicionada a restrição "readOnly" indicando visualmente que o atributo é final).

GerenciadorDeProblemas
+ COD_LAMPADA_QUEIMADA : int = 1010 {readOnly}

Figura 3.5 Modificador final aplicado a atributos.
Fonte: Autores.

```java
public class GerenciadorDeProblemas {
    //constante no código Java
    public final int COD_LAMPADA_QUEIMADA = 1010;
}
```

Figura 3.6 Tradução do esquema da Figura 3.5.
Fonte: Autores.

Para acessar a constante COD_LAMPADA_QUEIMADA da classe Gerenciador-DeProblemas, é necessária uma instância desta, conforme ilustrado no método isQueimada() das Figuras 3.7 e 3.8.

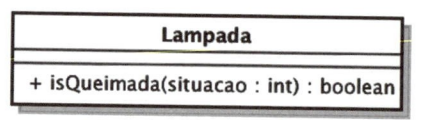

Lampada
+ isQueimada(situacao : int) : boolean

Figura 3.7 Método usado para acessar atributo final (constante).
Fonte: Autores.

No caso apresentado, COD_LAMPADA_QUEIMADA é uma constante e não existe nenhuma circunstância em que um objeto de GerenciadorDeProblemas pudesse alterar o valor dessa constante. Em circunstâncias como esta, na qual um membro de uma classe é independente de qualquer objeto dessa classe (isto é, não necessita de uma instância específica de uma classe), pode-se declará-lo como estático.

```java
public class GerenciadorDeProblemas {
    //constante no código Java
    public final int COD_LAMPADA_QUEIMADA = 1010;

}
```

```java
public class Lampada {
    public boolean isQueimada (int situacao){
        GerenciadorDeProblemas gp =
                        new GerenciadorDeProblemas();
        return (situacao == gp.COD_LAMPADA_QUEIMADA);
    }
}
```

Figura 3.8 Tradução do esquema da Figura 3.7.
Fonte: Autores.

Para criar um membro estático, basta adicionar a palavra reservada `static` antes do método ou atributo. Quando um membro é declarado como estático, ele pode ser acessado antes da criação de qualquer instância da classe e sem nenhuma referência a um objeto. A Figura 3.9 apresenta um exemplo de declaração e uso de uma constante pública e estática. Note que não é mais necessária uma instância da classe `GerenciadorDeProblemas` para se obter o valor de `COD_LAMPADA_QUEIMADA`.

```java
public class GerenciadorDeProblemas {
    //constante no código Java
    public static final int COD_LAMPADA_QUEIMADA = 1010;
}
```

```java
public class Lampada {
    public boolean isQueimada (int situacao ){
        return (situacao == GerenciadorDeProblemas.COD_LAMPADA_QUEIMADA);
    }
}
```

Figura 3.9 Acessando constante pública e estática.
Fonte: Autores.

Como apresentado, membros estáticos se aplicam tanto para métodos quanto para atributos. A fim de ilustrar a utilidade do modificador estático em um método, imagine uma situação em que uma classe chamada de `PessoaFisica` é descrita contendo um método privado de validação de `cpf` que sempre é executado da mesma forma, a partir de um argumento `String` que contém o `cpf`, independentemente do valor que é passado. Nesse caso, o valor do estado interno do objeto é irrelevante para a validação, pois o método sempre será executado da mesma forma. Como o comportamento do método não tem nenhuma dependência com o estado do objeto, então não é necessário ter uma instância de um objeto para executar um método que nunca será específico para sua instância. Para isso, é possível simplesmente executar o método estático da classe sem a necessidade de instanciar um objeto. Um exemplo de uso de membros estáticos é apresentado na Figura 3.10 e na sua respectiva tradução na Figura 3.11.

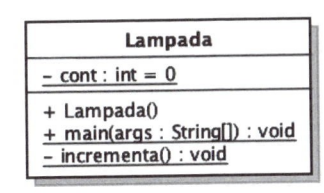

```
       Lampada
─────────────────────
 - cont : int = 0
─────────────────────
 + Lampada()
 + main(args : String[]) : void
 - incrementa() : void
```

Figura 3.10 Membros estáticos.
Fonte: Autores.

```java
public class Lampada {
    //Declaração e iniciação de um atributo estático
    private static int cont = 0;
    public Lampada () {
        //O construtor executa um método estático
        incrementa();
    }
    public static void main(String[] args) {
        Lampada lampada;
        //chama o construtor e incrementa cont
        lampada = new Lampada();
        //chama o construtor e incrementa cont
        lampada = new Lampada();
        //chama o construtor e incrementa cont
        lampada = new Lampada();
        System.out.println("contador = " + cont);
    }
    private static void incrementa() {
        // incrementa o atributo estático em 1
        cont+=1;
    }
}
```

Figura 3.11 Acessando e manipulando membros estáticos.
Fonte: Autores.

No código da Figura 3.11, tem-se uma variável estática `cont` que é iniciada com "zero" quando a classe `Lampada` é carregada pela primeira vez na máquina virtual (antes da criação de qualquer instância). Toda vez que uma nova instância de `Lampada` é criada, o construtor executa o método estático `incrementa()`, que atualiza a variável `cont`. Quando o método `main()` é executado, três instâncias de `Lampada` são criadas, e o resultado da variável é o descrito a seguir.

```
contador = 3
```

>> Agora é a sua vez!

1. Escreva uma classe em Java denominada `Conversao`. Ela deve possuir o método `double static converte(double temp, char origemConversao)`, que converte a temperatura de Celsius (°C) para Fahrenheit (°F) e vice-versa, dependendo do parâmetro `origemConversao`. Se `origemConversao` for "c" ou "C", converte de graus Celsius para Fahrenheit; se for "f" ou "F", faz a conversão inversa; para qualquer outro valor, retorna -1. A conversão obedece a fórmula °C * 9/5 + 32 = °F.

>> Agora é a sua vez!

2. Crie uma classe denominada `Figura`. Ela deve ter como atributo a cor do tipo `String`. Em seguida, crie a classe `Circulo` como subclasse de `Figura`. A classe `Circulo` define uma constante chamada de `PI` (com valor 3.1415) e o atributo `raio`. Crie os métodos `calculaArea()` e `calculaPerimetro()`.

3. Utilizando as classes da questão anterior, responda às seguintes perguntas:

    a. A classe `Figura` pode ser declarada como `final`? Explique.

    b. A constante `PI` também pode ser declarada como um atributo estático? Argumente com exemplos a sua resposta.

    c. Os métodos `calculaArea()` e `calculaPerimetro()` podem ser definidos como `final`? Justifique sua resposta.

>> Tipos *Wrappers* e autoboxing

Como ocorre em diversas linguagens de programação, Java utiliza tipos primitivos como `int` ou `double`, para a manipulação de dados básicos. Esses tipos primitivos apresentam um melhor desempenho se comparados aos objetos. Ao utilizar objetos para operações simples, o tempo de processamento da aplicação aumenta significativamente por diversos fatores, como a conversão de objetos em tipos primitivos e vice-versa.

Apesar do ganho de desempenho oferecido pelos tipos primitivos, existem momentos em que um objeto é necessário para manter um dado primitivo. Exemplos desse caso são a necessidade da passagem de parâmetros por referência em um método (que só é possível por meio de objetos) e o uso de genéricos para coleções (Collections) ou métodos para manipulação ou conversão de dados. Nessas circunstâncias, Java fornece os chamados tipos *Wrappers*.

A linguagem Java fornece uma classe *Wrapper* para cada tipo primitivo conforme apresenta o Quadro 3.2.

Quadro 3.2 » Resumo das Classes *Wrappers*

Tipo Primitivo	Classe *Wrapper*	Argumentos do Construtor
boolean	Boolean	boolean ou String
byte	Byte	byte ou String
char	Character	Char
double	Double	double ou String
float	Float	float, double ou String
int	Integer	int ou String
long	Long	long ou String
short	Short	short ou String

O processo de encapsular um valor em um objeto é chamado de **boxing**. Antes da existência da versão 5 da linguagem Java, era necessário realizar *boxing* manualmente toda vez que uma classe *Wrapper* era necessária e *unboxing* para extrair o valor de um tipo primitivo de um *Wrapper*. Um exemplo disso é apresentado na Figura 3.12, em que, na primeira linha, é encapsulado o valor 10 em um objeto Integer e, na segunda, é atribuído à variável primitiva i o valor 10 (extraído do *Wrapper*) acrescido de 20.

```
public class Teste {
    public static void main(String args[]){
        Integer objetoInteiro = new Integer(10);
        int primitivoInteiro = objetoInteiro.intValue() + 20;
    }
}
```

Figura 3.12 *Boxing e unboxing.*
Fonte: Autores.

Como se pode perceber, o processo de *boxing* e *unboxing* é entediante e pode levar o programador ao erro. Para resolver esse problema, **autoboxing** e **unboxing** foram introduzidos na versão 5 da linguagem Java e servem para encapsular automaticamente um tipo primitivo em seu objeto *Wrapper* equivalente. Isso significa que não é necessário criar explicitamente um objeto com seu construtor (*boxed*) ou utilizar um método como intValue() para recuperar um tipo primitivo (*unboxed*). Assim, o código anterior pode ser reescrito conforme apresenta a Figura 3.13.

```
2   public class Teste {
3       public static void main(String args[]){
4           Integer objInteiro = 10; //autobox um int
5           int primitivoInteiro = objInteiro + 20; //auto-unbox
6
7       }
8   }
```

Figura 3.13 *Boxing* e *unboxing* automáticos.
Fonte: Autores.

As classes *Wrappers* apresentam vários métodos definidos, que servem para realizar conversões entre tipos de dados. Por exemplo, para converter uma `String` para `int` você pode usar o método `parseInt()`; para `double`, você pode usar o método `parseDouble()`, como apresenta a Figura 3.14. Observe que para converter uma `String` para o tipo primitivo `int`, foi chamado o método `parseInt()` da classe `Integer`. Esse método foi chamado usando o nome da classe, pois ele foi definido como `static`. O método `parseDouble()` também foi definido como `static`, mas, como realizamos a importação estática dos membros da classe (ver a linha do `import` na Fig. 3.14), não foi necessário colocar o nome da classe antes da chamada ao método.

```
2   import static java.lang.Double.*;
3   public class ConversoesWrappers {
4       public static void main(String[] args) {
5           int primitivoInteiro = Integer.parseInt("10");
6           double primitivoDouble = parseDouble("20.2");
7       }
8   }
```

Figura 3.14 Conversões entre *Wrappers*.
Fonte: Autores.

Arrays

Um *array* pode armazenar tanto tipos primitivos quanto objetos. Além disso, ele sempre será considerado um objeto para a linguagem (e, portanto, uma referência), independentemente do tipo de dado que ele contém.

Um *array* é declarado pela definição do tipo de dado que armazena (primitivo ou objeto), seguido da abertura e do fechamento de colchetes em qualquer dos lados do nome do identificador do *array*. A Figura 3.15 mostra duas formas possíveis de declarar um *array*.

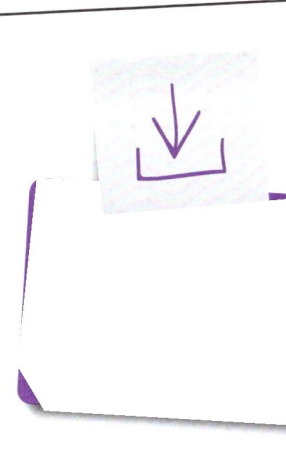

```
2   public class Teste {
3       public static void main(String args[]){
4           int[] a1; // colchetes antes do nome do identificador
5           Integer a2[]; //colchetes após o nome
6       }
7   }
```

Figura 3.15 Declaração de *array*.
Fonte: Autores.

As instruções da Figura 3.15 apenas declaram as variáveis a1 e a2, porém não as inicializam. Para inicializar o *array*, é necessário informar seu tamanho após o operador new, conforme consta na Figura 3.16.

```
2   public class Teste {
3       public static void main(String args[]){
4           int[] a1 = new int[10];
5       }
6   }
```

Figura 3.16 Declaração de *array* determinando seu tamanho.
Fonte: Autores.

A instrução da Figura 3.16 cria um *array* do tipo int com 10 posições iniciadas automaticamente com o valor "zero". Para tipos primitivos, cada posição do *array* é iniciada com o valor-padrão do tipo; já para objetos, todos os elementos recebem o valor null. A Figura 3.17 ilustra as 10 posições do *array*. Na primeira linha, tem-se o índice; na segunda, o valor-padrão atribuído à cada posição do *array*.

Índice	0	1	2	3	4	5	6	7	8	9
Conteúdo	0	0	0	0	0	0	0	0	0	0

Figura 3.17 *Array*: posições *versus* conteúdo.
Fonte: Autores.

>> IMPORTANTE

O valor-padrão dos tipos de dados primitivos compreende:

- Tipos inteiros (byte, short, int e long): valor inicial é 0 (zero)
- Tipos ponto flutuante (float e double): valor inicial é 0.0 (zero)
- Tipo booleano: valor inicial é false
- Tipo char: valor inicial "" (caractere em branco)
- Tipo classe (objetos): valor inicial é null.

Para acessar determinado elemento, é necessário usar o índice, o qual varia de zero até (n-1), sendo n o tamanho do *array*. Por exemplo, a oitava posição do *array* a1 é acessada por meio do índice 7 (a1[7]).

Também é possível construir e inicializar um *array* anônimo. Para ilustrar essa situação, há, na Figura 3.18, um *array* com três posições e com os respectivos valores 1, 2 e 3 (também ilustrado na Figura 3.19).

```java
public class Teste {
    public static void main(String args[]){
        int[] a1 = new int[]{1,2,3};
    }
}
```

Figura 3.18 Declarando e inicializando um *array*.
Fonte: Autores.

Índice	0	1	2
Conteúdo	1	2	3

Figura 3.19 Inicializando um *array*.
Fonte: Autores.

Para preencher um *array* e em seguida imprimir, é possível utilizar laços de repetição como na Figura 3.20. Utilize array.length para obter o tamanho do *array*.

```java
public class Teste {
    public static void main(String args[]){
        Integer[] a1 = new Integer [10];
        for (int i = 0; i < a1.length; i++) {
            //autoboxing atribuindo respectivamente o indice
            //(que varia de 0 até 9) a cada posição do array
            a1[i]=i;
        }
        
        for (int i = 0; i < a1.length; i++) {
            //imprime cada elemento do array, que é uma
            //lista de 0 até 9
            System.out.println(a1[i]); //auto-unboxing
        }
    }
}
```

Figura 3.20 Inicializando e percorrendo um *array*.
Fonte: Autores.

A partir da versão 5 da linguagem Java é possível utilizar a estrutura de repetição chamada de foreach, que permite iterar sobre uma coleção sem precisar manipular os índices. A sintaxe de declaração desse laço é esquematizada na Figura 3.21, e a forma geral de uso é apresentada na Figura 3.22.

```
for (tipo variavelDeIteracao: colecaoArray)
        blocoDeDeclaracoes
```

Figura 3.21 Sintaxe do laço `foreach`.
Fonte: Autores.

Nessa estrutura, a `variavelDeIteracao` recebe a cada ciclo do laço o valor de cada elemento da variável `colecaoArray`, iniciando de zero até (n-1), sendo n o tamanho do *array* ou *coleção*. A Figura 3.22 apresenta a refatoração da Figura 3.18 com a estrutura de repetição `foreach`.

```
2   public class Teste {
3       public static void main(String args[]) {
4           Integer[] a1 = new Integer[10];
5           for (int i = 0; i < a1.length; i++) {
6               a1[i] = i;
7           }
8
9           for (int i : a1) { //estrutura for-each
10              System.out.println(i);
11          }
12      }
13  }
```

Figura 3.22 Percorrendo um *array* com `foreach`.
Fonte: Autores.

» Agora é a sua vez!

1. Faça um programa que imprima os 100 primeiros números múltiplos de 3.
2. Faça um programa que, dado um *array* de inteiros, retorne um novo *array* ordenado.
3. Faça um programa que calcule a média de um *array* de `double` com 10 elementos.
4. Faça um programa que permita cadastrar e imprimir vários objetos da classe `Empregado` (definida anteriormente). Monte um menu com as opções cadastrar, listar, pesquisar por nome, pesquisar por matrícula e sair.
5. Faça um programa que permita cadastrar e imprimir vários objetos da classe `Carro` (definida anteriormente). Monte um menu com as opções cadastrar, listar, pesquisar por cor, pesquisar por modelo e sair.

Coleções

Existem algumas restrições quando se está trabalhando com *arrays*, como a impossibilidade de alterar o seu tamanho uma vez inicializado, a manutenção de uma lista ordenada, a necessidade de percorrer toda a lista para encontrar um elemento ou mesmo não saber quantas posições do *array* foram efetivamente preenchidas sem o uso de métodos ou atributos auxiliares. Para resolver essa situação, a linguagem Java fornece o Framework Collections.

O Framework Collections apresenta um conjunto básico de operações geralmente necessárias para trabalhar com um conjunto de elementos, como a opção de adicionar ou remover objetos, verificar se um objeto faz parte da coleção e recuperá-lo ou iterar sequencialmente sobre os elementos de uma coleção.

A API de coleções separa claramente interfaces de implementações (classes concretas). Entre as principais interfaces da API está a *Collection*, que é estendida pelas seguintes interfaces:

- *List*: lista indexada de elementos.
- *Set*: conjunto de elementos únicos.
- *Map*: coleção de elementos que relacionam uma chave única a algum valor.

As principais implementações dessas interfaces estão descritas no Quadro 3.3.

Quadro 3.3 » **Resumo das principais coleções Java**

Interfaces	Implementações	Descrição
Map	HashMap	É uma coleção de elementos que associa uma chave única a um valor.
	Hashtable	É basicamente o mesmo que um HashMap, porém os métodos são sincronizados. Um método sincronizado só pode ser acessado por uma *thread* (execução individual de um processo) de cada vez.
	TreeMap	É um mapa em que as chaves são classificadas pela ordem natural dos elementos. A classificação de uma coleção pela ordem natural interfere na ordem da recuperação dos elementos. Por exemplo, os elementos de um conjunto de caracteres serão recuperados em ordem alfabética, os elementos de um conjunto de números serão recuperados em ordem crescente e assim por diante.
	LinkedHashMap	É um mapa que mantém a ordem de inserção dos elementos.

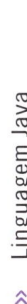

Quadro 3.3 » *Continuação*

Interfaces	Implementações	Descrição
Set	HashSet	É uma coleção que não possui elementos duplicados e em que não existe preocupação com a ordem, sendo uma opção mais rápida para operações de modificação de conjunto.
	LinkedHashSet	É uma coleção que não tem elementos duplicados e que mantém a ordem na qual os elementos foram inseridos.
	TreeSet	É um conjunto que permite inserir elementos em qualquer ordem e recuperar os elementos classificados pela sua ordem natural.
List	ArrayList	É uma coleção indexada, porém, não ordenada, de elementos. É mais rápida na pesquisa que as demais implementações, exceto no início e no fim da lista.
	Vector	É basicamente o mesmo que uma ArrayList, porém os métodos são sincronizados.
	LinkedList	É uma coleção duplamente indexada e não ordenada que fornece novos métodos para adicionar e remover elementos no início e no fim da lista, melhorando o desempenho em caso de implementações de pilhas ou filas.
Utilities	Collections	Contém um conjunto de métodos estáticos utilitários para as coleções, como pesquisa, ordenação, preenchimento, etc.
	Arrays	Contém vários métodos para manipulação de *arrays*, como ordenação, busca, etc.

As listas e os conjuntos possuem um grupo de métodos comuns, que são utilizados para realizar as principais operações em uma coleção. O Quadro 3.4 apresenta esses métodos e um resumo de cada um deles. Note que apenas alguns foram incluídos e que cada coleção possui um conjunto específico de métodos.

Quadro 3.4 » Resumo dos principais métodos das listas e conjuntos em Java

Método	Descrição
`public boolean add(E obj)`	Retorna verdadeiro se o objeto passado como parâmetro é adicionado na coleção; falso, caso contrário.
`public void clear()`	Remove todos os elementos contidos na coleção.
`public boolean contains(E obj)`	Retorna verdadeiro se o objeto passado como parâmetro está contido na coleção; falso, caso contrário.
`public boolean isEmpty()`	Retorna verdadeiro se a coleção está vazia; falso, caso contrário.
`public boolean remove(E obj)`	Retorna verdadeiro se o objeto passado como parâmetro é excluído de dentro da coleção; falso, caso contrário.
`public int size()`	Retorna o número total de objetos contidos na coleção.

Com base nos métodos apresentados no Quadro 3.4, podemos criar nosso primeiro exemplo de lista. A Figura 3.23 mostra um exemplo de criação de uma lista de mensagens vazia (linha 6). Após a criação dessa lista, serão adicionadas quatro mensagens (linhas 8-11) e, por fim, será realizada a impressão do tamanho da lista (linha 13) e serão adicionadas cada uma das mensagens (linhas 15-17).

```java
import java.util.ArrayList;
import java.util.List;

public class Teste {
    public static void main(String[] args) {
        //É recomendado criar uma lista a partir da sua interface
        List<String> mensagens = new ArrayList<>();
        mensagens.add("Mensagem 01");
        mensagens.add("Mensagem 02");
        mensagens.add("Mensagem 02");
        mensagens.add("Mensagem 03");

        System.out.printf("Quantidade de mensagens: %d. ",
                          mensagens.size());

        for (String mensagem : mensagens) {
            System.out.printf("Mensagem: %s, ", mensagem);
        }
    }
}
```

Figura 3.23 Criando uma lista, incluindo objetos e percorrendo a lista.
Fonte: Autores.

A saída no console do código anterior será: "Quantidade de mensagens: 4. Mensagem: Mensagem 01, Mensagem: Mensagem 02, Mensagem: Mensagem 02, Mensagem: Mensagem 03,".

Observe que, na Figura 3.24, há a alteração do código anterior, em que, em vez de ser utilizada uma lista, é usado um conjunto – **HashSet**.

```java
import java.util.HashSet;
import java.util.Set;

public class Teste {
    public static void main(String[] args) {
        Set<String> mensagens = new HashSet<>();
        mensagens.add("Mensagem 01");
        mensagens.add("Mensagem 02");
        mensagens.add("Mensagem 02");
        mensagens.add("Mensagem 03");

        System.out.printf("Quantidade de mensagens: %d. ",
                        mensagens.size());
        for (String mensagem : mensagens) {
            System.out.printf("Mensagem: %s, ", mensagem);
        }
    }
}
```

Figura 3.24 Manipulando um conjunto.
Fonte: Autores.

A saída da execução do código da Figura 3.24 será: "Quantidade de mensagens: 3. Mensagem: Mensagem 02, Mensagem: Mensagem 01, Mensagem: Mensagem 03,". Percebe-se que "Mensagem 02" foi inserida duas vezes no conjunto, porém apenas um elemento se manteve, evitando assim duplicatas. Isso só é possível devido à implementação das classes de conjuntos que determinam que elementos duplicados não são permitidos.

Para usar mapas, a forma de definição é um pouco diferente, pois, como já foi abordado, eles são compostos por chave e valor. Note que, para criar o mapa, você precisa definir os tipos de dados da chave e do valor que serão associados. A inserção de valores ocorre por meio do método put(), em que é informada a chave e o valor correspondente. Como essa é uma coleção composta por duas informações, há métodos que permitem visualizar somente as chaves ou só os valores do mapa (Fig. 3.25).

```java
import java.util.*;
public class Teste {
    public static void main(String[] args) {
        //mapas são compostos por K, V (chave, valor)
        Map<Integer, String> mapa = new TreeMap<>();
        //inserindo valores no mapa
        mapa.put(3, "Mensagem 03");
        mapa.put(2, "Mensagem 02");
        mapa.put(1, "Mensagem 01");
        //recuperando os valores armazenados no mapa
        Iterator<String> iter = mapa.values().iterator();
        while(iter.hasNext()) {
            System.out.println(iter.next());
        }
        //código que recupera chave e valor do mapa
        if(!mapa.isEmpty()){
            System.out.println("Chave    Valor");
            Set<Integer> chaves = mapa.keySet();
            for (Integer key : chaves) {
                String valor = mapa.get(key);
                System.out.println("  " + key + "    " + valor);
            }
        }
    }
}
```

Figura 3.25 Manipulando um mapa.
Fonte: Autores.

A saída resultante da execução da Figura 3.25 é: "Mensagem 01, Mensagem 02, Mensagem 03, Chave Valor, 1 Mensagem 01, 2 Mensagem 02, 3 Mensagem 03". Observa-se que os valores no mapa foram inseridos do maior para o menor, mas a impressão é realizada em ordem crescente. Isso ocorre porque utilizamos a classe TreeMap, que determina que os elementos contidos nesse tipo de mapa devem ficar classificados pela ordem natural.

Nos três códigos anteriores, foi utilizado o recurso de genéricos para restringir a coleção a um determinado tipo de objeto. Essa definição está na declaração da lista, do conjunto e do mapa entre os símbolos "<>". No caso da lista e do conjunto, o "<>" restringe todos os seus elementos ao tipo String. Já no caso do mapa é usado um par de tipos "(<Integer, String>)", os quais indicam que a chave deve ser um objeto do tipo Integer e que o valor deve ser um objeto do tipo String.

Com o uso de genéricos, é permitido incluir dentro de cada coleção somente objetos do tipo definido entre os símbolos "<>". Esse recurso torna o código mais seguro e evita erros de conversão entre objetos. Além disso, ele ainda possibilita iterar sobre os elementos da lista/conjunto/mapa, utilizando a estrutura de repetição foreach apresentada anteriormente.

>> Agora é a sua vez!

1. Cite situações reais em que List, Set ou Map poderiam ser mais bem empregadas.
2. Crie dois conjuntos com números quaisquer. Em seguida, aplique a esses conjuntos as operações de união, intersecção e diferença.
3. Crie uma agenda usando mapas, de modo que a chave seja o nome do contato e o valor associado à chave seja o número de telefone.
4. Refaça os exercícios de *arrays* utilizando o Framework Collection.

>> Tratamento de exceções

Em Java, uma exceção é um erro ou uma situação anormal que ocorre durante a execução de um programa, como entrada de dados inválida, problemas de conversão ou acesso a arquivos, falha de hardware, defeitos no código, entre outros. Ao utilizar o subsistema do Java de controle de exceções, você pode lidar com esses tipos de exceção de forma estruturada e controlada. Basicamente, uma exceção interrompe a execução de um programa e a lança para algum método realizar o tratamento. Esse tratamento transfere a execução do programa do ponto da detecção do erro para um bloco competente de recuperação. Se nenhum bloco tratar a exceção lançada, então ela irá causar o término do programa.

O tratamento de exceções é realizado utilizando cinco palavras reservadas: `try`, `catch`, `throw`, `throws` e `finally`. O Quadro 3.5 apresenta a utilidade de cada uma dessas palavras.

Quadro 3.5 » Resumo das palavras reservadas para tratar exceções

Palavra reservada	Descrição
`try`	Usada para indicar o bloco de código que pode gerar uma exceção.
`catch`	Usada para capturar as exceções e implementar o código que vai tratar a exceção.
`finally`	Usada para códigos que liberam recursos quando ocorre ou não uma exceção.
`throw`	Usada para disparar explicitamente uma exceção predefinida ou definida pelo usuário.
`throws`	Usada na assinatura de um método para indicar, na declaração de um método, as exceções que podem ser disparadas por ele.

Essas palavras formam um subsistema no qual o uso de uma delas implica o uso de outra. Por exemplo, um bloco de código que necessita de monitoração de exceções é iniciado por `try`. Se uma exceção é identificada nesse bloco `try`, então ela é lançada e pode ser capturada por meio de outro bloco, `catch`, que deve fazer o tratamento adequado para recuperar o fluxo de execução do programa. Se há um bloco `try`, obrigatoriamente deve haver um bloco `catch`. Se há algum código que deve ser executado independentemente de existir ou não uma exceção, então esse código deve ser colocado dentro de um bloco `finally`.

E na implementação, como fica?

Analise a Figura 3.26 que apresenta o uso das instruções `try/catch` e `finally`. Dentro da instrução `try`, colocamos a linha de código que pode causar uma exceção. Caso a exceção ocorra, o interpretador desvia o controle para o bloco `catch` e todas as linhas abaixo da linha que gerou a exceção não serão executadas. Então, o código que estiver contido dentro do bloco `catch` é executado. O bloco `finally` é executado sempre, ou seja, se ocorrer ou não a exceção, as linhas de código que pertencem a esse bloco serão executadas.

```java
public class Teste {
    public static void main(String[] args) {
        Integer[] a1 = new Integer[10];

        //bloco de código que é necessário monitorar
        try {
            System.out.println("TRY: Antes da exceção");
            //acessando posição inválida do array
            a1[11] = 10;
            System.out.println("TRY: Após a exceção. Este" +
                    " comando não será executado!");
        }
        catch (ArrayIndexOutOfBoundsException e) {
            //tratamento lance a exceção
            //ArrayIndexOutOfBoundsException
            System.out.println("CATCH: Fora do limite do array");
        } finally {
            //trecho de código que é necessário executar
            //independente da ocorrência da exceção
            System.out.println("FINALLY: Isto sempre será executado");
        }
    }
}
```

Figura 3.26 Tratamento de exceções.
Fonte: Autores.

Este programa gera a saída descrita a seguir:

```
TRY: Antes da exceção
CATCH: Fora do limite do array
FINALLY: Isto sempre será executado
```

Em Java, existem basicamente dois tipos de exceções: as verificadas e as não verificadas pelo compilador. As **verificadas** geralmente estendem a classe `Exception` e obrigam o programador a realizar o tratamento da exceção no código, não sendo o código compilado enquanto as exceções não forem tratadas. Esse tipo de exceção se deve a circunstâncias externas que o programador não pode evitar, como manipulação de arquivos, entrada e saída de dados, entre outras. As **não verificadas** geralmente estendem a classe `RuntimeException` ou `Error` e não obrigam que o programador faça o seu tratamento no código. Com frequência, elas são causadas por erros de programação, como no exemplo apresentado na Figura 3.26.

O exemplo da Figura 3.26 lançou uma exceção gerada automaticamente pela máquina virtual Java. Entretanto, é possível lançar manualmente uma exceção por meio da declaração `throw`. Na Figura 3.27, tem-se um método quadrado que, caso o valor passado como argumento seja `null`, ele irá lançar uma exceção do tipo

Exception, que é uma exceção verificada. Como no bloco do método quadrado não há o devido tratamento entre os blocos `try-catch`, o compilador obriga que o método lance para quem o chamou a exceção para seu devido tratamento. A cláusula responsável por isso é `throws`. Nesse exemplo, o compilador obriga que o método chamador `main()` realize o tratamento da exceção verificável (Exception) por meio de blocos `try-catch` ou lance para seu chamador com a cláusula `throws`. Nesse exemplo, ele está fazendo o tratamento dentro do próprio método `main()`.

```java
public class Teste {
    public static void main(String[] args) {
        try {
            quadrado(null);
        } catch (ArrayIndexOutOfBoundsException e) {
            //Não capturará a exceção
            System.out.println("CATCH: Fora do limite do array!");
        } catch (Exception e) {
            //Capturará a exceção
            System.out.println("CATCH: Excecao aritmetica");
        }
    }
    public static Integer quadrado(Integer valor) throws Exception {
        //lançando manualmente uma exceção
        if (valor == null) {
            throw new Exception();
        }
        return valor * valor;
    }
}
```

Figura 3.27 Tratamento de exceções com `throws`.
Fonte: Autores.

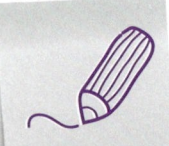

>> Agora é a sua vez!

1. Explique resumidamente como utilizar os blocos `try-catch`.
2. O que acontece se uma exceção não é capturada?
3. Que tipo de exceção necessita ser explicitamente declarada quando a cláusula `throws` é necessária em um método?
4. Para que serve a cláusula `finally`?

Java e UML

Como apresentado no Capítulo 2, a **UML** é uma linguagem de modelagem que possui sintaxe e semântica próprias e que é resultado da unificação de diversas técnicas e práticas da Engenharia de Software. Ela tem como objetivo visualizar, especificar, construir e documentar artefatos de um produto de software em suas diferentes perspectivas. Para o propósito deste livro, selecionamos alguns elementos do diagrama de classe para relacionar com as estruturas da linguagem Java.

O diagrama de classes da UML é utilizado para representar o conteúdo estático das classes do sistema, tornando visível sua dependência estrutural. A seguir são apresentas algumas estruturas básicas de um diagrama de classes e sua equivalência com a linguagem Java.

O conceito fundamental, tanto do diagrama de classes quanto da linguagem Java, é a **classe**. Na UML, uma classe é representada por um retângulo, conforme apresentado no Capítulo 2. A Figura 3.28 ilustra uma classe denominada Usuario, que pode ser traduzida conforme a Figura 3.29.

Figura 3.28 Classe Usuario na notação da UML.
Fonte: Autores.

```
2    public class Usuario {
3
4    }
```

Figura 3.29 Classe Usuario em Java.
Fonte: Autores.

Uma classe é composta por três compartimentos, conforme já abordado no Capítulo 2. A Figura 3.30 representa a classe Usuario com dois atributos e dois métodos. A sua implementação pode ser analisada na Figura 3.31.

Usuario
- id : int
+ nomeCompleto : String
+ editar() : void
+ seguir(usuario : Usuario) : void

Figura 3.30 Classe Usuario com atributos e métodos na notação da UML.
Fonte: Autores.

```java
public class Usuario {
    private int id;
    public String nomeCompleto;
    public void editar() { /*corpo do método*/ }
    public void seguir (Usuario usuario) {
         /*corpo do método*/
    }
}
```

Figura 3.31 Classe Usuario com atributos e métodos em Java.
Fonte: Autores.

Outro elemento significativo do diagrama de classes é a **associação**. Uma associação representa uma relação estrutural entre duas classes, na qual uma é um atributo de classe da outra. Um exemplo de associação da classe Mensagem com Usuario é esquematizado na Figura 3.32 e traduzido na Figura 3.33. Nesse exemplo, a classe Usuario é um atributo da classe Mensagem, representando essa relação estrutural.

Usuario		Mensagem
- id : int	◁———	- usuario : Usuario
+ nomeCompleto : String		

Figura 3.32 Relacionamento entre classes na notação da UML.
Fonte: Autores.

Associações na UML possuem algumas propriedades, como multiplicidade e navegabilidade. A **multiplicidade** em um diagrama de classes representa o número de objetos que podem estar conectados com a classe do outro lado da associação, como apresentado no Capítulo 2. Na Figura 3.34, a multiplicidade é representada pelo asterisco próximo a classe Mensagem. Como no diagrama da Figura 3.34 está definido que uma instância de Usuario possui várias instâncias de Mensagem, então é possível representar essa associação por meio de um atributo na classe Usuario que implementa a interface List <Mensagem>.

```java
public class Mensagem {
     private Usuario usuario;
}
```

Figura 3.33 Relacionamento entre classes em Java.
Fonte: Autores.

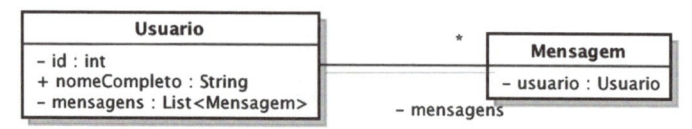

Usuario	*	Mensagem
- id : int		- usuario : Usuario
+ nomeCompleto : String		
- mensagens : List<Mensagem>	- mensagens	

Figura 3.34 Multiplicidade em relacionamentos na notação da UML.
Fonte: Autores.

A multiplicidade pode ser um valor absoluto (p. ex., 15), um intervalo (p. ex., 1..3) ou um valor indefinido maior que um (representado por um asterisco, *). Ainda analisando o esquema da Figura 3.32, a **navegabilidade** entre as duas classes representa que existe uma instância da classe de destino da associação (Usuario) dentro da classe de origem (Mensagem), porém, a recíproca não é verdadeira.

Observando agora o diagrama da Figura 3.34, percebe-se que, na associação entre Usuario e Mensagem, está descrito o nome do atributo (-mensagens) da primeira classe. Note também nessa mesma figura que a navegabilidade foi removida, isso significa que Mensagem é visível para o Usuario (Usuario possui o atributo mensagens) e que Usuario é visível para Mensagem (Mensagem possui o atributo usuario). A tradução do diagrama na linguagem Java pode ser analisada na Figura 3.35.

```java
import java.util.*;
public class Usuario {
        private int id;
        public String nomeCompleto;
        private List<Mensagem> mensagens;

        public void editar() { /*corpo do método*/ }
        public void seguir (Usuario usuario) {
                /*corpo do método*/
        }
}
```

```java
public class Mensagem {
        private Usuario usuario;
}
```

Figura 3.35 Relacionamento e multiplicidade entre classes em Java.
Fonte: Autores.

Outro relacionamento entre classes na UML é a **dependência**, que representa uma associação não estrutural. Assim, uma classe A não possui um atributo de classe da classe B, porém, a classe A utiliza a classe B em alguma situação, como na assinatura ou no corpo de um método.

A associação ilustrada na Figura 3.36 representa uma dependência não estrutural da classe de Usuario com ela mesma. A classe Usuario, que não possui um atributo de classe do tipo Usuario, utiliza uma instância dessa classe como argumento do método seguir(usuario: Usuario): void.

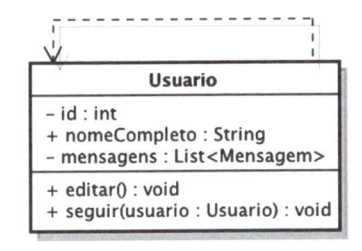

```
┌─────────────────────────────────┐
│           Usuario               │
├─────────────────────────────────┤
│ - id : int                      │
│ + nomeCompleto : String         │
│ - mensagens : List<Mensagem>    │
├─────────────────────────────────┤
│ + editar() : void               │
│ + seguir(usuario : Usuario) : void │
└─────────────────────────────────┘
```

Figura 3.36 Relacionamento de dependência na notação da UML.
Fonte: Autores.

Outra forma especial de associação é a **agregação**, que denota uma relação de todo-parte. Observe o esquema da Figura 3.37 e o código da Figura 3.38.

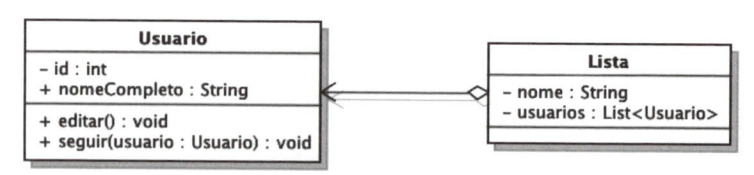

Figura 3.37 Agregação entre classes na notação da UML.
Fonte: Autores.

```java
import java.util.*;
public class Lista {
    private String nome;
    private List<Usuario> usuarios;
}

public class Usuario implements Autenticavel{
    //...
}
```

Figura 3.38 Relacionamento de agregação entre classes em Java.
Fonte: Autores.

Comparando o código Java da agregação com a associação simples, percebe-se que estruturalmente ambos são idênticos. Isso geralmente é um problema na programação, pois podem receber duas diferentes especificações que irão ser formalizadas em um mesmo código.

A UML, infelizmente, fornece apenas uma definição conceitual, mas não estrutural, para a agregação. Nesse exemplo, uma instância de Lista representa o todo; já instâncias da classe Usuario representam as partes. Se a lista deixar de existir, os usuários continuam existindo no sistema.

Estruturalmente, a UML só fornece uma regra simples para a agregação: o todo jamais pode ser sua parte. Isso restringe, tornando impossível a existência de uma agregação de uma classe com ela mesma ou qualquer outro tipo de ciclos de agregações entre classes. Seria inválido, assim, estabelecer uma associação que define que uma classe A se relaciona por agregação com uma classe B e B se relaciona por agregação com A, formando um ciclo.

Uma forma especial de agregação é a **composição**, que apresenta um relacionamento possuidor-possuído. Nesse tipo de relacionamento, todo o possuído só pode pertencer a um e apenas um possuidor. No exemplo da Figura 3.39, o possuído (Mensagem) só existe vinculado a um possuidor (Usuario). Caso uma instância de Usuario deixe de existir, todas as instâncias de Mensagem daquele usuário também deixarão.

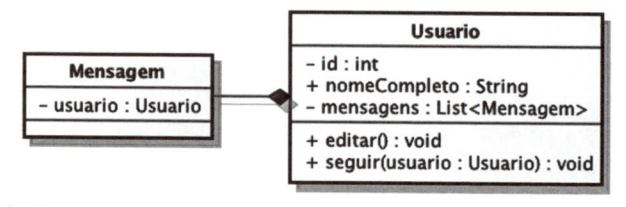

Figura 3.39 Composição entre classes na notação da UML.
Fonte: Autores.

Vale ressaltar que também se aplica para composição a mesma regra da agregação, não sendo possível haver ciclos de instâncias. Além dessa regra, uma instância do possuído não pode ter dois possuidores, pois o possuidor é responsável pela vida do possuído. Em uma situação na qual o possuidor deixa de existir, o possuído obrigatoriamente deve ser excluído. Se o possuído compõe outro possuidor, essa exclusão não é possível. No exemplo anterior, uma situação ilegal seria se houvesse outra relação de composição de uma terceira classe com `Mensagem`.

De forma semelhante à agregação, a estrutura do código Java referente à composição é exatamente igual à associação simples, como pode ser observado na Figura 3.40.

```java
import java.util.*;
public class Usuario implements Autenticavel{
        private int id;
        public String nomeCompleto;
        private List<Mensagem> mensagens;

        public void editar() { }
        public void seguir (Usuario usuario) { }

        @Override
        public boolean autenticaUsuario() {
                // TODO Auto-generated method stub
                return false;
        }
}
```

```java
public class Mensagem {
        private Usuario usuario;
}
```

Figura 3.40 Relacionamentos de composição entre classes em Java.
Fonte: Autores.

Conforme apresenta o Capítulo 2, a **generalização** na UML é representada por uma linha com um triângulo junto a superclasse (classe base), como ilustra a Figura 3.41. Em Java, a palavra reservada `extends` representa um relacionamento de herança (isto é, uma subclasse herda membros de uma superclasse [Fig. 3.42]).

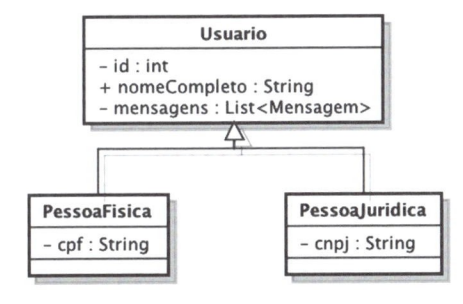

Figura 3.41 Herança entre classes na notação da UML.
Fonte: Autores.

```java
public class Usuario implements Autenticavel{
    //...
}
```

```java
public class PessoaFisica extends Usuario{
    private String cpf;
}
```

```java
public class PessoaJuridica extends Usuario {
    private String cnpj;
}
```

Figura 3.42 Relacionamento de herança entre classes em Java.
Fonte: Autores.

Quando se fala de interfaces, a UML tem uma notação chamada de **Realização**. Essa notação é muito semelhante à herança, porém é representada por uma linha tracejada entre as classes e um triângulo junto à interface. A Figura 3.43 representa essa associação.

```
<<interface>>
Autenticavel
           △
           ┆
        Usuario
- id : int
+ nomeCompleto : String
- mensagens : List<Mensagem>
```

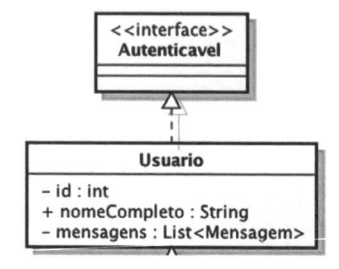

Figura 3.43 Relacionamento entre classe e interface na notação da UML.
Fonte: Autores.

A palavra reservada da linguagem Java para representar a realização da UML é `implements`, conforme apresenta a Figura 3.44.

```java
public interface Autenticavel {
    public boolean autenticaUsuario();
}
```

```java
public class Usuario implements Autenticavel{
    //outras definições da classe
    @Override
    public boolean autenticaUsuario() {
        return false;
    }
}
```

Figura 3.44 Relacionamento entre classe e interface em Java.
Fonte: Autores.

Ainda considerando o diagrama da Figura 3.43, temos a definição de um estereótipo no primeiro compartimento da classe logo acima do seu nome. No exemplo, é usado o estereótipo <<interface>> para definir que a estrutura de uma classe da UML pode ser entendida como uma interface Java.

Agora é a sua vez!

1. Crie um projeto Java a partir do sistema especificado a seguir.

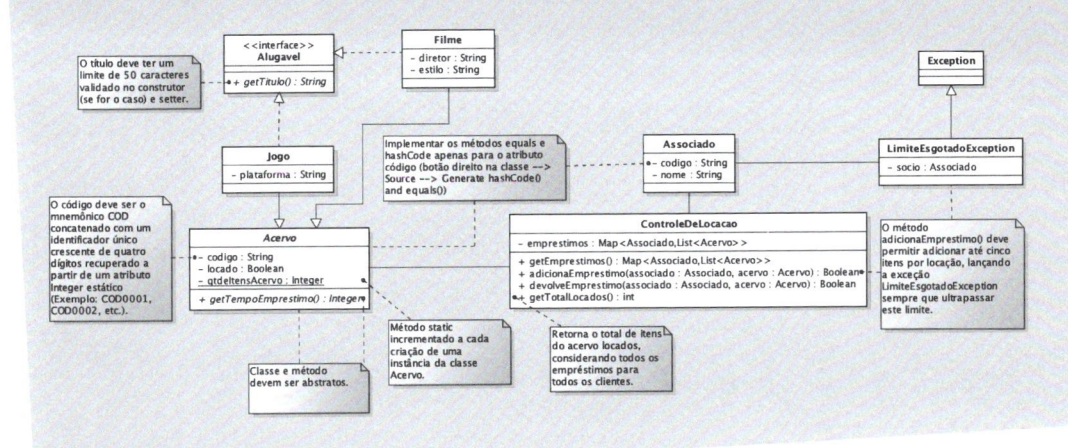

O título deve ter um limite de 50 caracteres validado no construtor (se for o caso) e setter.

<<interface>> Alugavel
+ getTitulo() : String

Filme
- diretor : String
- estilo : String

Exception

Jogo
- plataforma : String

Implementar os métodos equals e hashCode apenas para o atributo código (botão direito na classe --> Source --> Generate hashCode() and equals())

Associado
- codigo : String
- nome : String

LimiteEsgotadoException
- socio : Associado

O código deve ser o mnemônico COD concatenado com um identificador único crescente de quatro dígitos recuperado a partir de um atributo Integer estático (Exemplo: COD0001, COD0002, etc.).

Acervo
- codigo : String
- locado : Boolean
- qtdeItensAcervo : Integer
+ getTempoEmprestimo() : Integer

ControleDeLocacao
- emprestimos : Map<Associado,List<Acervo>>
+ getEmprestimos() : Map<Associado,List<Acervo>>
+ adicionaEmprestimo(associado : Associado, acervo : Acervo) : Boolean
+ devolveEmprestimo(associado : Associado, acervo : Acervo) : Boolean
+ getTotalLocados() : int

O método adicionaEmprestimo() deve permitir adicionar até cinco itens por locação, lançando a exceção LimiteEsgotadoException sempre que ultrapassar este limite.

Classe e método devem ser abstratos.

Método static incrementado a cada criação de uma instância da classe Acervo.

Retorna o total de itens do acervo locados, considerando todos os empréstimos para todos os clientes.

REFERÊNCIAS

BOOCH, G. *Object oriented analysis and design with applications*. San Francisco: Benjamin Cummings, 1994.

FOWLER, M.; SCOTT, K. *UML distilled*: brief guide to the standard object modeling language. 2nd ed. Boston: Addison-Wesley, 1999.

HEFFELFINGER, D. R. *Java EE 5*: development with NetBeans 6. Birmingham: Packt, 2008.

HORSTMANN, C. S.; CORNELL, G. *Core Java*. 9th ed. Upper Saddle River: Prentice Hall, 2013. 2. v.

MARTIN, R. C. *UML for Java programmers*. Upper Saddle River: Prentice Hall, 2003.

SCHILDT, H. *Java*: a beginner's guide. 6th ed. New York: McGraw-Hill, 2014.

SIERRA, K.; BATES, B. *OCA/OCP Java SE 7 programmer I & II study guide (Exams 1Z0-803 & 1Z0-804) (Certification Press)*. New York: McGraw-Hill, 2014.

Rodrigo Perozzo Noll
Silvia de Castro Bertagnolli

capítulo 4

Mapeamento objeto-relacional

O mapeamento objeto-relacional é uma forma simples, elegante, eficiente e poderosa de conectar uma aplicação a um banco de dados. De forma transparente para o programador, esse mapeamento fornece meios para controlar as transações, realizar operações de recuperação e manipulação de dados, entre outros benefícios, evitando a conversão manual de dados e tabelas do modelo relacional para as classes do modelo orientado a objetos. Para entender um pouco mais sobre o mapeamento objeto-relacional, este capítulo aborda a conexão Java DataBase Connectivity (JDBC) e a especificação Java Persistence API (JPA) de forma que você consiga implementar uma solução com essas tecnologias.

Objetivos de aprendizagem

» Definir o que é mapeamento objeto-relacional.
» Desenvolver uma solução usando JDBC.
» Implementar uma solução usando JPA no NetBeans.
» Reconhecer o EntityManager e o contexto de persistência.
» Manipular dados e realizar consultas por meio de classes DAO.
» Implementar o relacionamento entre entidades JPA.

Introdução

Uma aplicação Java é organizada em classes que têm responsabilidades. As classes do Modelo de Domínio representam classes conceituais que capturam o vocabulário de uma aplicação. Por exemplo, uma classe conceitual de um sistema poderia ser `Usuario`, que possui uma bagagem semântica significativa e que pode existir em diferentes cenários de uso do sistema. Essa classe conceitual pode ser escrita como um objeto Java chamado de *Plain Old Java Object* (POJO), que é uma classe simples estruturada em atributos e métodos *getters* e *setters*. As tabelas do banco de dados também modelam entidades do mundo real e possuem atributos organizados em colunas, de forma bastante semelhante às classes POJO. Para aproximar o modelo relacional ao modelo de objetos de uma aplicação, surge o mapeamento objeto-relacional ([ORM] *Object Relational Mapping*), que tem como objetivo gerenciar a conexão e a transformação de entidades desses dois modelos.

Esse mapeamento pode ser realizado de várias formas, mas, neste capítulo, exploramos o padrão de desenvolvimento **Data Access Object** (DAO), que possibilita persistir dados de um objeto em um banco de dados, e o uso do *framework* **Java Persistence API** (JPA), que possibilita a criação de formas flexíveis de acesso ao estado de uma entidade, extensões para *Java Persistence Query Language* (JPQL) e critérios Java orientados a objetos para execução dinâmica de consultas.

Persistência de dados em Java com JDBC

Desde a criação da plataforma Java, seus desenvolvedores se preocupam com uma solução para a persistência de dados a partir de interfaces de programação.

A forma mais simples de realizar a persistência de objetos em um banco de dados é por meio da utilização da **Application Programming Interface** (API) **Java DataBase Connectivity** (JDBC). Essa API é composta por interfaces que permitem a conexão do código desenvolvido na linguagem de programação Java com um banco de dados específico, por exemplo, SQLServer, Oracle ou MySQL.

As interfaces da API JDBC estão definidas no pacote `java.sql`, e é por meio delas que será possível enviar consultas *Structured Query Language* (SQL) para o banco de dados, de modo a incluir, excluir, alterar e recuperar informações das tabelas que fazem parte de um banco de dados.

O primeiro passo consiste em determinar qual banco de dados será utilizado. No caso deste livro, optamos pelo banco de dados **MySQL**, pois é gratuito e de simples utilização. Em seguida, devemos fazer o *download* do MySQL. Você pode usar ferramentas disponibilizadas pelo desenvolvedor do banco para fazer o seu gerenciamento ou pode instalar o painel de controle de aplicações chamado de XAMPP, que possibilita o gerenciamento do banco de dados de forma mais interativa.

Além desses programas, é necessário realizar o *download* do *driver* de conexão do MySQL, pois, como a API é composta por interfaces, o *driver* permitirá a efetiva ligação do código Java com o banco de dados.

» Instalando ferramentas para gerenciar o banco de dados

O primeiro passo para manipular o banco de dados é utilizar uma ferramenta que permita o seu gerenciamento. No caso deste livro, optamos por usar o **XAMPP**. Quando você instala o XAMPP e abre o painel de controle, é exibida uma tela semelhante à ilustrada na Figura 4.1. Nela, você deve iniciar o MySQL como serviços em seu computador, pois, quando o seu programa for executado, ele irá localizar o banco de dados.

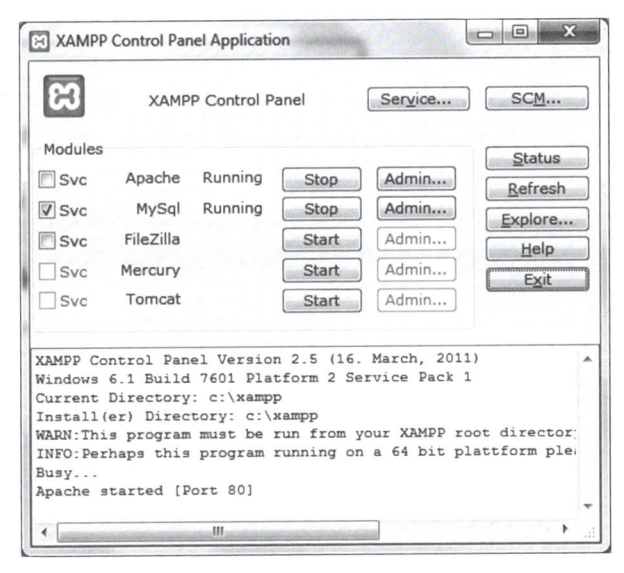

Figura 4.1 Tela principal do XAMPP.
Fonte: Autores.

Para criar seu banco de dados ou as tabelas dele, basta clicar no botão "Admin" vinculado ao MySQL que será ativada a tela esquematizada na Figura 4.2. Essa ferramenta de gerenciamento exibe à esquerda todos os bancos de dados que você possui. Ela permite que você digite as instruções SQL ou crie de forma interativa bancos de dados, tabelas, entre outros, conforme exibe a aba superior à direita. Outra característica importante dessa ferramenta é que ela possibilita a exportação ou a importação de *scripts* SQL, agilizando o processo de criação de bancos de dados e suas tabelas.

Figura 4.2 Criando um banco de dados no XAMPP.
Fonte: Autores.

Após criar o banco de dados, você pode criar as tabelas que estão vinculadas a ele, como é apresentado na Figura 4.3. Ao criar a tabela de forma interativa, você pode definir a chave primária, os tipos de cada coluna, seus tamanhos, se podem ou não ser nulos, se são autoincremento, entre outras características (Tabela 4.1).

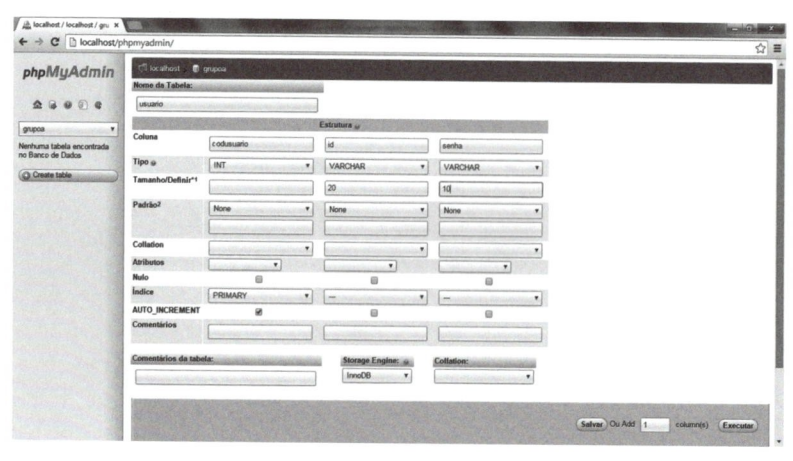

Figura 4.3 Criando uma tabela em um banco de dados no XAMPP.
Fonte: Autores.

Tabela 4.1 » **Tabela** `usuario`

Coluna	Tipo
CodUsuario	INT, Primary Key, Auto increment
Id	VARCHAR(20), Not Null
Senha	VARCHAR(10), NotNull

Após concluir a criação do banco de dados e de suas tabelas, você pode criar o seu projeto no NetBeans.

» Criando um projeto no NetBeans

O primeiro passo para criar um projeto é usar as etapas definidas no arquivo "Preparando o ambiente de desenvolvimento", disponível no site do Grupo A. Depois disso, você deve fazer o *download* do *driver* de conexão do MySQL e extrair o conteúdo do arquivo que foi baixado. Ao extraí-lo, você verá que algumas pastas são criadas, bem como alguns arquivos. Um desses arquivos é o arquivo com a extensão ".jar" (p. ex., "mysql-connector-java-5.1.5-bin.jar"), que consiste no **driver de conexão**. Em seguida, você deve vincular esse *driver* com o seu projeto. Para tanto, no projeto criado ("ProjetoCapitulo4"), clique com o botão direito do *mouse* sobre a pasta "Bibliotecas". Aparecerá um menu *popup*. Nesse menu, escolha a opção "Adicionar JAR/Pasta". Quando você fizer isso, aparecerá uma janela semelhante à da Figura 4.4. Então você deve indicar em qual pasta está o arquivo ".jar" instalado. Após essa etapa, o *driver* estará vinculado ao projeto, e você poderá acessar qualquer banco de dados/tabelas existente no MySQL.

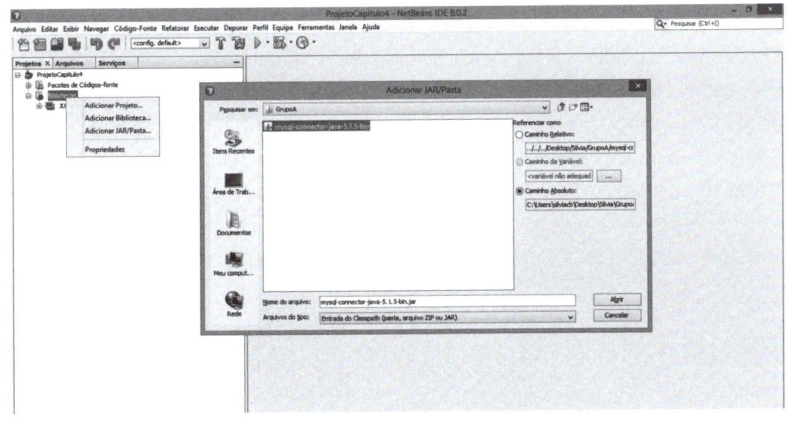

Figura 4.4 Vinculando o *driver* do MySQL com o projeto do NetBeans.
Fonte: Autores.

Os passos para vincular o *driver* do MySQL são os mesmos que devem ser usados para vincular *drivers* de outros bancos de dados, a única diferença estará no nome do *driver*.

Após vincular o *driver*, podemos criar nosso primeiro exemplo para verificar se o programa consegue localizar o banco de dados. A Figura 4.5 mostra o primeiro teste que podemos realizar. Com esse código, é definido que o *driver* usado para conexão com o banco de dados é o do banco de dados MySQL. A String de conexão com o banco de dados estabelece que o servidor que responde pelas requisições a este banco é o *localhost* na porta "3306" e que o banco de dados que vai ser usado por esse programa é o "grupoa". Note que, ao instalar o banco de dados, você cria um usuário e uma senha. No caso do nosso banco de dados, o usuário e a senha são "root", logo para estabelecer conexão com o banco de dados foi necessário informar esses valores. A chamada de `Class.forname(...)` permite registrar o *driver* que será utilizado.

```java
import java.sql.*;
public class Teste {
    public static void main(String args[]){
        try{
            String driver = "com.mysql.jdbc.Driver";
            String url = "jdbc:mysql://localhost:3306/grupoa";
            String user="root";
            String pwd="root";
            Class.forName(driver);
            Connection con=DriverManager.getConnection(url, user, pwd);
            System.out.println("Conectou com o BD!");
            con.close();
        }catch(SQLException e){
            System.out.println("Exceção de SQL - abrir conexão!");
            e.printStackTrace();
        }catch(ClassNotFoundException e){
            System.out.println("Não encontrou a classe do driver!");
            e.printStackTrace();
        }
    }
}
```

Figura 4.5 Estabelecendo conexão com o banco de dados.
Fonte: Autores.

Observe que, no código da Figura 4.5, é realizado o tratamento das exceções. No caso desse código, todas as exceções são verificadas pelo compilador, logo não é possível desenvolver o programa sem realizar algum tipo de tratamento. Para que você compreenda as exceções que estão sendo geradas, optamos por colocar no código, além de uma mensagem em cada bloco `catch`, a impressão da pilha de execução (método `printStackTrace()`), pois, por meio dela, muitas vezes, é possível identificar quais são as exceções geradas e como podemos resolver os problemas do código.

› Persistindo dados de um objeto

Se você deseja cadastrar um usuário na tabela `Usuario`, criada conforme a Figura 4.3, o primeiro passo consiste em criar a classe `Usuario`. Para criar essa classe, usamos a especificação **JavaBeans**, a qual determina que um **Bean** é uma classe Java que possui a definição do construtor sem parâmetros e métodos *get/set* para todos os seus atributos. Na Figura 4.6, observa-se a criação da classe `Usuario` no formato de um `Bean`.

```
2   public class Usuario {
3       private String id;
4       private String senha;
5
6       public String getId() {
7           return id;
8       }
9       public void setId(String id) {
10          this.id = id;
11      }
12      public String getSenha() {
13          return senha;
14      }
15      public void setSenha(String senha) {
16          this.senha = senha;
17      }
18  }
```

Figura 4.6 Criando a classe `Usuario` no formato de um Bean.
Fonte: Autores.

Após criar a classe `Bean`, é possível salvar os valores de um objeto usando, por exemplo, o código que consta na Figura 4.7. Nesse exemplo, o objeto é criado, e seus atributos são definidos utilizando os métodos `setXX()`. Em seguida, é estabelecida a conexão com o banco de dados, e a consulta para inserção dos dados é construída. Note que, nessa consulta, são usados pontos de interrogação para os valores que serão substituídos pelos atributos do objeto `user`. Na sequência, é executada a atualização do banco de dados e, caso ela tenha obtido sucesso, é exibida a mensagem "Salvou!".

```
2   import java.sql.*;
3   public class Teste {
4       public static void main(String args[]) {
5           Usuario user = new Usuario();
6           user.setId("idUser");
7           user.setSenha("senhaUser");
8           try {
9               String url = "jdbc:mysql://localhost:3306/grupoa";
10              String userPwd = "root";
11              Class.forName("com.mysql.jdbc.Driver");
12              Connection con = DriverManager.getConnection(url, userPwd, userPwd);
13              System.out.println("Conectou!");
14              String sql = "insert into usuario(id, senha) values(?,?)";
15              PreparedStatement stmt = con.prepareStatement(sql);
16              stmt.setString(1, user.getId());
17              stmt.setString(2, user.getSenha());
18              if (stmt.execute()) System.out.println("Salvou!");
19              stmt.close();
20              con.close();
21          } catch (SQLException e) {
22              System.out.println("Exceção de SQL - abrir conexão");
23          } catch (ClassNotFoundException e) {
24              System.out.println("Não encontrou a classe do driver!");
25          }
26      }
27  }
```

Figura 4.7 Salvando objetos em um banco de dados.
Fonte: Autores.

Como você deve ter notado, esse exemplo está confuso, pois usamos classes do tipo JavaBeans, classes para conectar com o banco de dados e recursos da API JDBC. Para reduzir essa confusão no código, alguns padrões de desenvolvimento podem ser adotados.

» Padrões de desenvolvimento

O primeiro padrão que vamos utilizar no desenvolvimento de programas que se conectam com bases de dados via JDBC é a **fábrica de conexões**, pois não podemos ficar repetindo as linhas do código da Figura 4.5 em todas as classes que precisam ser persistidas em bancos de dados. Assim, a Figura 4.8 apresenta uma das possíveis definições para a classe ConnectionFactory, que é responsável por estabelecer e retornar a conexão com o banco de dados.

```java
import java.sql.*;
public class ConnectionFactory {
  public Connection getConnection(){
    Connection con = null;
    try{
      String url = "jdbc:mysql://localhost:3306/grupoa";
      String userPwd="root";
      Class.forName("com.mysql.jdbc.Driver");
      con=DriverManager.getConnection(url, userPwd, userPwd);
    }catch(SQLException e){
        System.out.println("Exceção de SQL - abrir conexão!");
    }catch(ClassNotFoundException e){
        System.out.println("Não encontrou a classe do driver!");
    }
    return con;
  }
}
```

Figura 4.8 Exemplo de fábrica de conexões.
Fonte: Autores.

Para usar essa fábrica de conexões, é necessário apenas chamar o método getConnection() da classe para se ter uma conexão com o banco de dados desejado, como apresenta a Figura 4.9. Note que, após abrir a conexão, é necessário fechá-la. O método que realiza essa ação denomina-se close(). Como ele pode causar uma exceção, optou-se por propagar a exceção gerada pelo método, caso ela ocorra. Para tanto, utilizou-se a instrução throws no método main(). Desse modo, caso ocorra a exceção, ela será enviada para a pilha de execução e não será tratada pelo código com try/catch.

```java
import java.sql.*;
public class Teste {
    public static void main(String args[])throws SQLException{
        Connection con = new ConnectionFactory().getConnection();
        if(con!=null){
            System.out.println("Conectou!");
            con.close();
        }
    }
}
```

Figura 4.9 Utilizando a fábrica de conexões.
Fonte: Autores.

Outro padrão muito utilizado no desenvolvimento de aplicações com JDBC é o padrão **DAO**, que permite ligar as classes de uma aplicação ao banco de dados desejado. O ponto de partida para usar esse padrão é a classe JavaBean, pois é necessário criar uma classe DAO para cada JavaBean que será persistido em banco de dados. Desse modo, para a classe Usuario (Bean, definida anteriormente neste capítulo), deve-se criar a classe UsuarioDAO, que será responsável por conter todas as consultas e as manipulações da tabela usuario. Essa classe cria em seu construtor uma conexão com a base de dados "grupoa". Depois, o método cadastra() recebe como parâmetro um objeto da classe Usuario que terá os valores de seus atributos persistidos no banco de dados. Por fim, o método retorna verdadeiro ou falso, indicando se conseguiu ou não executar a atualização no banco de dados (Fig. 4.10).

```
import java.sql.*;
public class UsuarioDAO {
    private Connection con;
    public UsuarioDAO(){
        con = new ConnectionFactory().getConnection();
    }
    public boolean cadastra(Usuario user){
        boolean retorno = false;
        try{
            String sql = "insert into usuario(id, senha) values(?,?)";
            PreparedStatement stmt = con.prepareStatement(sql);
            stmt.setString(1, user.getId());
            stmt.setString(2, user.getSenha());
            stmt.execute();
            retorno = true;
            stmt.close();
            con.close();
        }catch(SQLException e){
            System.out.println("Exceção de SQL - atualizar BD!");
        }
        return retorno;
    }
}
```

Figura 4.10   Utilizando o padrão DAO.
Fonte: Autores.

Para usar a classe definida na Figura 4.10, é possível criar uma classe simples (Fig. 4.11) que permite cadastrar os dados de um objeto usuario no banco de dados.

```
public class Teste {
    public static void main(String args[]){
        Usuario user = new Usuario();
        user.setId ("idUser");
        user.setSenha ("senhaUser");
        UsuarioDAO usuario = new UsuarioDAO();
        if(usuario.cadastra (user))
            System.out.println("Cadastrou!");
        else
            System.out.println ("Problema ao cadastrar!");
    }
}
```

Figura 4.11   Utilizando Bean e DAO.
Fonte: Autores.

Para realizar consultas a uma base de dados, é necessário criar na classe DAO o método que vai buscar os dados necessários. Por exemplo, para buscar todos os usuários cadastrados na base de dados, é possível criar o método getTodos(), que retorna uma lista contendo todos os usuários cadastrados no banco de dados, como apresenta a Figura 4.12. Os dados lidos do banco de dados são associados ao objeto da classe Usuario e adicionados à lista de objetos.

```java
import java.sql.*;
import java.util.*;
public class UsuarioDAO {
    private Connection con;
    public UsuarioDAO(){
      con = new ConnectionFactory().getConnection();
    }
    public List<Usuario> getTodos(){
      List<Usuario> lista = new ArrayList<>();
      try{
         String sql = "select * from usuario";
         PreparedStatement stmt = con.prepareStatement(sql);
         Usuario user = new Usuario();
         ResultSet rs = stmt.executeQuery();
         while(rs.next()){
            user.setId(rs.getString("id"));
            user.setSenha(rs.getString("senha"));
            lista.add(user);
         }
         stmt.close();
         con.close();
      }catch(SQLException e){
         System.out.println("Exceção de SQL - consulta BD");
      }
      return lista;
    }
}
```

Figura 4.12 Método que realiza consulta na base de dados.
Fonte: Autores.

Para utilizar o código da Figura 4.12, foi elaborado um pequeno teste (Fig. 4.13) que mostra como o método getTodos() da classe DAO é chamado e como o retorno do método é tratado.

```java
import java.util.List;
public class Teste {
    public static void main(String args[]){
       UsuarioDAO usuario = new UsuarioDAO();
       List<Usuario> lista = usuario.getTodos();
       for (Usuario user : lista) {
           System.out.println("usuário:"+user);
       }
    }
}
```

Figura 4.13 Chamando métodos de consulta da classe DAO.
Fonte: Autores.

>> Agora é a sua vez!

1. Crie o Bean da classe `Empregado` apresentada no Capítulo 3.

2. Crie a classe `EmpregadoDAO`, a qual deve conter os métodos `cadastrar()`, `getTodos()`, `excluir()` e `alterar()`. Para as duas últimas operações, você deve receber um objeto do tipo `Empregado` como parâmetro e comparar o nome de `Empregado` com o nome na tabela. Caso eles sejam iguais, realize a operação definida.

3. Crie uma classe simples que mostre os resultados das chamadas dos métodos `cadastrar()`, `getTodos()`, `excluir()` e `alterar()`.

>> Java Persistence API (JPA)

O *framework* JPA é uma solução Java para persistência de dados com base em POJOs. Esse *framework* consolidou ideias a partir de diferentes ferramentas de ORM e as incorporou em um único padrão. Esse padrão inclui um conjunto de funcionalidades, como mapeamento objeto-relacional, formas flexíveis de acesso ao estado da entidade por parte do provedor, extensões para JPQL e criação de critérios Java orientados a objetos para execução dinâmica de consultas.

A seguir, abordamos o *framework* JPA por meio de um processo de construção de uma aplicação usando um ambiente de desenvolvimento integrado ([IDE] *Integrated Development Environment*), abarcando o processo de criação, relacionamento e gerenciamento de entidades JPAs, a geração de consultas JPQL e a manipulação de dados através do padrão DAO.

>> Criando uma entidade JPA

Uma **entidade JPA** nada mais é do que uma classe Java que recebe anotações e que possui seus campos persistidos em um banco de dados pela API JPA. Na prática, qualquer classe com determinadas anotações e que tem apenas um construtor sem argumentos pode se tornar uma entidade JPA.

Geralmente as entidades JPA são classes POJO e, portanto, não necessitam estender nenhuma classe ou implementar nenhuma interface. Para definir uma classe como uma entidade, basta adicionar a anotação `@Entity` antes da declaração do nome da classe e definir seu atributo identificador pela anotação `@Id`.

Para criar uma entidade JPA no NetBeans, inicialmente é necessário criar um projeto, como descrito anteriormente. Neste exemplo, chamamos o projeto de JPAApp. Após a criação do projeto, clique com o botão direito no seu nome e selecione "Novo" e, em seguida, "Classe da Entidade...", conforme ilustra a Figura 4.14.

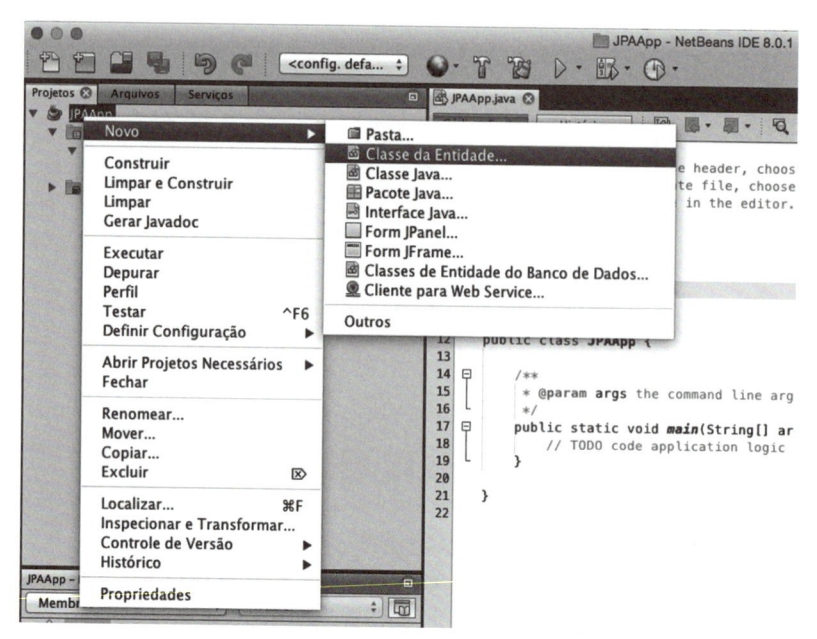

Figura 4.14 Criando a classe da entidade.
Fonte: Autores.

Em seguida será apresentado um painel para informar os detalhes da entidade. Informe o nome da classe, que determinamos como "Usuario", o pacote, "br.com.grupoa.jpaapp.pojo", e clique em "Próximo".

É necessário configurar o provedor e o banco de dados que serão usados para identificar onde os dados serão persistidos. O NetBeans irá sugerir o nome da unidade de persistência, que, na maioria das vezes, pode ser aceita sem problemas. Mantenha a sugestão de nome "JPAAppPU". Quanto à opção "Biblioteca de Persistência", o NetBeans possui suporte a várias, como EclipseLink, Hibernate, entre outras. Mantenha selecionada a opção "EclipseLink".

A conexão com o banco de dados contém as informações necessárias para que a aplicação se comunique com uma instância do banco de dados, como endereço, porta, usuário e senha. Quanto à opção "Conexão ao Banco de Dados", o NetBeans fornece uma série de conexões pré-configuradas, mas selecione para o nosso exemplo "Nova Conexão de Banco de Dados...", conforme ilustra a Figura 4.15.

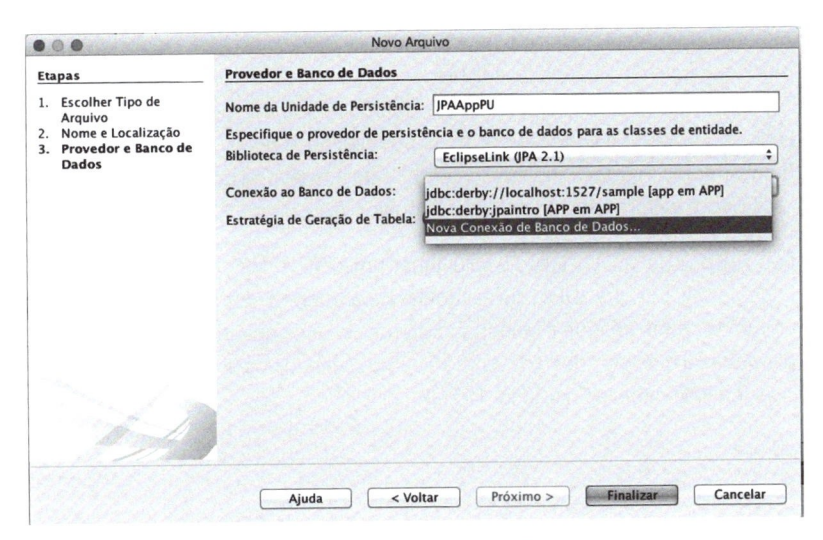

Figura 4.15 Definindo provedor e banco de dados.
Fonte: Autores.

Ao selecionar uma nova conexão, abrirá uma tela para localização do *driver*, você deixará selecionado "Java DB", clicará em "Próximo" e, em seguida, aparecerá a tela de configuração esquematizada na Figura 4.16.

Figura 4.16 Personalizando a conexão com o banco de dados.
Fonte: Autores.

Após informar "jpaBD" como banco de dados e "APP" como nome do usuário e senha (todo banco de dados Java DB tem um esquema chamado de APP), adicione ";create=true" em JDBC URL, de forma que fique "jdbc:derby:jpaBD;create=true". Em seguida, teste a conexão por meio do respectivo botão e verifique se ela foi bem sucedida. Após, clique em "Finalizar" para a janela "Assistente de Nova Conexão", e você voltará para janela "Novo Arquivo".

Em "Novo Arquivo", você pode selecionar uma estratégia de geração de tabela. Pode-se solicitar que a JPA crie as tabelas para as entidades quando implantadas em um servidor, apague as tabelas existentes e recrie quando a aplicação for implantada ou que não crie nada. Como estamos criando uma nova aplicação, vamos selecionar "Eliminar e Criar" (Fig. 4.17).

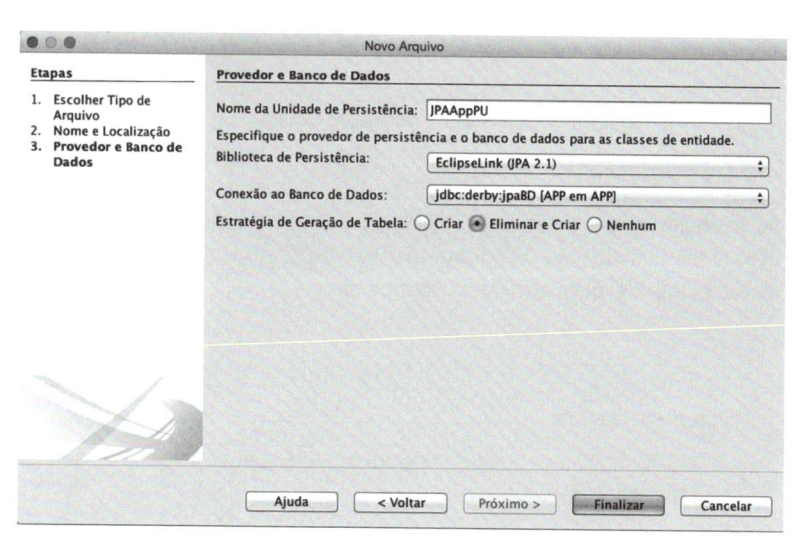

Figura 4.17 Configurando a estratégia de geração de tabela.
Fonte: Autores.

Após a criação de uma nova fonte de dados, unidade de conexão com banco de dados e persistência, podemos criar a nova entidade JPA selecionando "Finalizar". O resultado é o código apresentado na Figura 4.18.

Para que a aplicação possa se conectar ao banco de dados, é necessário adicionar a biblioteca do Java DB. Para tanto, clique com o botão direito sobre o nome projeto e vá em "Propriedades" (Fig. 4.19).

```java
package br.com.grupoa.jpaapp.pojo;
import java.io.Serializable;
import javax.persistence.*;

@Entity
public class Usuario implements Serializable {
    private static final long serialVersionUID = 1L;
    @Id
    @GeneratedValue(strategy = GenerationType.AUTO)
    private Long id;
    public Long getId() {
        return id;
    }
    public void setId(Long id) {
        this.id = id;
    }
    @Override
    public int hashCode() {
        int hash = 0;
        hash += (id != null ? id.hashCode() : 0);
        return hash;
    }
    @Override
    public boolean equals(Object object) {
        if (!(object instanceof Usuario)) {
            return false;
        }
        Usuario other = (Usuario) object;
        if ((this.id == null && other.id != null) ||
                (this.id != null &&
                 !this.id.equals(other.id))) {
            return false;
        }
        return true;
    }
    @Override
    public String toString() {
        return "br.com.grupoa.jpaapp.pojo.Usuario[ id="
                + id + " ]";
    }
}
```

Figura 4.18 Entidade JPA Usuario.
Fonte: Autores.

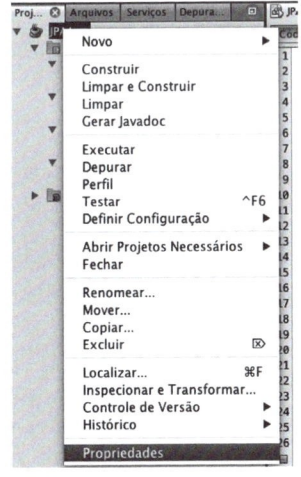

Figura 4.19 Propriedades do projeto.
Fonte: Autores.

Na janela "Propriedades do Projeto", vá na aba lateral em "Bibliotecas", clique no botão "Adicionar Biblioteca...", selecione "Driver do Java DB" para adicionar na biblioteca e confirme as alterações, como é apresentado na Figura 4.20.

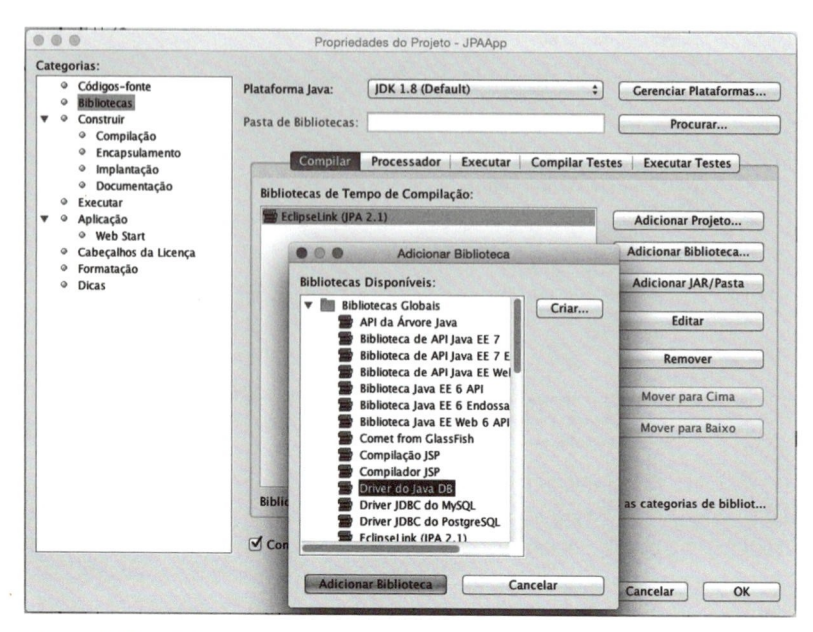

Figura 4.20 Adicionando bibliotecas.
Fonte: Autores.

Para que o banco de dados comece a ser executado, clique na aba "Serviços" e siga a sequência "Banco de Dados", "Java DB", "Iniciar Servidor", conforme esquematizado na Figura 4.21.

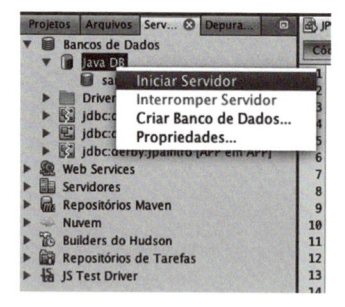

Figura 4.21 Iniciando o servidor de banco de dados.
Fonte: Autores.

Verificando a entidade JPA criada anteriormente, percebe-se que ela é uma classe Java comum com algumas anotações específicas. As **anotações mínimas** de uma entidade JPA são: `@Entity`, que é usada para definir a classe como uma entidade JPA, e `@Id`, que é usada para indicar que determinado atributo da classe é uma chave primária da entidade.

Quanto à geração da chave primária, JPA permite que o programador escolha algumas estratégias, como as seguintes:

- `GenerationType.AUTO`: será selecionada automaticamente uma estratégia para geração de chave primária.
- `GenerationType.IDENTITY`: indica que é necessário ler novamente a linha inserida no banco de dados para recuperar a chave gerada pelo próprio banco e atualizar o ID da entidade JPA.
- `GenerationType.SEQUENCE`: indica que deve ser usada uma *sequence* do banco de dados para a geração da chave primária da entidade.
- `GenerationType.TABLE`: indica que uma tabela do banco de dados deve ser usada para gerar a chave primária da entidade.

Para adicionar outros atributos na entidade JPA, basta incluir os novos campos mantendo a convenção `JavaBean`, que deve ter um construtor público sem argumentos e em que todos os campos devem ser privados e acessados por meio de métodos *getters* e *setters*.

A fim de testar a aplicação, você pode copiar o conteúdo a seguir na classe `JPAApp` criada com o projeto. Se a saída no console indicar que o usuário foi salvo com sucesso, você conseguiu estabelecer a conexão com o banco de dados usando JPA. Em seguida, explicamos em detalhes o que as linhas da Figura 4.22 realizam.

```java
package jpaapp;
import br.com.grupoa.jpaapp.pojo.Usuario;
import javax.persistence.*;
public class JPAApp {
    public static void main(String[] args) {
        EntityManagerFactory emf =
                Persistence.createEntityManagerFactory("JPAAppPU");
        EntityManager em = emf.createEntityManager();
        EntityTransaction tx = null;
        try {
            tx = em.getTransaction();
            tx.begin();
            Usuario usuario = new Usuario();
            em.persist(usuario);
            tx.commit();
            System.out.println("Usuário salvo com"+
                " sucesso! ID = " + usuario.getId());
        } catch (RuntimeException e) {
            if (tx != null && tx.isActive()) {
                tx.rollback();
            }
        } finally {
            em.close();
        }
        emf.close();
    }
}
```

Figura 4.22 Estabelecendo conexão com JPA.
Fonte: Autores.

Agora é a sua vez!

1. Na classe `Usuario`, crie o atributo `nome` do tipo `String`, seus *getters* e *setters* e verifique se o código da Figura 4.22 continua válido.

2. Atualize a classe `Usuario` para ter um construtor que recebe o `Id` como parâmetro. Inclua também um construtor que recebe como parâmetro o nome do usuário e verifique se o código da Figura 4.22 continua válido.

» Trabalhando com o gerenciador de entidades

Toda a persistência dos objetos em tabelas do banco de dados é realizada por uma interface chamada de `EntityManager`. Quando o `EntityManager` obtém uma referência a uma entidade JPA, essa entidade deixa de ser uma simples classe Java e passa a ser um objeto gerenciado por essa interface, fazendo então parte do contexto de persistência. Dentro desse contexto, não são permitidas entidades com o mesmo nome (p. ex., não pode haver duas entidades com o nome `Usuario`).

Cada `EntityManager` é obtido a partir de uma fábrica, denominada `EntityManagerFactory`, que é específica para cada unidade de persistência. Para se obter o `EntityManager` a partir do `EntityManagerFactory`, é necessário solicitar à classe `Persistence`, conforme apresenta a Figura 4.23.

```
1   package jpaapp;
2   import javax.persistence.*;
3   public class JPAApp {
4       public static void main(String[] args) {
5           EntityManagerFactory emf =
6               Persistence.createEntityManagerFactory(
7                   "nome-da-unidade-de-persistência");//JPAAppPU
8
9       }
10  }
```

Figura 4.23 Identificando o `EntityManager`.
Fonte: Autores.

Uma vez obtido o `EntityManagerFactory`, que deve ser chamado apenas uma vez, é possível solicitar a criação do `EntityManager`, necessário para a manipulação de entidades, como mostra a Figura 4.24.

```
2  import javax.persistence.*;
3  public class JPAApp {
4      public static void main(String[] args) {
5          EntityManagerFactory emf =
6              Persistence.createEntityManagerFactory(
7                  "nome-da-unidade-de-persistência");//JPAAppPU
8          EntityManager em = emf.createEntityManager();
9      }
10 }
```

Figura 4.24 Criando o EntityManager.
Fonte: Autores.

Uma forma de organizar o processo de criação do EntityManager é utilizar uma **classe utilitária**, conforme apresenta a Figura 4.25. Essa classe garante a unicidade do EntityManagerFactory e gera um EntityManager para cada requisição.

```
2   import javax.persistence.*;
3
4   public class EntityManagerUtil {
5       private static EntityManagerFactory emf;
6
7       public static EntityManager getEM() {
8           if (emf == null) {
9               emf = Persistence.createEntityManagerFactory("JPAAppPU");
10          }
11          return emf.createEntityManager();
12      }
13
14      public static void fechaEmf() {
15          emf.close();
16      }
17  }
```

Figura 4.25 Criando uma classe utilitária.
Fonte: Autores.

» Manipulando dados e gerando consultas JPA e JPQL

A persistência de uma entidade é uma operação que pega um objeto transiente (que ainda não foi salvo no banco de dados) e o armazena. Um exemplo de persistência com o EntityManager pode ser observado na Figura 4.26.

```
2   import br.com.grupoa.jpaapp.pojo.Usuario;
3   import javax.persistence.*;
4   public class JPAApp {
5       public static void main(String[] args) {
6           EntityManager em = EntityManagerUtil.getEM();
7           //cria um objeto transiente
8           Usuario usuario = new Usuario(1L);
9           //persiste o objeto no banco (agora persistente)
10          em.persist(usuario);
11      }
12  }
```

Figura 4.26 Exemplo de persistência utilizando o EntityManager.
Fonte: Autores.

Para recuperar um dado no banco e convertê-lo em uma entidade JPA, é necessário passar a classe da entidade que se está procurando e a chave primária para busca, conforme é apresentado na Figura 4.27.

```java
import br.com.grupoa.jpaapp.pojo.Usuario;
import javax.persistence.*;
public class JPAApp {
    public static void main(String[] args) {
        EntityManager em = EntityManagerUtil.getEM();
        //cria um objeto transiente
        Usuario usuario = new Usuario(1L);
        //persiste o objeto no banco (agora persistente)
        em.persist(usuario);

        //1L é a chave primária para recuperar o objeto
        usuario = em.find(Usuario.class, 1L);
        //demais definições da classe
    }
}
```

Figura 4.27 Exemplo de recuperação de dados.
Fonte: Autores.

Para remover uma entidade, é necessário que ela esteja sendo gerenciada pelo contexto de persistência, isto é, que ela esteja no estado *managed*. Para que uma entidade esteja nesse estado, ela deve ter sido salva ou recuperada do banco de dados, e o `EntityManager` dessa operação não pode ter sido fechado. Quando o `EntityManager` é fechado, ele libera todas as entidades desse contexto de persistência, alterando seus estados para *detached*. A Figura 4.28 apresenta como remover uma entidade do banco de dados usando JPA.

```java
import br.com.grupoa.jpaapp.pojo.Usuario;
import javax.persistence.*;
public class JPAApp {
    public static void main(String[] args) {
        EntityManager em = EntityManagerUtil.getEM();
        //cria um objeto transiente
        Usuario usuario = new Usuario(1L);
        //persiste o objeto no banco (agora persistente)
        em.persist(usuario);

        //1L é a chave primária para recuperar o objeto
        Usuario usuarioRecuperado = em.find(Usuario.class, 1L);
        em.remove(usuarioRecuperado);
    }
}
```

Figura 4.28 Exemplo de exclusão de entidade.
Fonte: Autores.

No exemplo, inicialmente se está buscando uma entidade no banco de dados a fim de garantir que esteja no contexto de persistência para depois removê-la.

Sempre após o uso do `EntityManager`, deve-se fechá-lo por meio do método `close()`. Esse método fechará o contexto de persistência e todas as entidades associadas a ele terão seu estado alterado de *managed* para *detached*. Como consequência, as mudanças no código Java não serão mais refletidas no banco de dados.

Uma das formas de atualizar uma entidade é obter a sua referência a partir do banco de dados usando o método `find()` e, em seguida, modificando-a sem removê-la do contexto. A modificação na classe Java (que está *managed*) será propagada para o banco de dados, como apresenta a Figura 4.29.

Outra forma de alterar o valor de um campo de uma entidade *detached* é pelo estabelecimento de um vínculo entre ela e outro contexto de persistência para que, em seguida, ocorra a atualização dessa entidade por meio do método `merge()`, como exibe a Figura 4.30.

Observando as instruções citadas, você pode ter sentido falta de um controle de transação. Rodando uma aplicação na plataforma Java, Standard Edition, é necessário sempre iniciar e fechar as transações de manipulação (*persist*, *remove* e *merge*), conforme mostra a Figura 4.31.

```java
import br.com.grupoa.jpaapp.pojo.Usuario;
import javax.persistence.*;
public class JPAApp {
    public static void main(String[] args) {
        EntityManager em = EntityManagerUtil.getEM();
        //cria um objeto transiente
        Usuario usuario = new Usuario(1L);
        //persiste o objeto no banco (agora persistente)
        em.persist(usuario);

        //1L é a chave primária para recuperar o objeto
        Usuario usuarioRecuperado = em.find(Usuario.class, 1L);
        usuario.setNome("Nome atualizado");//atualiza no banco

        em.remove(usuarioRecuperado);
    }
}
```

Figura 4.29 Atualizando dados de uma entidade.
Fonte: Autores.

```java
import br.com.grupoa.jpaapp.pojo.Usuario;
import javax.persistence.*;

public class JPAApp {

    public static void main(String[] args) {
        EntityManager em = EntityManagerUtil.getEM();
        //cria um objeto transiente
        Usuario usuario = new Usuario(1L);
        em.persist(usuario);
        em.close();
        //usuário não está mais no contexto de persistência
        //as alterações não refletem mais no banco de dados
        usuario.setNome("Nome 01");//não atualiza o banco

        //criou novo contexto de persistência
        EntityManager em2 = EntityManagerUtil.getEM();

        //o merge() faz com que 'usuario' volte para um novo
        //contexto de persistência e como o valor de seu
        // atributo 'nome' foi modificado, esta alteração é
        // refletida no banco.
        //O nome foi alterado de null para "Nome 01" no banco.
        em2.merge(usuario);
    }
}
```

Figura 4.30 Atualizando dados de uma entidade com o método `merge()`.
Fonte: Autores.

```
import br.com.grupoa.jpaapp.pojo.Usuario;
import javax.persistence.*;

public class JPAApp {

    public static void main(String[] args) {
        EntityManager em = EntityManagerUtil.getEM();
        em.getTransaction().begin();
        Usuario usuario = new Usuario(1L);
        em.persist(usuario);
        em.getTransaction().commit();
    }
}
```

Figura 4.31 Realizando controle de transações em uma entidade.
Fonte: Autores.

As consultas ao banco de dados podem ser executadas por meio da JPQL, que é uma forma muito semelhante à SQL. Usando a JPQL, uma consulta pode ser implementada por uma `Query` ou `TypedQuery` conforme o exemplo da Figura 4. 32, que seleciona dados da tabela `usuario`.

```
import br.com.grupoa.jpaapp.pojo.Usuario;
import java.util.List;
import javax.persistence.*;

public class JPAApp {

    public static void main(String[] args) {
        EntityManager em = EntityManagerUtil.getEM();
        TypedQuery<Usuario> query
                = em.createQuery("SELECT usr FROM Usuario usr",
                        Usuario.class);

        List<Usuario> users = query.getResultList();
    }
}
```

Figura 4.32 Utilizando JPQL para implementar uma consulta.
Fonte: Autores.

Também é possível trabalhar com consultas parametrizadas conforme a Figura 4.33. Note que a consulta possui algumas variáveis precedidas de dois pontos que são substituídas na parametrização seguinte.

```
import br.com.grupoa.jpaapp.pojo.Usuario;
import java.util.List;
import javax.persistence.*;

public class JPAApp {

    public static void main(String[] args) {
        Usuario usuario = null;
        EntityManager em = EntityManagerUtil.getEM();
        em = EntityManagerUtil.getEM();
        TypedQuery<Usuario> query = em.createQuery(
                "SELECT usr FROM Usuario usr"
                + " where usr.nome = :nome"
                + " and usr.id = :id", Usuario.class);

        if (usuario != null) {
            if (usuario.getNome() != null) {
                query.setParameter("nome", usuario.getNome());
            }
            if (usuario.getId() != null) {
                query.setParameter("id", usuario.getId());
            }
        }
        List<Usuario> usuarios = query.getResultList();
    }
}
```

Figura 4.33 Manipulando consultas parametrizadas.
Fonte: Autores.

>> Agora é a sua vez!

1. Cite duas formas de recuperar dados do banco usando JPA.
2. Quais são os estados de uma entidade? Explique a transição de um para o outro.
3. O que é e como funciona o método `merge()`?

>> Criando um DAO

Como já apresentado, o padrão de projeto **DAO** tem como objetivo evitar a exposição da camada de persistência para outras camadas. Um objeto DAO isola as operações JDBC, como criação, recuperação, atualização e exclusão, para um objeto de negócio. A ideia é organizar as operações descritas na seção anterior em uma única classe para cada entidade.

Para a criação de um DAO no NetBeans, siga o mesmo procedimento de criar uma classe Java (a sequência de procedimento é: "Arquivo", "Novo Arquivo", "Java", "Classe Java") e nomeie a classe como "UsuarioDAO" no pacote "br.com.grupoa.jpaapp.dao".

Consolidando todas as operações descritas anteriormente, poderíamos ter um DAO para `Usuario`, conforme se observa no código da Figura 4.34. Esse código possui um método para salvar, atualizar e remover objetos do tipo `Usuario` da base de dados. Ele ainda implementa três métodos que permitem buscar objetos do tipo usuário: um que busca o usuário pelo `id`, outro que busca por nome e outro que retorna uma lista contendo todos os usuários cadastrados na base de dados.

```java
7   public class UsuarioDAO {
8       private EntityManager em;
9       public UsuarioDAO() {}
10
11      public void salva(Usuario usuario) {
12          em = EntityManagerUtil.getEM();
13          em.getTransaction().begin();
14          em.persist(usuario);
15          em.getTransaction().commit();
16          em.close();
17      }
18
19      public void atualiza(Usuario usuario) {
20          em = EntityManagerUtil.getEM();
21          em.getTransaction().begin();
22          em.merge(usuario);
23          em.getTransaction().commit();
24          em.close();
25      }
26
27      public void remove(int id) throws DAOException {
28          em = EntityManagerUtil.getEM();
29          em.getTransaction().begin();
30          Usuario entity = em.find(Usuario.class, id);
31          if (entity != null) {
32              em.remove(entity);
33          } else {
34              throw new DAOException("Não existe o id: " + id);
35          }
36          em.getTransaction().commit();
37          em.close();
38      }
39
40      public Usuario busca(int id) {
41          em = EntityManagerUtil.getEM();
42          Usuario usuario = em.find(Usuario.class, id);
43          em.close();
44          return usuario;
45      }
46
47      public List<Usuario> busca() {
48          em = EntityManagerUtil.getEM();
49          TypedQuery<Usuario> query
50                  = em.createQuery(
51                          "SELECT usr FROM Usuario usr",
52                          Usuario.class);
53          List<Usuario> usuarios = query.getResultList();
54          em.close();
55          return usuarios;
56      }
57
58      public List<Usuario> busca(String nome) {
59          em = EntityManagerUtil.getEM();
60          TypedQuery<Usuario> query = em.createQuery(
61                  "SELECT usr FROM Usuario usr "
62                  + "where lower(usr.nome) like '%"
63                  + nome.toLowerCase() + "%'",
64                  Usuario.class);
65          List<Usuario> usuarios = query.getResultList();
66          em.close();
67          return usuarios;
68      }
69  }
```

Figura 4.34 Exemplo de DAO com JPA.
Fonte: Autores.

Para testar o DAO, é possível usar a estrutura definida na Figura 4.35.

```java
public class JPAApp {
    public static void main(String[] args) {
        UsuarioDAO usuarioDAO = new UsuarioDAO();
        //Cria uma nova instância de usuário e salva
        usuarioDAO.salva(new Usuario("Nome 01"));

        System.out.print("1. Usuário Salvo: ");
        for (Usuario usr : usuarioDAO.busca()) {
            System.out.printf(
                "Usuario: [ID=%d], [NOME=%s]\n",
                usr.getId(), usr.getNome());
        }

        //Recupera o usuário e atualiza com novo nome
        Usuario u = usuarioDAO.busca("NOME").get(0);
        u.setNome("Novo Nome");
        usuarioDAO.atualiza(u);
        System.out.print("2. Usuario Atualizado: ");
        for (Usuario usr : usuarioDAO.busca())
            System.out.printf("Usuario: [ID=%d], [NOME = % s]\n",
                            usr.getId() , usr.getNome());
        usuarioDAO.remove(u.getId());
        System.out.printf("3. Usuario excluido: [ID=%d] = %s\n",
                        u.getId(), (usuarioDAO.busca().size() == 0));
    }
}
```

Figura 4.35 Testando o DAO com JPA.
Fonte: Autores.

>> Agora é a sua vez!

1. Crie uma entidade denominada `Mensagem` com os atributos `id` e `texto`.

2. Crie também um DAO para essa entidade e faça o teste de sua implementação. (Obs.: Crie os métodos `salva()`, `atualiza()`, `remove()` e `busca()`. Para o último, crie várias possibilidades de pesquisa de mensagens.)

>> Relacionando entidades

Um sistema íntegro e eficiente não poderia ser criado com base em uma única entidade. Até então nós trabalhamos com a entidade `Usuario`, mas não poderíamos continuar a evolução do sistema apenas com essa entidade. Precisamos relacioná-la com outras, como `Mensagem` e `Localidade`. Nesse sentido, compreender e traduzir **associações entre objetos** para entidades do banco de dados é fundamental para uma solução que utiliza ORM.

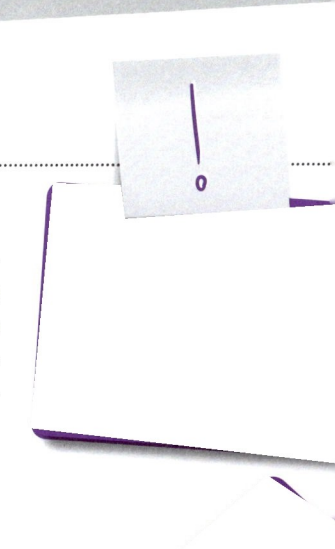

Associações possuem propriedades como navegabilidade e multiplicidade. A **navegabilidade** indica a visibilidade de um objeto por outro, isto é, a classe de destino da associação deve ser um atributo da classe de origem. Já a **multiplicidade** diz respeito a quantos objetos específicos do início da associação estão relacionados com outros objetos do final da associação. Com respeito a esses tipos de associações, existem várias anotações possíveis para relacionar entidades JPA que dão suporte aos seguintes mapeamentos: *many-to-one* (muitos para um), *one-to-one* (um para um), *one-to-many* (um para muitos) e *many-to-many* (muitos para muitos). O Quadro 4.1 resume esses tipos de associação.

Quadro 4.1 » Tipos de associação entre entidades JPA

Associação	Definição	Exemplo
one-to-one (um para um)	Cada tupla de uma tabela é relacionada com exatamente uma tupla de uma segunda tabela e vice-versa.	Um usuário está em uma localidade e uma localidade é de um usuário.
one-to-many (um para muitos) *many-to-one* (muitos para um)	Cada tupla de uma tabela é relacionada com zero ou mais tuplas de uma segunda tabela.	Cada usuário envia uma ou mais mensagens.
many-to-many (muitos para muitos)	Cada tupla em uma tabela é relacionada a zero ou mais tuplas em outra tabela.	Um usuário pertence a zero ou mais listas, uma lista possui zero ou mais usuários.

Um exemplo de um relacionamento *many-to-one* é apresentado no diagrama de classes e no modelo relacional da Figura 4.36, em que "zero" ou mais mensagens pertencem a um usuário.

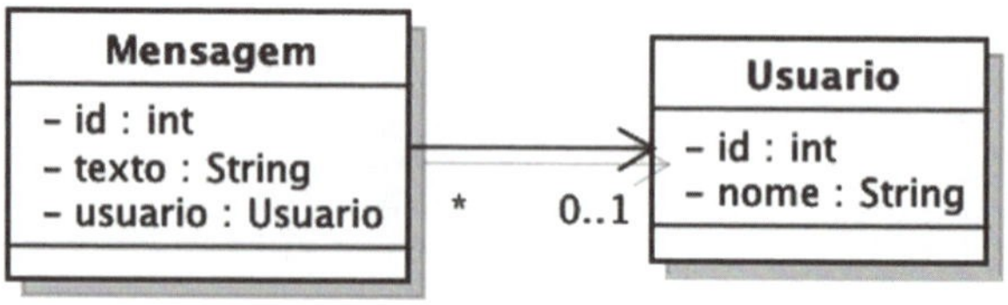

```
MENSAGEM(ID, TEXTO, USR_ID)
USUARIO(ID, NOME)
```

Figura 4.36 Diagrama de classe e modelo relacional *many-to-one*.
Fonte: Autores.

O mapeamento desse relacionamento é definido por meio da anotação @**ManyToOne** do atributo na entidade de origem (`Mensagem.usuario`). Como a tabela do banco de dados MENSAGEM possui a sua chave estrangeira chamada de USR_ID, que referencia a chave primária `ID` da tabela `USUARIO`, então a coluna `USR_ID` deve ser utilizada para definir a união das entidades por meio da anotação `@Join-Column`. Caso não seja especificada nessa anotação o nome da coluna ("name"), a JPA assume que a coluna de união tem o mesmo nome da tabela de destino (`USUARIO`), concatenado com *underscore* e concatenado com a chave primária da tabela destino (`ID`). Portanto, se não for informado o nome nessa anotação, nesse caso, JPA mapeia com a coluna `USUARIO_ID` da tabela `MENSAGEM` e não com a coluna `USR_ID`, que seria o nome da coluna correta conforme definido no modelo relacional. A Figura 4.37 apresenta o mapeamento realizado corretamente.

```
 7   public class Mensagem{
 8       //...
 9       @ManyToOne
10       @JoinColumn(name="USR_ID")
11       private Usuario usuario;
12       //...
13   }
```

Figura 4.37   Mapeamento de relacionamento *many-to-one*.
Fonte: Autores.

O relacionamento no qual um usuário está em uma localidade é representado pela associação *one-to-one*, ilustrada no diagrama de classes e no modelo relacional esquematizados na Figura 4.38.

```
┌─────────────────────────┐                    ┌──────────────────┐
│        Usuario          │                    │    Localidade    │
├─────────────────────────┤                    ├──────────────────┤
│ - id : int              │                    │ - id : int       │
│ - nome : String         │                    │ - lat : float    │
│ - localidade : Localidade│ 0..1      0..1    │ - lon : float    │
└─────────────────────────┘────────────────────>└──────────────────┘
```

USUARIO(ID, NOME, LOC_ID)
LOCALIDADE(ID, LAT, LON)

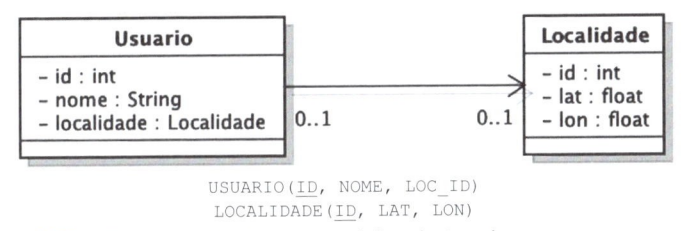

Figura 4.38   Diagrama de classe e modelo relacional *one-to-one*.
Fonte: Autores.

Define-se esse mapeamento por meio da anotação `@OneToOne` do atributo na entidade de origem (`Usuario.localidade`). Assim como na anotação `@ManyTo-One`, também é necessária a anotação `@JoinColumn`, seguindo as mesmas regras descritas. A Figura 4.39 apresenta como realizar o mapeamento *one-to-one*.

```
 6   public class Usuario{
 7       //...
 8       @OneToOne
 9       @JoinColumn(name="LOC_ID")
10       private Localidade localidade;
11       //...
12   }
```

Figura 4.39   Mapeamento de relacionamento *one-to-one*.
Fonte: Autores.

Quando se pode recuperar uma localidade a partir de um usuário e vice-versa, tem-se um **relacionamento bidirecional**. Esse relacionamento em Java exige a realização de dois mapeamentos, um em cada direção. Para relacionamentos *one-to-one* bidirecionais, como se observa na Figura 4.40, não é necessário usar `@JoinColumn` nos dois lados, pois ambos os lados são *one-to-one* e ambos os lados podem ser a origem. A decisão sobre onde ficará a chave estrangeira é de responsabilidade da modelagem do banco, e não da programação Java.

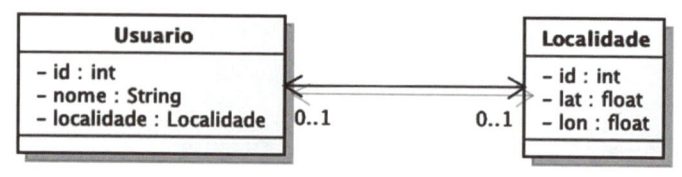

Figura 4.40 Diagrama de classe *one-to-one* bidirecional.
Fonte: Autores.

Em Java, para que o mapeamento bidirecional anteriormente descrito seja válido, é necessário apenas especificar a propriedade *mappedBy* (Fig. 4.41) como o atributo do outro lado da associação.

```
10   public class Localidade{
11       //...
12       @OneToOne (mappedBy="localidade")
13       private Usuario usuario;
14       //...
15   }
```

Figura 4.41 Mapeamento de relacionamento *one-to-one* bidirecional.
Fonte: Autores.

O relacionamento *one-to-many* é aquele em que uma entidade é associada a uma coleção de outra entidade. No diagrama ilustrado na Figura 4.42, foi incluída a navegabilidade de usuário para recuperar as suas mensagens.

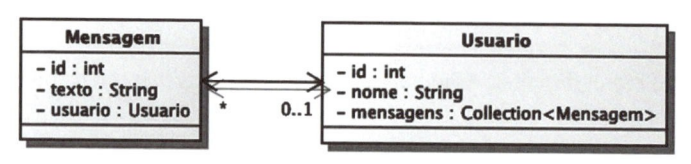

Figura 4.42 Diagrama de classe *one-to-many*.
Fonte: Autores.

Desse modo, é necessário fazer um mapeamento *one-to-many* de `Usuario` para `Mensagem` e *many-to-one* de `Mensagem` para `Usuario`. O último (*many-to-one*) já foi feito no primeiro exemplo desta seção, cabe agora incluir o outro lado da associação, como se observa na Figura 4.43.

```
 7   public class Usuario{
 8       //...
 9       @OneToMany (mappedBy="usuario")
10       private Collection<Mensagem> mensagens;
11       //...
12   }
```

Figura 4.43 Mapeamento de relacionamento *many-to-many*.
Fonte: Autores.

Para finalizar, o mapeamento *many-to-many* relaciona uma ou mais entidades a uma coleção de outras entidades, conforme ilustrado na Figura 4.44.

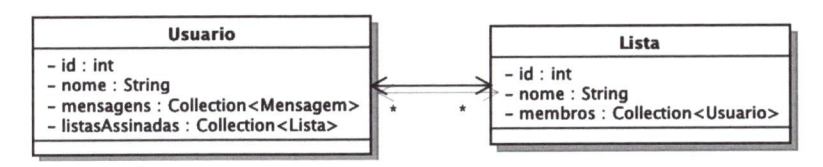

Usuario
– id : int
– nome : String
– mensagens : Collection<Mensagem>
– listasAssinadas : Collection<Lista>

Lista
– id : int
– nome : String
– membros : Collection<Usuario>

Figura 4.44 Mapeamento de relacionamento *many-to-many*.
Fonte: Autores.

Nesse relacionamento bidirecional entre usuários e listas, é possível que, a partir de uma lista, se recuperem todos os seus usuários membros e também que, a partir de um usuário, se recuperem todas as listas que ele assina. Para esse mapeamento, é necessário que os dois lados possuam a anotação @ManyToMany na sua coleção de atributos, como apresenta a Figura 4.45.

Pode-se observar que não existe coluna de união (JoinColumn) para o mapeamento *many-to-many*. Como não existe uma única chave estrangeira em um dos lados, escolhe-se aleatoriamente uma entidade para fazer o mapeamento com a outra entidade. Na prática, a única forma de realizar esse tipo de associação é por meio de uma tabela associativa. Considere, portanto, o modelo relacional a seguir.

```
USUARIO(ID, NOME)
LISTA(ID, NOME)
USUARIO_LISTA(USR_ID, LISTA_ID)
```

```
 6   public class Lista {
 7       //...
 8       @ManyToMany (mappedBy="listasAssinadas")
 9       private Collection<Usuario> membros;
10       //...
11   }
```

Figura 4.45 Mapeamento de relacionamento *many-to-many*.
Fonte: Autores.

Para realizar esse mapeamento, é necessário incluir na entidade `Usuario` a referência à tabela associativa, conforme se observa na Figura 4.46.

```
7   public class Usuario{
8       //...
9       @ManyToMany
10      @JoinTable(name="USUARIO_LISTA",
11                  joinColumns=@JoinColumn(name="USR_ID"),
12                  inverseJoinColumns=
13                          @JoinColumn(name="LISTA_ID")
14                  )
15      private Collection<Lista> listasAssinadas;
16      //...
17  }
```

Figura 4.46 Mapeamento da tabela associativa.
Fonte: Autores.

>> RESUMO

Neste capítulo, conseguimos abarcar alguns dos assuntos mais relevantes do mapeamento objeto-relacional utilizando a API JPA. Apresentamos o que é o mapeamento, como criar uma entidade JPA, como gerenciar as entidades, como persistir e manipular os dados dessas entidades e como realizar o mapeamento entre entidades.

>> Agora é a sua vez!

1. Defina o tipo mais adequado para as associações a seguir:
   a. Pessoa com Telefone.
   b. Pessoa com Cônjuge.

2. Defina a estrutura de classes e o modelo relacional da associação entre Pessoa e Telefone.

3. Torne a associação entre Pessoa e Telefone bidirecional.

4. Implemente, no projeto do capítulo, as associações anteriormente descritas e realize operações sobre elas.

REFERÊNCIAS

GEARY, D.; HORSTMANN, C. *Core JavaServer Faces*. 3rd ed. Upper Saddle River: Prentice Hall, 2010.

HEFFELFINGER, D. R. *Java EE 5*: development with NetBeans 6. Birmingham: Packt, 2008.

JAVA COMMUNITY PROCESS. *Especificação JPA 2.1*. [S. l.: s.n., 200?]. Disponível em: <http://download.oracle.com/otndocs/jcp/persistence-2_1-fr-eval-spec/index.html>. Acesso em: 17 ago. 2015.

JAVA. *Introduction to the Java Persistence API*. [S. l.: s.n., 200?]. Disponível em: <https://docs.oracle.com/javaee/6/tutorial/doc/bnbpz.html>. Acesso em: 17 ago. 2015.

KEITH, M.; SCHINCARIOL, M. *Pro JPA 2*: mastering the Java Persistence API. New York: Apress, 2009.

Rodrigo Prestes Machado
Silvia de Castro Bertagnolli

capítulo 5

Enterprise JavaBeans

Considerando a tecnologia Java EE (Enterprise Edition), os Enterprise JavaBeans (EJBs) permitem que os desenvolvedores utilizem os componentes EJBs para construir camadas de negócio com baixo acoplamento e com boas possibilidades de reutilização. Além disso, os EJBs executam em um contêiner, permitindo que questões como escalabilidade, concorrência, etc., possam ser delegadas para o servidor de aplicação. Assim, o domínio dessa tecnologia permite que os programadores desenvolvam camadas de negócio robustas e reutilizáveis. Este capítulo visa apresentar, de um ponto de vista prático, os principais aspectos que envolvem a teoria e a prática sobre os EJBs.

Objetivos da aprendizagem

» Definir o que é um EJB, quais são seus tipos existentes e quando utilizá-los.

» Reconhecer como desenvolver Session Beans e Message-Driven Beans.

» Identificar os mecanismos que envolvem a construção de clientes para os EJBs.

» Distinguir as formas de empacotamento e instalação dos EJBs em um servidor de aplicação.

>> Introdução

Os **Enterprise Java**Beans **(EJBs)** são componentes que executam no lado do servidor com o objetivo de encapsular as regras de negócio de uma aplicação. Essas regras são trechos de código que cumprem o propósito de um sistema. Dessa forma, em uma aplicação de controle de estoque, as regras de negócio escritas nos métodos de um EJB permitirão, por exemplo, controlar o nível do estoque.

Entre as principais vantagens de utilizar EJBs, destacam-se:

1. **Separação de código:** Por encapsularem regras de negócio, os EJBs permitem separar a parte do código que implementa a interface com o usuário (*Graphical User Interface* [GUI]), do trecho referente à lógica do negócio. Como resultado, as GUIs que trabalham em conjunto com os EJBs consomem os serviços disponibilizados pelos componentes, portanto, sem possuir rotinas inerentes às regras de negócio. Essa separação de código é importante, porém torna-se fundamental quando a interface com o usuário necessita ser executada sobre dispositivos com pouca capacidade de hardware, por exemplo, em telefones celulares.

2. **Gerenciamento com contêiner:** Os EJBs rodam em um contêiner que provê serviços como gerenciamento de transações, segurança, entre outros. Por esse motivo, os EJBs simplificam de forma considerável o desenvolvimento de sistemas grandes e distribuídos, uma vez que o desenvolvedor pode se concentrar na implementação de questões ligadas aos requisitos funcionais do sistema.

3. **Portabilidade:** Outro benefício dos EJBs está relacionado à portabilidade, ou seja, uma vez criado, um componente pode ser reutilizado sempre que for necessário. Essa característica facilita o desenvolvimento de novas aplicações, pois o conjunto de regras inerente ao negócio está codificado nos componentes EJBs.

>> DICA

Na especificação Java EE, um contêiner (*container*) possui a responsabilidade de gerenciar o ciclo de vida de objetos que compõem a aplicação. Assim, cabe ao contêiner Web gerenciar, por exemplo, Servlets e Java Server Pages (JSP). Da mesma forma, o contêiner EJB irá administrar o ciclo de vida dos componentes que encapsulam as regras do negócio de uma aplicação. Além disso, o contêiner EJB fornece serviços que facilitam a implementação de questões como concorrência, transação, segurança, entre outras.

Como pode ser observado, os EJBs possuem vantagens importantes que devem ser consideradas no momento da concepção da arquitetura de um software. Porém, existem situações em que a necessidade do uso dos EJBs se torna mais clara, como as seguintes:

1. A aplicação necessita ser escalável. Ao longo do tempo, muitas aplicações precisam acomodar um número crescente de usuários. Nesses casos, é preciso distribuir partes da aplicação em máquinas distintas. O emprego de EJBs ajuda com questões de escalabilidade, uma vez que os componentes podem ser distribuídos em diversos computadores.

2. As operações devem garantir a integridade dos dados. Em circunstâncias em que a integridade dos dados é um requisito essencial (p. ex., em uma operação de transferência de crédito em um sistema bancário), os EJBs podem ser utilizados, pois suportam transações e também mecanismos de controle de acesso para objetos compartilhados.

3. A aplicação deve trabalhar com uma grande variedade de clientes. Os clientes dos EJBs podem ser dos mais variados tipos, como aplicações Web, dispositivos móveis, televisores, entre outros. Assim, dentro de um contexto em que existem diversos tipos de clientes, o uso de EJBs pode ser adequado. Nesse caso, os clientes tenderão a ser finos (sem regras de negócios), variados e numerosos.

Na tecnologia Java EE, existem dois tipos de EJBs: os Session Beans e os Message-Driven Beans. Enquanto os **Session** Beans são componentes utilizados fundamentalmente para encapsular regras de negócios, os **Message-Driven** Beans também permitem que aplicações Java EE recebam mensagens, ou seja, esse tipo de componente atua como um *listener*, recebendo e processando mensagens. Assim, as próximas seções deste capítulo detalham aspectos teóricos e práticos dos dois tipos de EJBs existentes na tecnologia Java EE.

Session Beans

Os Session Beans podem ser de três tipos: Stateless, Stateful ou Singleton. Os **Stateless Session** Beans não mantêm o estado de um componente. Nesse tipo de EJB, os valores dos atributos são mantidos apenas enquanto durar a invocação de um método por um cliente. Os **Stateful Session** Beans são componentes que guardam o estado do Bean, ou seja, esse tipo de EJB armazena os valores dos atributos enquanto durar uma interação com um cliente. Nesse caso, o estado é eliminado apenas quando o cliente terminar sua execução. Já os **Singleton**

Session Beans são instanciados apenas uma única vez por aplicação. Eles são projetados para serem utilizados em situações em que uma única instância deve ser compartilhada e concorrentemente acessada por vários clientes. Oferecem funcionalidade similar aos Stateless Session Beans, porém diferem apenas na questão da instanciação.

A tecnologia Java EE permite que um Session Bean possa ser acessado por clientes de três maneiras distintas. Assim, antes de discutir aspectos da codificação de um Session Bean, é necessário entender os conceitos básicos que envolvem as questões de Beans de sessão.

» Tipos de acesso aos Session Beans

Para desenvolver um Session Bean, deve-se primeiramente tomar uma decisão quanto ao tipo de acesso que será disponibilizado aos clientes. Existem três tipos de acesso a um EJB: remoto, local ou por meio de um *Web Service*. No **acesso local**, o cliente e o EJB devem estar rodando dentro do mesmo servidor de aplicação. Como o nome indica, no **acesso remoto**, o cliente e o Session Bean podem estar rodando em máquinas virtuais Java diferentes. Finalmente, o **acesso por Web Service** pode ser implementado por meio de XML (eXtensible Markup Language) *Web Service* ou RESTful *Web Service*. Por se tratar de um assunto importante e rico de detalhes, os *Web Services* são discutidos no Capítulo 7 deste livro.

Permitir o acesso local ou remoto depende de alguns fatores:

1. Grau de acoplamento entre os EJBs: se existir uma forte dependência entre os EJBs, então o acesso local deve ser considerado.

2. Tipo dos clientes: se um Session Bean for acessado por várias aplicações, então pode ser interessante permitir acesso remoto.

3. Distribuição dos componentes: se por questões de escalabilidade for necessário distribuir os EJBs em máquinas diferentes, torna-se crucial permitir acesso remoto.

4. Performance: a latência da rede torna possível a consideração de acesso local. Entretanto, distribuir componentes em servidores diferentes pode melhorar o desempenho geral do sistema. Nesse caso, deve-se permitir o acesso remoto.

O acesso local ou remoto de um EJB é definido por meio do tipo de interface que o Bean implementa. As interfaces locais não possuem restrições quanto aos argumentos de métodos, tipos de retornos ou lançamento de exceções (`throws`). Geralmente, essas interfaces são decoradas com a anotação `@Local` para indicar de forma explícita que se trata de uma interface de negócio local. Porém, se o Session Bean não implementar nenhuma interface, então os métodos públicos do componente serão considerados como a interface de negócio local.

Um EJB pode ser acessado de forma remota somente se respeitar uma interface de negócio remota. Nesse tipo de interface, os argumentos, os tipos retornados e as exceções devem poder ser serializados, uma vez que os métodos do Session Bean poderão ser invocados na rede por meio de um esquema de cliente/servidor. Uma interface Java se torna remota se possuir em sua declaração a anotação @Remote.

A próxima seção apresenta aspectos da implementação dos EJBs. Assim, durante os exemplos, são apresentados detalhes da implementação das interfaces locais e remotas.

>> PARA SABER MAIS

Em Java, um objeto pode ser representado como uma sequência de *bytes* por meio de um mecanismo chamado serialização (*serialization*). Uma vez que a serialização permite transformar objetos em *bytes*, essa é a tecnologia-base para que seja possível transmitir e recuperar objetos Java em uma rede de computadores. Para saber mais sobre serialização, acesse o site do Grupo A: **www.grupoa.com.br**.

>> Stateless Session Bean

Na tecnologia Java EE, um Stateless Session Bean permite desenvolver componentes que encapsulam regras de negócio escritas dentro dos métodos do EJB. Entretanto, a principal particularidade desse tipo de componente está no fato de não manter o estado proveniente da interação entre o Bean e um cliente.

Assim, em um Stateless Session Bean, o valor do estado é preservado apenas enquanto durar a invocação de um método. Essa premissa *stateless* possibilita que o contêiner instancie um conjunto de Beans equivalentes para atender os clientes, ou seja, um cliente pode invocar um método de negócio de um Bean A e, em um segundo momento, executar um método de um Bean B. Por esse motivo, os Stateless Session Beans possuem uma boa escalabilidade, uma vez que o contêiner gerencia um conjunto de Beans para atender os clientes de um sistema.

Existem algumas situações que favorecem a utilização de um Stateless Session Bean, são elas: a) quando não for necessário manter o estado conversacional entre o EJB e um cliente específico; b) sempre que os métodos de negócio permitam a execução de tarefas genéricas, como o envio de um *e-mail* para confirmar a operação de compra em uma loja virtual; c) se porventura for necessário implementar um *Web Service* a partir de um Stateless Session Bean.

O ciclo de vida de um Stateless Session Bean possui apenas dois estados: não instanciado e pronto para a execução. A Figura 5.1 ilustra o ciclo de vida de um Stateless Session Bean.

```
1. Executa a injeção de dependências
2. @PostConstruct
```

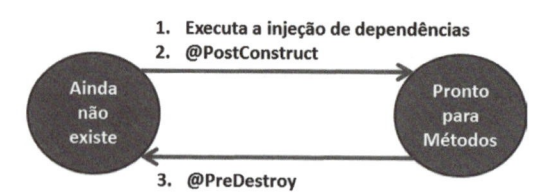

Ainda não existe → Pronto para Métodos

3. @PreDestroy

Figura 5.1 Ciclo de vida de um Stateless Session Bean.
Fonte: Autores.

O contêiner EJB geralmente cria e mantém um conjunto (*pool*) de Stateless Session Beans que ficam prontos para serem executados. Para criar um Bean e colocá-lo dentro do *pool*, o contêiner realiza qualquer injeção de dependência que possa existir e invoca, caso exista, o método decorado com a anotação `@PostConstruct`. A anotação `@PostConstruct` indica um método que é utilizado com frequência para inicializar um Stateless Session Bean, ou seja, que será executado antes da invocação dos métodos de negócio. No final do ciclo de vida, o contêiner invoca, caso exista, o método decorado com `@PreDestroy`. Em geral, o método decorado com a anotação `@PreDestroy` realiza tarefas para garantir a liberação de recursos do sistema.

Para desenvolver um Sateless Session Bean, primeiramente é necessário decorar uma classe Java com a anotação `@Stateless`. Nesse caso, o Bean `Calculator`, ilustrado na Figura 5.2, mostra que nenhuma interface de negócio Java foi implementada, tornando possível, portanto, que métodos públicos do Bean sejam considerados a interface local do Bean.

```java
package br.com.grupoa.ejb.stateless;

import javax.ejb.Stateless;

@Stateless
public class Calculator {

    public int sum(int firstValue, int secondValue){
        return firstValue + secondValue;
    }

    public int multiply(int firstValue, int secondValue){
        return firstValue * secondValue;
    }

}
```

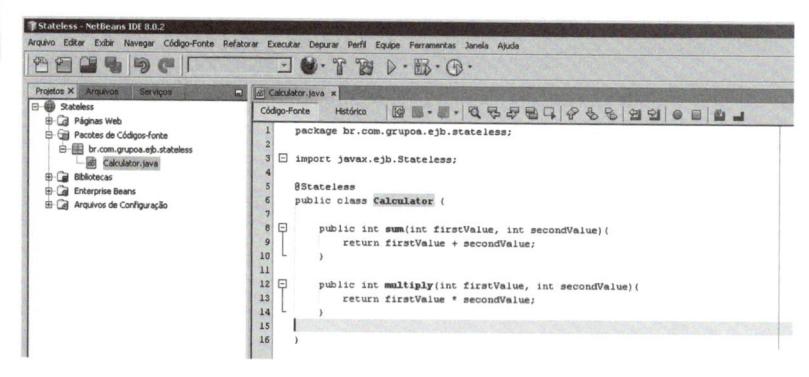

Figura 5.2 Stateless Session Bean sem interface de negócio.
Fonte: Autores.

Já para desenvolver uma interface de negócio local, basta criar uma interface Java e utilizar a anotação `@Local`, como mostra a Figura 5.3.

Nesse caso, a interface `ICalculator` deve ser implementada pela classe `Calculator`. A linha 6 do código apresentado na Figura 5.4 mostra o Bean implementando a interface de negócio local `ICalculator`.

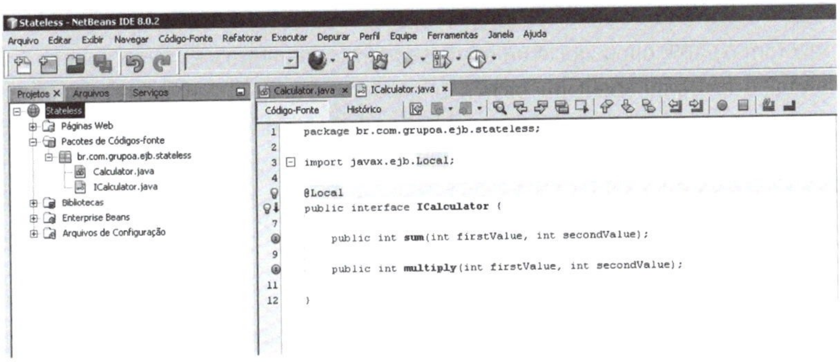

Figura 5.3 Stateless Session Bean com interface de negócio local.
Fonte: Autores.

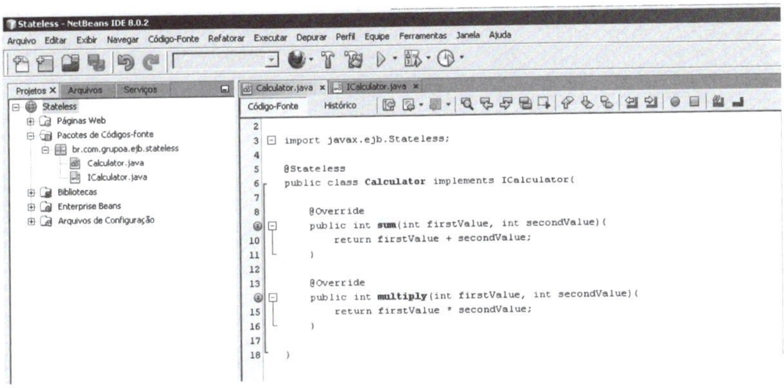

Figure 5.4 Stateless Session Bean implementando uma interface de negócio local.
Fonte: Autores.

Como o nome sugere, uma interface remota permite o acesso a Beans localizados em diferentes servidores de aplicação. Por esse motivo, geralmente esse tipo de interface deve ser incluído nos clientes por meio de uma biblioteca Java (Java Archive [JAR]). Assim, para conceber uma interface remota, deve-se inicialmente criar um projeto de "Biblioteca de Classe Java", que se localiza entre as opções de projeto Java do NetBeans. Esse tipo de projeto irá auxiliar o programador na tarefa de construir uma interface remota empacotada em um JAR. A Figura 5.5 ilustra um projeto de "Biblioteca de Classe Java" no NetBeans.

Note na figura que foi acrescentado a biblioteca "API Java EE 7" ao projeto de "Biblioteca de Classe Java" chamado ICalculator. O acréscimo dessa biblioteca é fundamental, pois dentro desse JAR existe a anotação @Remote, necessária para a construção da interface remota. Para adicionar esse JAR ao projeto, basta escolher a opção "Adicionar Biblioteca", que pode ser acessada por meio de um clique do botão direito do *mouse* em cima do diretório "Biblioteca". Assim, o desenvolvedor poderá escolher, entre muitas opções, a biblioteca "API Java EE 7". O código apresentado na

Figura 5.5 mostra a interface `ICalculator` decorada com a anotação `@Remote`. Observe na imagem que a interface de negócio remota foi escrita no projeto de "Biblioteca de Classe Java". Finalmente, a Figura 5.5 mostra que a biblioteca de classe `dist/Icalculator.jar` foi incorporada ao projeto de aplicação Web denominado `Stateless`. Para realizar essa configuração, o desenvolvedor deve clicar com o botão direito do *mouse* na pasta "Biblioteca" do projeto de aplicação Web, escolher a opção "Adicionar Projeto" e selecionar o projeto onde foi codificada a interface de negócio remota; nesse caso, no projeto "Biblioteca de Classe Java" `ICalculator`.

Figura 5.5 Stateless Session Bean com interface de negócio remota.
Fonte: Autores.

A imagem da Figura 5.6 apresenta o Stateless Session Bean implementando uma interface de negócio remota. Entre as linhas 19 e 27 do código dessa figura também é possível observar um exemplo de uso das anotações `@PostConstruct` e `@PreDestroy`.

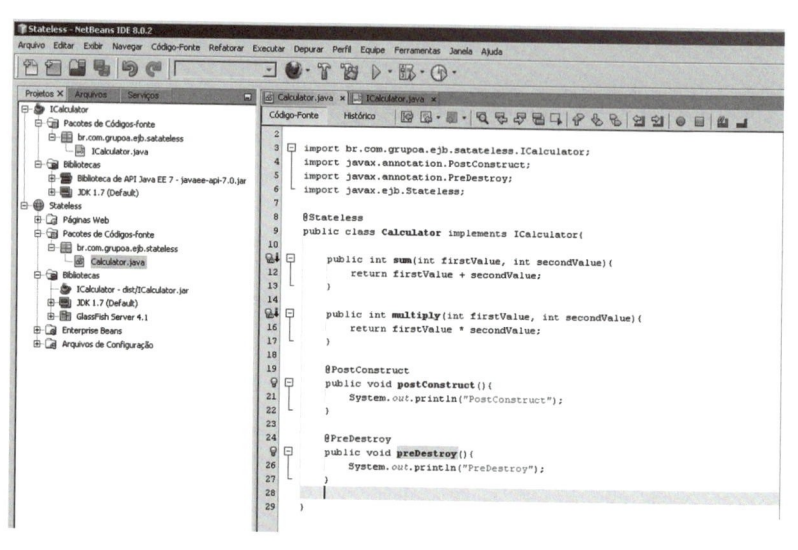

Figura 5.6 Stateless Session Bean implementando uma interface de negócio remota.
Fonte: Autores.

Nesta seção, foram discutidos aspectos fundamentais sobre a implementação dos Stateless Session Beans. A próxima seção apresenta de forma sucinta questões que envolvem o desenvolvimento dos Stateful Session Beans dentro da tecnologia Java EE.

>> Agora é a sua vez!

1. Utilizando as orientações desta seção, implemente um Stateless Session Bean capaz de realizar operações matemáticas em um projeto de aplicação Web com interface de negócio local e remota. Caso você encontre dificuldades na implementação, acesse o site do Grupo A e baixe os exemplos de código disponíveis.

>> Stateful Session Bean

A tecnologia Java EE também possui um tipo de Enterprise Bean capaz de manter o estado conversacional entre um cliente e um EJB. Como o nome sugere, um Stateful Session Bean é um tipo de Session Bean que mantém o estado proveniente da interação entre o Enterprise Bean e um cliente. Como esse tipo de Enterprise Bean retém o estado, uma instância de um Stateful Session Bean pertence a somente um cliente. Dessa maneira, o estado é mantido enquanto durar a sessão entre o cliente e o Bean.

Um Stateful Session Bean deve ser utilizado quando for necessário guardar informações para um cliente durante as invocações dos métodos. Outro uso para um Stateful Session Bean é gerenciar o fluxo de trabalho (coordenação) com outros Enterprise Beans.

Quanto ao ciclo de vida, um cliente inicia esse processo solicitando uma referência de um Stateful Session Bean para o contêiner. Logo, o servidor realiza a injeção de dependência e então invoca o método, caso exista, decorado com a anotação `@PostConstruct`. A Figura 5.7 mostra as etapas do ciclo de vida de um Stateful Session Bean.

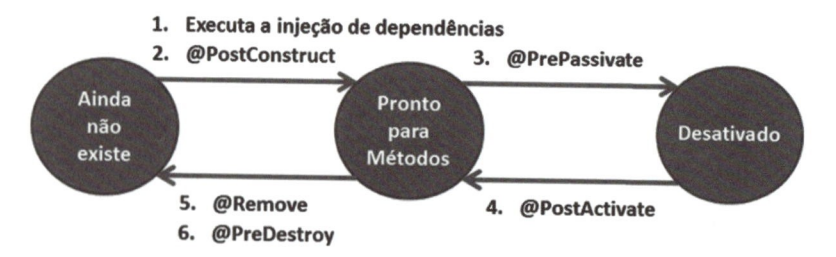

Figura 5.7 Ciclo de vida de um Stateful Session Bean.
Fonte: Autores.

Após executar o método `@PostConstruct`, o Stateful Session Bean está pronto para atender o cliente. Enquanto um Bean estiver no estado de pronto (*ready*), o contêiner pode decidir desativá-lo (*passivate*) por meio de um algoritmo que transfere os Beans desse tipo da memória principal para a secundária. Assim, quando for necessário desativar um Bean, o contêiner invoca o método anotado com `@PrePassivate`, caso esse método exista. Se um cliente necessitar executar um método de um Stateful Session Bean desativado, então o contêiner invocará o método do Bean anotado com `@PostActivate`, caso exista, e retornará o EJB para o estado de pronto. Só no final do ciclo de vida de um Stateful Session Bean o cliente invoca o método anotado com `@Remove` e, na sequência, o contêiner executa, caso exista, o método anotado com `@PreDestroy`. Dessa maneira, o Enterprise Bean estará pronto para ser removido por meio do coletor de lixo da Máquina Virtual Java (Java Virtual Machine [JVM]).

Geralmente o método decorado com `@PostContruct` é utilizado para inicializar ou alocar recursos necessários para uma instância de um Stateful Session Bean. Já o método configurado com `@PrePassivate` recebe com frequência o código para liberação de recursos. Como contraponto, o método decorado com `@PostActivate` pode conter instruções para alocação de recursos. No momento do término do ciclo de vida, os métodos decorados com `@Remove` e `@PreDestroy` serão invocados. O método que possui a anotação `@Remove` deve ser chamado pelo cliente. Assim, em geral é utilizado para persistir o estado do Bean. Já o método configurado com `@PreDestroy`, invocado pelo contêiner, pode ser utilizado para garantir a liberação de recursos no momento do término da execução de um Stateful Session Bean. Para construir um Stateful Session Bean, o desenvolvedor deve decorar uma classe Java com a anotação `@Stateful`. A Figura 5.8 apresenta uma classe chamada de `Counter`, que possui, na linha 12, um método para realizar uma contagem.

Essa figura também mostra um exemplo de uso das anotações `@PostConstruct` e `@Remove`. Na linha 17, a anotação `@PostConstruct` é utilizada para ser executada no momento da inicialização do contador, ou seja, quando o Stateful Sesssion Bean for criado, o contador será zerado. Já o método decorado com a anotação

@Remove poderá ser executado por um cliente para terminar a interação com o Bean, nesse caso, também zerando o valor do contador. Nesse exemplo, não foram utilizadas as anotações `@PrePassivate`, `@PostActivate` e `@PreDestroy`. Entretanto o uso dessas anotações é análogo ao apresentado para as anotações `@PostConstruct` e `@Remove`.

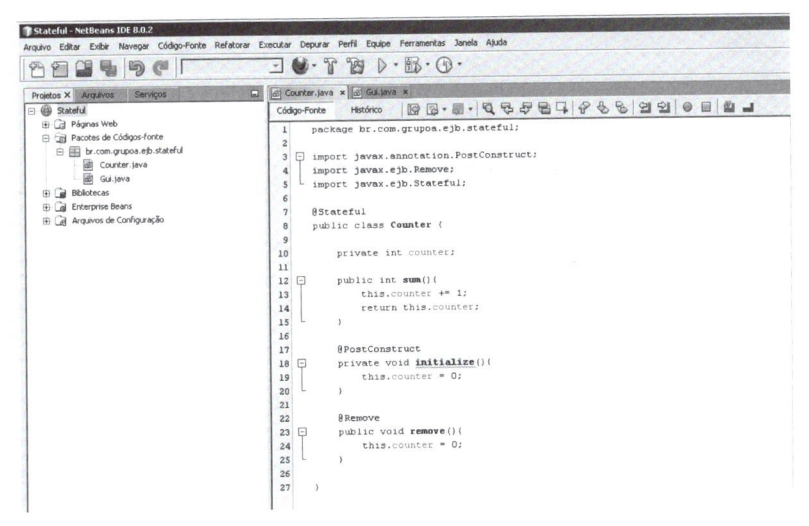

Figura 5.8 Statetul Session Bean.
Fonte: Autores.

Nesta seção, foram discutidos aspectos importantes sobre o desenvolvimento dos Stateful Session. A próxima seção mostra de uma maneira prática as principais questões que envolvem os Singleton Session Beans.

>> Agora é a sua vez!

Utilizando as orientações desta seção, implemente um Stateful Session Bean capaz de realizar uma contagem simples de dados em um projeto de aplicação Web com interface de negócio local e remota. Caso você encontre dificuldades na implementação, acesse o site do Grupo A e baixe os exemplos de código disponíveis.

Singleton Session Bean

Conforme apresentado anteriormente, a especificação Java EE (*Enterprise Edition*) define três tipos de Beans de sessão: o Stateless, que não possui o estado da sessão, o Stateful, que contém o estado de sessão e o Singleton, que compreende uma instância do Bean que é compartilhada por todos os objetos de uma aplicação EJB.

O Singleton Session Bean, cuja definição tem origem no padrão de projeto Singleton, foi introduzido na especificação Java EE a partir da versão EJB 3.1, com o intuito de criar um único objeto que pudesse ser compartilhado por toda a aplicação. A ideia é que essa instância possa ser acessada de forma concorrente (por outros objetos) e possa ser usada como uma solução para compartilhar o estado entre objetos. A principal aplicabilidade desse Bean é compartilhar dados entre todos os usuários de uma determinada aplicação EJB, como configurações e acesso a outros recursos dentro da aplicação.

O ciclo de vida de um Bean de sessão do tipo Singleton inicia quando a aplicação é inicializada. Nesse caso, o contêiner chama o método `newInstance()` da classe do Bean. Em seguida, o contêiner realiza as injeções de dependências especificadas pelas anotações (se existirem) e realiza a chamada ao método decorado com a anotação `@PostConstruct`, caso tenha sido definido pelo Bean. Assim, a instância do Singleton está pronta para delegar a chamada dos métodos de negócio para qualquer cliente ou outras chamadas provenientes do contêiner. A Figura 5.9 a seguir apresenta o ciclo de vida de um Singleton Session Bean.

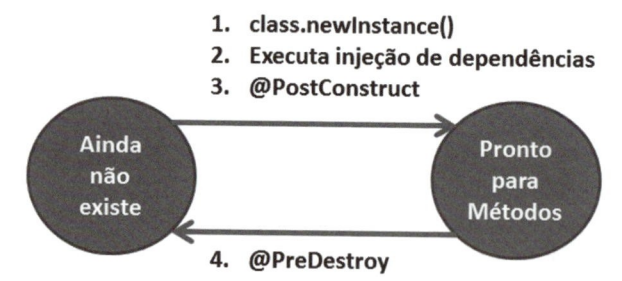

1. **class.newInstance()**
2. **Executa injeção de dependências**
3. **@PostConstruct**

Ainda não existe → Pronto para Métodos

4. **@PreDestroy**

Figura 5.9 Ciclo de vida de um Singleton Session Bean.
Fonte: Autores.

Um Singleton é destruído somente quando a aplicação EJB é fechada, ou seja, quando o contêiner chama o método decorado com a anotação `@PreDestroy` do Singleton, se ele existir. Desse modo, o ciclo de vida de um Singleton Session Bean é finalizado.

Agora que você já compreendeu o ciclo de vida de um Bean do tipo Singleton, vamos analisar alguns exemplos. O exemplo da Figura 5.10 apresenta a estrutura básica de um Bean desse tipo. Para configurar um Singleton Session Bean, podemos usar várias anotações. A anotação `@Singleton` estabelece que a classe que está sendo criada corresponde a um Bean do tipo Singleton.

```
1   package br.com.grupoa.ejb.singleton;
2   import javax.ejb.Singleton;
3
4   @Singleton
5   public class GerenciaUsuariosSingleton {
6       // Add business logic below. (Right-click in editor and choose
7       // "Insert Code > Add Business Method")
8   }
```

Figura 5.10 Criando um Singleton Session Bean.
Fonte: Autores.

Outra anotação utilizada por este tipo de Bean é a `@Startup`, que indica ao contêiner que o Bean deve ser inicializado quando o contêiner é iniciado ("startado"). Caso você não utilize a anotação `@Startup`, o Bean seguirá as regras de inicialização do contêiner.

Um Singleton Session Bean pode ainda utilizar outras duas anotações que são relacionadas ao seu ciclo de vida. Conforme já mencionado, essas anotações são usadas para tratar os eventos que ocorrem no ciclo de vida do EJB.

Note que a Figura 5.11 apresenta como a anotação `@Startup` pode ser declarada, bem como o uso das anotações `@PostConstruct` e `@PreDestroy`. Com esse exemplo, é criada uma classe para gerenciar os usuários que estão acessando simultaneamente a aplicação. Para tanto, é necessário que o Bean seja carregado no início do ciclo de vida da aplicação, garantindo que todo usuário que se registre na aplicação seja adicionado à lista.

> **>> DICA**
>
> Os métodos contendo as anotações `@PostConstruct` e `@PreDestroy` podem ser definidos contendo um nome qualquer, porém o retorno deve ser do tipo `void`. Além disso, não devem possuir parâmetros e não devem lançar exceções verificadas pelo compilador.

Suponha que, para realizar o gerenciamento dos usuários, você deva fazer algumas inicializações na aplicação usando outro Bean do tipo Singleton. Desse modo, para que o contêiner execute os diversos Beans desse tipo na ordem correta, podemos utilizar a anotação `@DependsOn`, que estabelece a relação de dependência, ou prioridade de criação, entre os Beans. No exemplo apresentado na Figura 5.12, o contêiner garante que o Bean `InicializaApp` é inicializado antes do Bean `GerenciaUsuariosSingleton`.

```
package br.com.grupoa.ejb.singleton;
import java.util.*;
import javax.annotation.*;
import javax.ejb.*;

@Startup
@Singleton
public class GerenciaUsuariosSingleton implements GerUsuarios{
    private List<Usuario> lista = new LinkedList<>();
    @PostConstruct
    private void inicializar(){
        System.out.println("Inicializou o bean GerenciaUsuarios!");
    }
    @PreDestroy
    private void finalizar(){
        System.out.println("Finalizou o bean GerenciaUsuarios!");
    }
    @Override
    public void adicionar(Usuario user){
        lista.add(user);
    }
    @Override
    public void reiniciar(){ lista = new LinkedList<>();}
    @Override
    public int getTotal(){ return lista.size();}
}
```

Figura 5.11 Uso da anotação `@Startup`.
Fonte: Autores.

```
package br.com.grupoa.ejb.singleton;
import java.util.*;
import javax.annotation.*;
import javax.ejb.*;

@Startup
@Singleton
@DependsOn ("InicializaApp")
public class GerenciaUsuariosSingleton implements GerUsuarios{
    private List<Usuario> lista = new LinkedList<>();
    @PostConstruct
    private void inicializar(){...3 linhas }
    @PreDestroy
    private void finalizar(){...3 linhas }
    @Override
    public void adicionar(Usuario user){...3 linhas }
    @Override
    public void reiniciar(){ lista = new LinkedList<>();}
    @Override
    public int getTotal(){ return lista.size();}
}
```

Figura 5.12 Uso da anotação `@DependsOn`.
Fonte: Autores.

Conforme já mencionado, um Singleton Session Bean é diferente dos demais Beans de sessão, pois tem a concorrência gerenciada pelo contêiner. Porém é possível gerenciá-la por meio do próprio Bean. Para fazer isso, é necessário indicar no código do Bean, usando anotações, os bloqueios que uma classe e/ou um método podem sofrer. O Quadro 5.1 apresenta um resumo dos bloqueios. A seguir, no código da Figura 5.13, há um exemplo com bloqueios.

Quadro 5.1 » Resumo dos bloqueios em um Singleton Session Bean

Bloqueio	Descrição
Read (leitura)	O bloqueio de leitura possibilita realizar chamadas simultâneas de um método. A anotação `@Lock(LockType.READ)` é usada para estabelecer esse tipo de bloqueio.
Write (escrita)	O bloqueio de escrita aguarda a finalização do processamento de uma chamada antes de permitir que a próxima chamada seja executada. A anotação `@Lock(LockType.WRITE)` é utilizada para especificar esse tipo de bloqueio. Observe que esse tipo de declaração deve ser realizada quando o método de negócio altera o estado do Bean.

» DICA

Quando você deixa o próprio contêiner gerenciar a concorrência, o bloqueio do tipo *write* é associado a todos os métodos de negócio. Assim, toda e qualquer chamada aos métodos de negócio será serializada para que somente um cliente de cada vez possa acessar o Bean em um determinado instante de tempo.

A Figura 5.13 apresenta um exemplo de uso de bloqueios. Nela, o método `getTotal()` possui bloqueio de leitura, o que possibilita que vários clientes executem o método de forma concorrente e segura. Os demais métodos definidos na classe permanecem com o bloqueio padrão (`@Lock(LockType.WRITE)`), sendo o contêiner responsável por garantir que a chamada aos métodos seja mutuamente exclusiva.

```java
package br.com.grupoa.ejb.singleton;
import java.util.*;
import javax.annotation.*;
import javax.ejb.*;

@Startup
@Singleton
@DependsOn ("InicializaApp")
public class GerenciaUsuariosSingleton implements GerUsuarios{
    private List<Usuario> lista = new LinkedList<>();
    @PostConstruct
    private void inicializar(){ [...3 linhas] }
    @PreDestroy
    private void finalizar(){ [...3 linhas] }
    @Override
    public void adicionar(Usuario user){ [...3 linhas] }
    @Override
    public void reiniciar(){ lista = new LinkedList<>();}
    @Override
    @Lock(LockType.READ)
    public int getTotal(){ return lista.size();}
}
```

Figura 5.13 Exemplo de uso de bloqueios.
Fonte: Autoras.

Observe que vários clientes poderão acessar de forma concorrente o método `getTotal()`, pois foi definido o bloqueio de leitura. Já os demais métodos ficarão com o acesso bloqueado enquanto a operação de escrita não for finalizada.

No exemplo anterior, você pode perceber que não usamos a anotação `@Remove` como nos Beans com estado de sessão. Isso ocorre porque o contêiner realiza o gerenciamento da sincronização dos métodos de negócio. Assim, com essa solução, o contêiner garante que apenas um cliente terá acesso a um determinado método de negócio da instância no mesmo instante de tempo.

>> Agora é a sua vez!

1. Crie um Bean do tipo Singleton, com o nome `MeuSingleton`, que deve ser carregado para a memória quando o contêiner é inicializado.

2. Adapte o Bean definido no exercício anterior para que ele imprima mensagens antes de qualquer injeção de dependências e antes do Bean ser removido do contêiner.

3. Crie três Beans do tipo Singleton, com os respectivos nomes `PrimeiroSingleton`, `SegundoSingleton` e `TerceiroSingleton`. Agora, ao definir o terceiro, inclua as linhas de código que estabelecem a relação de dependência dele com os demais, ou seja, o primeiro e o segundo devem ser executados antes do terceiro.

4. Adapte o Bean definido no primeiro exercício desta seção, de modo que métodos `get()` possuam somente o bloqueio de leitura.

Os EJBs desenvolvidos nos exemplos das seções anteriores utilizaram um projeto de aplicação Web do NetBeans para realizar as instalações dos EJBs. Entretanto, existem várias formas de empacotar e instalar EJBs em servidores de aplicação. Assim, a próxima seção discute algumas maneiras que os desenvolvedores usam para empacotar e instalar os EJBs em servidores de aplicação Java EE.

Empacotamento e instalação de um EJB

Com objetivo de atender a várias necessidades, a tecnologia Java EE possibilita que um EJB seja empacotado de maneiras distintas. Uma vez empacotado, um EJB pode ser instalado (*deploy*) em um servidor de aplicação Java EE. Existem três formas de empacotar e consequentemente instalar um EJB por meio de arquivos JAR, são elas: a) realizar o *deploy* de um arquivo JAR (.jar) diretamente no servidor; b) fazer o *deploy* de um arquivo Enterprise Archive (EAR – .ear) que encapsule JARs; c) instalar um Web Application Archive (WAR – .war) que contenha JARs.

A Figura 5.14 apresenta um projeto do NetBeans em que um Stateless Session Bean foi colocado dentro de um arquivo JAR.

>> IMPORTANTE

EAR é um formato de arquivo usado por aplicações Java EE em que um ou mais módulos podem ser empacotados em um único arquivo. Assim, por estarem agrupados, os módulos da aplicação serão instalados juntos, garantindo, por exemplo, que um EJB seja instalado com o seu respectivo cliente.

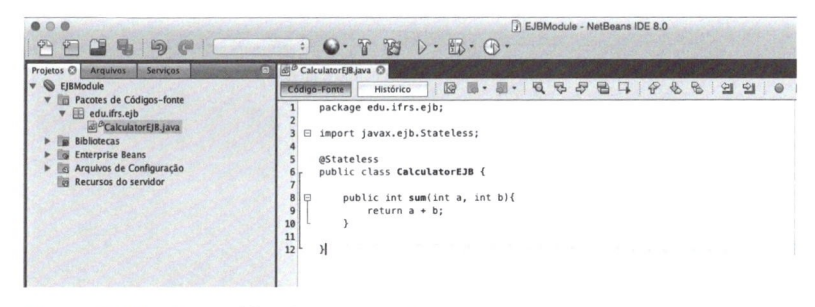

Figura 5.14 EJB codificado em um JAR.
Fonte: Autores.

Assim, no momento da execução, o projeto do NetBeans será empacotado como um arquivo JAR e instalado diretamente no servidor de aplicação Java EE. Para utilizar esse tipo de projeto no NetBeans, procure por "Módulo EJB" entre as opções de projeto "Java EE".

Codificar um EJB dentro de um JAR que está encapsulado dentro de um arquivo EAR caracteriza outra forma comum de realizar o *deploy* de um EJB. A seguir, a Figura 5.15 apresenta essa opção.

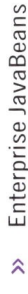

Figura 5.15 EJB escrito em um JAR e empacotado com um EAR.
Fonte: Autores.

A Figura 5.15 ilustra o EJB `CalculatorEJB` codificado dentro de um projeto de JAR chamado de `EnterpriseApplication-ejb`. Já o JAR faz parte de um projeto denominado `EnterpriseApplication`, ou seja, um projeto capaz de gerar um arquivo EAR contendo módulos Java EE.

Para utilizar esse tipo de projeto no NetBeans, procure por "Aplicação Enterprise" nas opções de projeto "Java EE". Por padrão, o *wizard* do NetBeans para esse tipo de projeto irá sugerir a criação de um Módulo EJB. Entretanto, sempre que for necessário, poderão ser adicionados novos módulos ao projeto, como mostra a Figura 5.16.

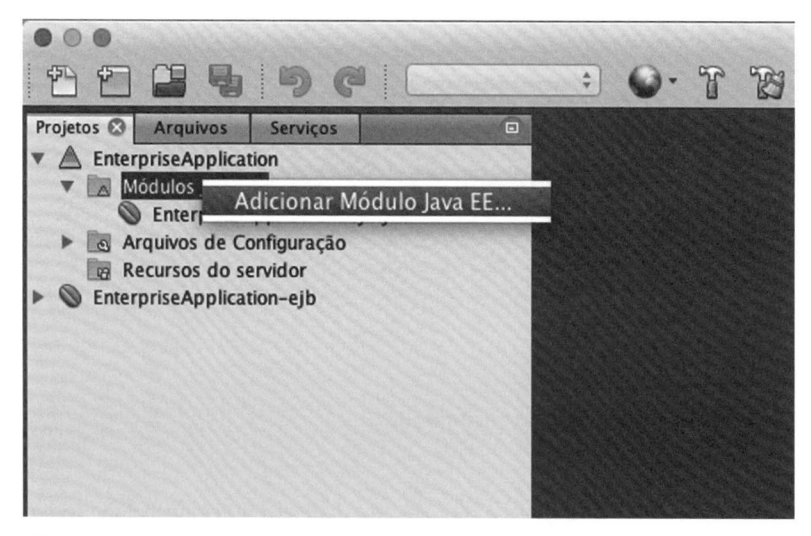

Figura 5.16 Ferramenta para adicionar módulos em um projeto de Aplicação Enterprise no NetBeans.
Fonte: Autores.

Dessa maneira, no momento da execução, todos os módulos Java EE do projeto, incluindo os JARs contendo os EJBs, serão empacotados em um único arquivo EAR e instalados no servidor de aplicação.

Porém, como foi mostrado nas seções anteriores, a forma mais simples de instalar um EJB é codificá-lo diretamente dentro de um WAR. Assim, no momento do *deploy*, os Servlets, JSPs e os EJBs serão instalados em conjunto. Para que isso aconteça, deve-se colocar a classe que implementa o EJB no diretório WEB-INF/classes. As ferramentas de desenvolvimento atuais, como o NetBeans e o Eclipse, são capazes de empacotar um WAR de forma correta, de modo a colocar os EJBs automaticamente no diretório WEB-INF/classes. A Figura 5.17 ilustra o EJB chamado de CalculatorEJB, empacotado em uma aplicação Web, portanto, como um WAR. Note que a classe do EJB CalculatorEJB foi apenas construída no pacote edu.ifrs.ejb. Assim, as questões referentes ao empacotamento do componente dentro do arquivo WAR foram delegadas para o NetBeans.

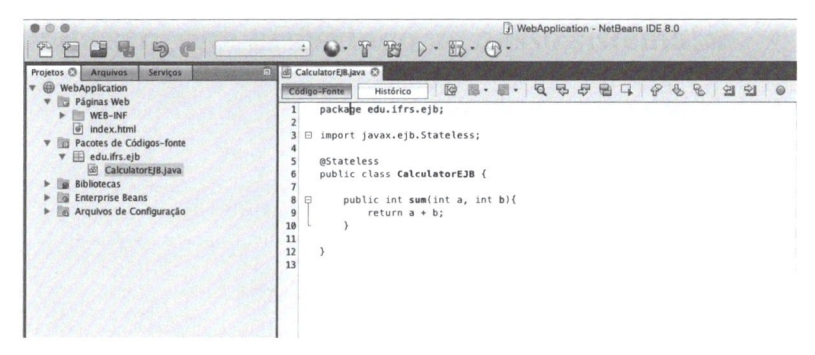

Figura 5.17 EJB escrito em uma aplicação Web.
Fonte: Autores.

Depois de empacotados e instalados, os EJBs são usados por clientes que executam as operações disponíveis por meio dos métodos de negócio. Existem vários tipos de clientes dos EJBs, como aplicações Web ou *desktop*. Porém, independentemente do tipo, todos os clientes devem, de início, solicitar uma instância de um EJB para o contêiner e, em seguida, utilizar os métodos dos Beans. Dessa forma, o objetivo da próxima seção é discutir as formas de recuperar uma instância de um EJB do contêiner, pois se trata de um processo fundamental para a construção de clientes dos EJBs.

≫ Recuperando uma instância de um EJB

Para construir um cliente de um EJB, inicialmente se deve solicitar uma instância de um EJB para o contêiner. Assim, existem duas formas de adquirir um Enterprise Bean, são elas: a) utilizar injeção de dependência (*dependency injection*) codificada com anotações Java; e b) procurar por Beans (*lookup*) no contêiner por meio de consultas *Java Naming and Directory Interface* (JNDI). A injeção de dependência facilita o trabalho de obter uma referência para um EJB. Porém, esse recurso está limitado para clientes que estão dentro do contexto do servidor de aplicação Java EE, como um Servlet, um *Web Service*, outro EJB, entre outros. Por exemplo, para utilizar um EJB dentro de um Servlet, podemos usar a anotação `@EJB`, como mostra o código da Figura 5.18.

```java
package ecu.ifrs.servlets;

import ...9 linhas

@WebServlet(name = "DIClient", urlPatterns = {"/DIClient"})
public class DIClient extends HttpServlet {

    @EJB
    private CalculatorEJB bean;

    protected void processRequest(HttpServletRequest request, HttpServletResponse response)
            throws ServletException, IOException {
        response.setContentType("text/html;charset=UTF-8");
        try (PrintWriter out = response.getWriter()) {
            out.println(bean.sum(2, 2));
        }
    }

    HttpServlet methods. Click on the + sign on the left to edit the code.
}
```

Figura 5.18 Exemplo de injeção de dependência em um Servlet.
Fonte: Autores.

A linha 16 do código apresentado na figura mostra a anotação `@EJB` agindo sobre o atributo `CalculatorEJB`. Essa anotação permite, no momento da execução do Servlet, injetar uma instância de um EJB no atributo `bean`. Assim, depois de injetar as dependências, a linha 23 do código apresenta a invocação do método de negócio `sum`.

≫ NO SITE

A injeção de dependência permite que o contêiner resolva as dependências declaradas entre os códigos escritos na tecnologia Java EE. Para saber mais sobre injeção de dependência, acesse o site do Grupo A.

Os sistemas que rodam fora do contexto de um servidor Java EE, como aplicações Java SE, precisam obrigatoriamente procurar objetos por meio de JNDI. Existem três tipos de diretivas que são usadas para procurar Beans em um contêiner EJB, são elas: `java:global`, `java:module` e `java:app`.

A diretiva `java:global` permite que EJBs com acesso remoto sejam encontrados por meio de JNDI. Os endereços formados por essa instrução seguem o seguinte formato:

```
java:global[/nome da aplicação]/nome do módulo/nome
do Enterprise Bean[/nome da interface]
```

O nome da aplicação está relacionado ao nome do projeto EAR. Já o nome do módulo faz referência ao módulo Java EE onde o Bean foi colocado. Assim, o nome da aplicação é mandatório somente se o EJB for empacotado em um EAR. Da mesma forma, o nome da interface é requerido sempre que o EJB implementar mais de uma interface de negócio.

Já a diretiva `java:module` possui a finalidade de recuperar um EJB com acesso local e apresenta o seguinte formato:

```
java:module/nome do Enterprise Bean[/nome da interface]
```

Nesse caso, se os Beans realizarem mais de uma interface de negócio, então, o uso do nome da interface passa a ser requerido.

Finalmente, a diretiva `java:app` é utilizada para recuperar EJBs empacotados dentro de uma mesma aplicação, por exemplo, quando um Bean for colocado dentro de um arquivo EAR contendo múltiplos módulos Java EE. A instrução `java:app` possui este formato:

```
java:app[/nome do médulo]/nome do Enterprise Bean[/nome da interface]
```

Nesse formato, o nome do módulo é opcional. Porém, o nome da interface será requerido sempre que um Bean implementar mais de uma interface de negócio. A Figura 5.19 apresenta um exemplo de Servlet que utiliza uma instância de um EJB recuperada por meio de uma procura JNDI.

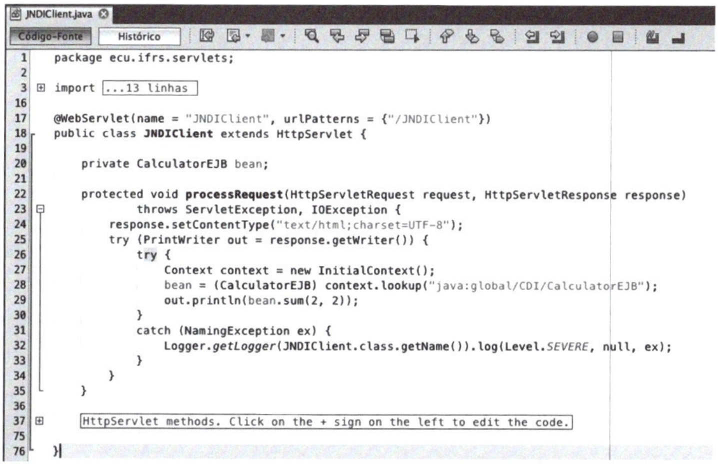

Figura 5.19 Exemplo de procura (*lookup*) em um Servlet.
Fonte: Autores.

A linha 27 da figura ilustra o momento da instanciação do objeto `context` da classe `InitialContext`. Essa classe, que faz parte da API da JNDI, realiza a interface `Context` e provê métodos capazes de procurar os objetos dentro do diretório disponível pelo servidor de aplicação. Dessa forma, na linha 28, o método `lookup()` do objeto contexto é invocado com o parâmetro `java:global/CDI/CalculatorEJB`, sendo `CDI` o nome do módulo e `CalculatorEJB` o nome do Bean. O resultado da execução da linha 28 é uma instância do EJB `CalculatorEJB`. Finalmente, a linha 29 apresenta a invocação do método `sum`.

Até então foram discutidos diversos aspectos da implementação dos Session Beans. Entretanto, a tecnologia Java EE também disponibiliza um tipo de Enterprise Bean que trabalha por meio de troca de mensagens. Dessa forma, a próxima seção apresenta os Message-Driven Beans, que são componentes interessantes quando o requisito do sistema envolve troca de mensagens entre as partes de uma aplicação.

Agora é a sua vez!

Crie um Servlet que atue como cliente de um Stateless Session Bean capaz de realizar operações matemáticas. Experimente recuperar o EJB por injeção de dependência e por pesquisa JNDI. Caso encontre dificuldades na implementação, acesse o site do Grupo A e baixe os exemplos de código disponíveis.

Message-Driven Beans

As empresas constantemente necessitam integrar sistemas legados ou sistemas desenvolvidos em diferentes plataformas. Atualmente, você pode encontrar várias soluções para resolver esse tipo de situação, como a troca de mensagens, a qual pode ser desde um texto até objetos complexos.

Os Message-Driven Beans (MDBs) foram introduzidos na especificação EJB 2.0 com o objetivo de operacionalizar a troca de mensagens de forma assíncrona. Com a versão 3.0 e o uso das anotações, esses objetos começaram a ser mais utilizados, pois ficou muito mais fácil criar e configurar os MDBs. Os MDBs são gerenciados pelo contêiner EJB, logo eles não são responsáveis por aspectos como infraestrutura, segurança, concorrência e transações, visto que isso é responsabilidade do contêiner.

Um MDB pode implementar vários tipos de mensagens, mas o mais comum é o processamento de mensagens do tipo *Java Message Service* (JMS). O JMS é instalado automaticamente quando instalamos um servidor J2EE que segue a especificação da plataforma. Portanto, para utilizá-lo, basta criar o MDB para executá-lo no contêiner. Porém, ao criar o MDB, devemos determinar o destino das mensagens: filas ou tópicos, como exige a arquitetura JMS. Considerando a especificação JMS, as filas e os tópicos são comumente chamados de destinos.

Uma mensagem enviada para uma **fila** é recebida por um único destino, pois esse é um tipo de conexão ponto a ponto. Esse tipo de conexão possibilita que vários componentes enviem mensagens para a fila, mas elas serão retiradas e processadas por um único componente. Já as mensagens enviadas para **tópicos** podem ser envidas e recebidas por diversos componentes, seguindo o tipo de conexão multiponto. Assim, fica claro perceber que, quando usamos fila, somente um componente irá receber a mensagem e, quando usamos tópico, vários componentes podem receber a mensagem simultaneamente.

Agora que entendemos o modelo de conexão do JMS vamos abordar as principais características dos MDBs que os diferenciam dos demais Beans estudados:

- Não necessitam da definição de interfaces locais ou remotas, pois não há comunicação direta com o MDB.
- Possuem um único método (`onMessage()`) que recebe qualquer tipo de mensagem.
- Não possuem retorno ou exceções que são propagadas para o cliente, pois, como a comunicação é assíncrona, o cliente não espera o retorno ou aguarda o envio de exceções.
- Não possuem estado, logo podem ser definidos como *stateless*.
- Seguem o modelo *single-threaded*, o que indica que cada MDB recebe uma mensagem a cada instante. Cabe ao contêiner criar um *pool* de *threads* para atender de forma concorrente múltiplas mensagens.
- Podem manipular mensagens enviadas a filas ou tópicos.

O ciclo de vida de um MDB é esquematizado na Figura 5.20. Basicamente ele é composto por dois estados. No primeiro, o Bean ainda não foi criado e, no segundo, ele está pronto para ser usado, o que geralmente ocorre quando o contêiner recebe a primeira mensagem para a fila do MDB, por meio da injeção de dependências ou pela chamada ao pela anotação `@PostConstruct`. Lembre-se que a injeção de dependências e o `@PostConstruct`, quando existirem, são executados somente uma vez. A partir desse momento, o MDB está pronto para responder às mensagens que são enviadas. A remoção do MDB do contêiner ocorre pela chamada ao *método* sinalizado pela anotação `@PreDestroy` ou quando o contêiner verifica que o MDB está sem uso. Toda a lógica do processamento ocorre no método `onMessage()`.

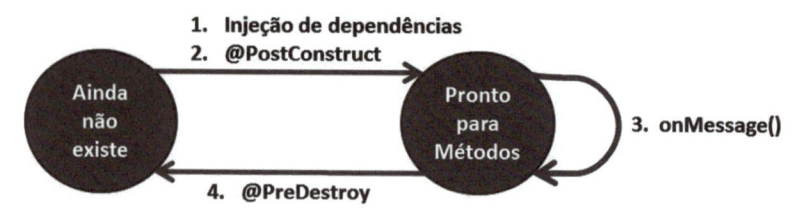

Figura 5.20 Ciclo de vida de um MDB.
Fonte: Autores.

Vamos criar um MDB que irá escutar mensagens do tipo texto. No caso do exemplo, o MDB vai esperar que as mensagens sejam enviadas para uma fila. Isso pode ser percebido pela configuração `javax.jms.Queue`. Lembre-se que você pode enviar mensagens para tópico. Basta realizar a configuração correta. O primeiro passo consiste em criar um MDB, que, no caso do código ilustrado pela Figura 5.21, vamos chamar de Consumidor. Note que a definição do Bean inicia com a anotação `@MessageDriven`, a qual define que o Bean é do tipo MDB. O atributo `mappedName` especifica o destino JMS de onde o Bean irá ler ("consumir") a mensagem. O Bean implementa a interface `MessageListener`, pois é ela que define o método `onMessage()`, o qual é chamado automaticamente pelo contêiner sempre que a mensagem é direcionada para esse MDB. Lembre-se que esse método deve conter a lógica de negócio. No caso do nosso exemplo, ele apenas exibe a mensagem, no formato texto, recebida pelo MDB na saída padrão, conforme mostra a Figura 5.21.

```java
package br.com.grupoa.ejb.mdb;
import java.util.logging.*;
import javax.ejb.*;
import javax.jms.*;

@MessageDriven(mappedName = "jms/dest", activationConfig = {
    @ActivationConfigProperty(propertyName = "destinationType", propertyValue = "javax.jms.Queue")
})
public class Consumidor implements MessageListener {

    public Consumidor() {}

    @Override
    public void onMessage(Message message) {
        try {
            TextMessage mensagem = (TextMessage) message;
            System.out.println(mensagem.getText());
        } catch (JMSException e) {
            System.out.println("Exceção ao processar mensagem!");
            Logger.getLogger(Consumidor.class.getName()).log(Level.SEVERE, null, e);
        }
    }
}
```

Figura 5.21 Exemplo de MDB.
Fonte: Autores.

A anotação @MessageDriven pode ser complementada por atributos adicionais, como no exemplo. Um deles é o ActivationConfig, que possibilita indicar propriedades sobre as configurações do MDB. No caso do exemplo, o atributo define que o MDB será usado como uma fila.

Para que um MDB possa ler mensagens, elas devem ser enviadas, e para isso você deve realizar algumas configurações:

1. **Definição do destino:** O primeiro passo consiste em definir o destino da fila e a fábrica de conexões com o MDB. Isso é realizado por meio das anotações a seguir, as quais executam a injeção dos objetos Queue e ConnectionFactory (Fig. 5.22).

```
19      @Resource (mappedName="jms/dest")
20      private static Queue dest;
21
22      @Resource (mappedName="jms/queue")
23      private static ConnectionFactory queue;
```

Figura 5.22 Definição do destino da fila e da fábrica de conexões.
Fonte: Autores.

2. **Estabelecendo conexão**: Para que objetos/classes possam enviar mensagens ao MDB, é necessário estabelecer uma conexão, que corresponde a um canal por onde a mensagem será enviada. Ao chamar o método queue.createConnection(), o contêiner sabe que as mensagens serão enviadas para uma fila.

3. **Estabelecendo uma sessão**: A sessão consiste no contexto em que as mensagens serão produzidas e consumidas. Uma sessão só pode ser criada após estabelecer a conexão com o destino. Note que toda mensagem é entregue ao MDB usando um contexto transacional em que todas as operações constantes no método onMessage() são parte de uma única transação. O método createSession() recebe dois argumentos que definem respectivamente a semântica de transação da sessão e se há ou não confirmação automática de recebimento de mensagens pela sessão.

4. **Produzindo mensagens:** O produtor de mensagens é um objeto criado em uma sessão com o objetivo de enviar mensagens para um destino.

5. **Encapsulando a mensagem:** Toda mensagem JMS é encapsulada em um objeto, mas, independentemente do tipo, ela encontra-se organizada em partes que armazenam informações sobre o cabeçalho, o tipo, a prioridade, o corpo (este item é opcional), entre outras informações pertinentes.

6. **Liberando os recursos:** Tanto a conexão quanto a sessão devem ser fechadas, liberando assim os recursos.

>> PARA SABER MAIS

A tecnologia JMS permite a manipulação de vários tipos de mensagens:

- a classe `TextMessage` permite a leitura de mensagens do tipo String.
- a classe `BytesMessage` possibilita a leitura de mensagens como uma sequência de *bytes*.
- a classe `StreamMessage` envia um *stream* de tipos primitivos Java (`int`, `long`, `float`, `double`, `char`, `byte[]`, etc.).
- a classe `ObjectMessage` possibilita a leitura de um objeto Java serializado.
- a classe `Message` viabiliza o envio de uma mensagem sem corpo.

A seguir, na Figura 5.23, observamos um exemplo de criação de um produtor de mensagens para o MDB Consumidor.

```
27    Connection connection = null;
28    Session session = null;
29    try {
30        connection = queue.createConnection();
31        session = connection.createSession(false, Session.AUTO_ACKNOWLEDGE);
32        MessageProducer producer = session.createProducer(dest);
33        TextMessage txtMessage = session.createTextMessage("mensagem enviada ao consumidor");
34        producer.send(txtMessage);
35    } catch (JMSException e) {
36        Logger.getLogger(Produtor.class.getName()).log(Level.SEVERE, null, e);
37    }finally{
38        if(session!=null)
39            try {
40                session.close();
41            } catch (JMSException e) {
42                Logger.getLogger(Produtor.class.getName()).log(Level.SEVERE, null, e);
43            }
44        if(connection != null)
45            try{
46                connection.close();
47            } catch (JMSException e) {
48                Logger.getLogger(Produtor.class.getName()).log(Level.SEVERE, null, e);
49            }
```

Figura 5.23 Criando um produtor de mensagens para o MDB Consumidor.
Fonte: Autores.

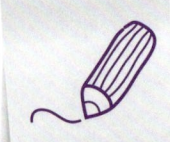

>> Agora é a sua vez!

1. Crie um MDB denominado `Consumidor` que receba objetos do tipo `Usuario`, criados nos capítulos anteriores.
2. Crie uma classe denominada `Produtora` que envie objetos do tipo `Usuario` para o MDB Consumidor.

REFERÊNCIAS

GEARY, D.; HORSTMANN, C. *Core JavaServer Faces*. 3rd ed. Upper Saddle River: Prentice Hall, 2010.

GONÇALVES, A. *Beginning Java EE 6 platform with GlassFish*: from novice to professional. 2nd ed. New York: Apress, 2010.

HEFFELFINGER, D. R. *Java EE 5*: development with NetBeans 6. Birmingham: Packt, 2008.

JAVA. *Introduction to the Java Persistence API*. [S. l.: s.n., 200?]. Disponível em: <https://docs.oracle.com/javaee/6/tutorial/doc/bnbpz.html>. Acesso em: 29 mar. 2015.

JAVA COMMUNITY PROCESS. *Especificação JPA 2.1*. [S. l.: s.n., 200?]. Disponível em: <http://download.oracle.com/otndocs/jcp/persistence-2_1-fr-eval-spec/index.html>. Acesso em: 29 mar. 2015.

JENDROCK, E. et al. Enterprise Beans. In: JENDROCK, E. et al. *The Java EE 7 tutorial*. 5th ed. Upper Saddle River: Addison-Wesley Professional, 2014. v. 2, p. 49-66.

JENDROCK, E. et al. Getting started with Enterprise Beans. In: JENDROCK, E. et al. *The Java EE 7 tutorial*. 5th ed. Upper Saddle River: Addison-Wesley Professional, 2014. v. 2, p. 67-72.

KEITH, M.; SCHINCARIOL, M. *Pro JPA 2*: mastering the Java persistence API. New York: Apress, 2009.

RUBINGER, A. L.; BURKE, B. *Enterprise JavaBeans 3.1*. 6th ed. Sebastopol: O'Reilly Media, 2010

SAMPAIO, C. *Java Enterprise*: desenvolvendo aplicações corporativas. 6. ed. Rio de Janeiro: Brasport, 2011.

Silvia de Castro Bertagnolli
Rodrigo Perozzo Noll

capítulo 6

Servlets e JSP

O desenvolvimento de um sistema Web pode envolver diferentes tecnologias. Neste capítulo, vamos conhecer as tecnologias Servlets e Java Server Pages (JSP), que podem ser utilizadas no desenvolvimento de um sistema Web dinâmico. No caso dos Servlets, exploramos seu ciclo de vida, como eles podem atender a requisições HTTP e quais são os seus principais elementos. Quanto à tecnologia JSP, abordamos a criação de páginas JSP, os seus recursos essenciais, como elas podem se comunicar entre si e manipular dados provenientes de bancos de dados.

Objetivos de aprendizagem

» Verificar como os Servlets funcionam.

» Elaborar páginas JSP.

» Reconhecer os recursos usados na criação de páginas JSP.

» Interligar páginas JSP.

» Utilizar Taglibs.

» Servlets

A Web se tornou realmente útil quando permitiu que cada usuário pudesse interagir com um servidor conforme seu interesse, buscando informações, comprando produtos, relacionando-se com amigos, etc. Cada vez que você informa algo em uma página Web e manda para um servidor, empacota um conjunto de dados para uma aplicação processá-la. Em uma solução Java, os Servlets cumprem esse papel. Para entender melhor essa tecnologia, nesta seção são apresentados os principais aspectos relacionados a Servlets Java, como seu propósito e sua relevância, seu ciclo de vida, bem como exemplos práticos de sua aplicação.

» Introdução

A plataforma Web geralmente utiliza a arquitetura cliente-servidor, em que um servidor Web recebe uma solicitação de um cliente, realiza o seu processamento encontrando o recurso solicitado (página HTML – HyperText Markup Language, arquivo, etc.) e o retorna para o cliente. Para que um cliente e um servidor consigam se comunicar, é utilizado o HyperText Transfer Protocol (HTTP). Para desenvolver uma aplicação com esse modelo de geração dinâmica de conteúdo, é necessário utilizar tecnologias bem específicas, como as tecnologias PHP (Hypertext Preprocessor), ASP (Active Server Page), JSP (Java Server Pages) e Servlets.

O Servlet Java é um componente Web executado no servidor, processando as requisições provenientes de um cliente, para posteriormente enviar a resposta da solicitação a ele ou ainda direcioná-la para outro Servlet ou página JSP. O conteúdo da resposta enviada pelo Servlet é, na maioria das vezes, texto HTML, gerado dinamicamente, ou conteúdo binário.

» PARA SABER MAIS

Para que um Servlet possa ser ativado a partir de um navegador, ele deve ser distribuído em um servidor Web que ofereça suporte a essa tecnologia. Você poderá utilizar um Servlet contêiner, que oferece apenas algumas partes da especificação J2EE, ou os servidores Web que atendem completamente a especificação J2EE. Alguns dos contêineres e dos servidores que você poderá utilizar são:

Tomcat: Servlet contêiner utilizado para o desenvolvimento de aplicações mais simples.
Glassfish: servidor oficial da Oracle, facilmente instalado no ambiente NetBeans.
WebLogic: servidor desenvolvido pela Oracle antes da compra da tecnologia Java.
JBoss: servidor desenvolvido pela RedHat.
WebSphere: servidor proprietário desenvolvido pela IBM.

Para conhecer os sites oficiais dos contêineres e servidores Web, visite o site do Grupo A: **www.grupoa.com.br**.

Usando Servlets, os usuários podem realizar a entrada de dados em formulários Web, recuperar registros armazenados em bancos de dados ou outros recursos e ainda criar páginas Web de forma dinâmica, ou seja, exibindo dados de acordo com as entradas do usuário.

A estrutura predefinida das classes dos Servlets permite que eles possam processar as requisições provenientes de um navegador ou de outro cliente HTTP e enviar as respostas de acordo com as requisições recebidas. A Figura 6.1 ilustra esse processo em que o usuário, por meio de um navegador, realiza uma requisição para o servidor Web. O servidor ativa o Servlet contêiner, que irá analisar a requisição e verificar qual Servlet deve respondê-la. O Servlet é então executado no servidor, e a resposta é enviada ao navegador, que exibe a solicitação ao usuário.

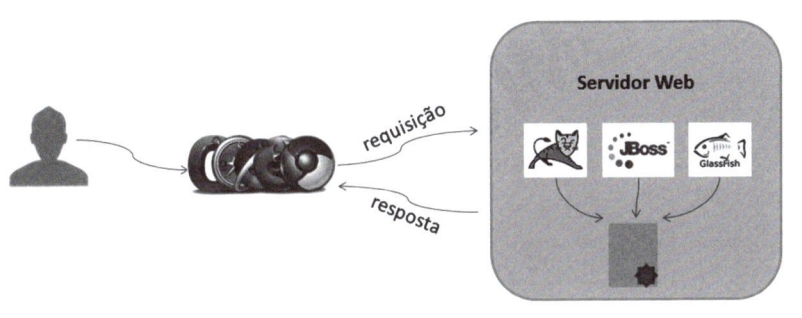

Figura 6.1 Modelo requisição/resposta utilizando Servlets.
Fonte: Autores.

>> Entendendo a API Servlet

Como os Servlets são classes, é necessário que o servidor disponibilize uma Application Programming Interface (API) para que eles realizem os processamentos solicitados. A primeira versão da API para a criação de Servlets surgiu em 1997, e atualmente é usada a versão 3.1, lançada em maio de 2013.

A base da hierarquia de classes e interfaces que compõe a API de Servlets são as interfaces `Servlet`, `ServletConfig`, `Serializable` e as classes `GenericServlet` e `HttpServlet`, como é esquematizado na Figura 6.2.

A interface `Servlet` define os métodos que determinam o ciclo de vida de um Servlet e também os métodos `getServletConfig()` e `getServletInfo()`, que retornam respectivamente os parâmetros de configuração e inicialização do Servlet e as informações (p. ex., autor e versão) sobre o Servlet.

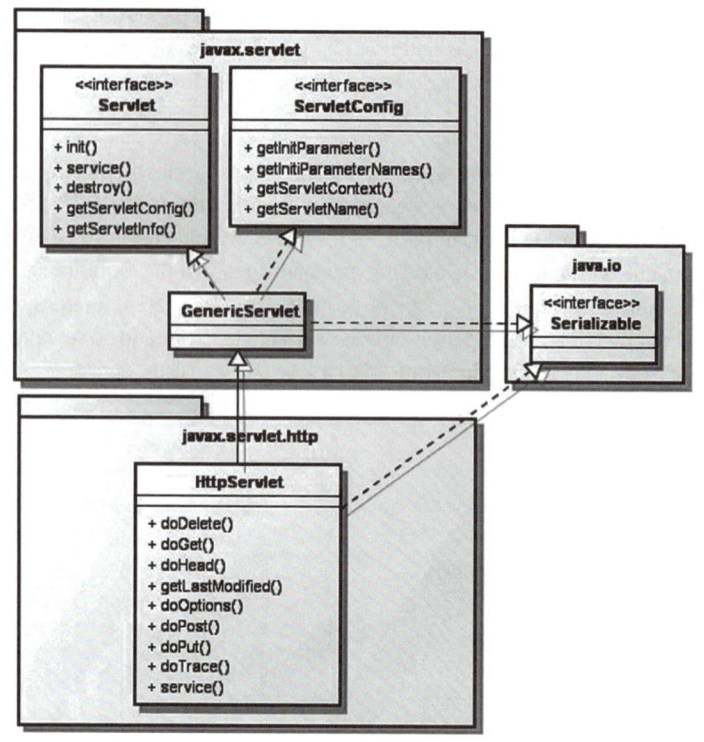

Figura 6.2 Hierarquia de classes para Servlets.
Fonte: Autores.

A interface `ServletConfig` é usada para obter informações de configuração e inicialização do Servlet, as quais encontram-se descritas em anotações dentro do próprio Servlet. Observe que, em versões mais antigas dessa API, essas informações eram obtidas de arquivos de configuração, como o arquivo "web.xml". Atualmente, utilizamos o recurso de anotações para definir vários aspectos de configuração de um Servlet. Os principais métodos dessa interface são descritos no Quadro 6.1.

>> PARA SABER MAIS

Anotações são usadas para incluir marcações (em classes, atributos e métodos) que podem ser tratadas pelo compilador e/ou pelas bibliotecas. O exemplo mais comum de uma anotação é a `@override`, que faz parte do pacote `java.lang` e que sinaliza ao compilador que um determinado método está sobrescrevendo um método declarado na superclasse.

Esse recurso pode ser visto como uma forma de documentar classes, mas as marcações que elas estabelecem são verificadas em tempo de compilação. As anotações podem ser usadas por ferramentas, APIs, testes, etc. Elas possuem inúmeras aplicabilidades.

Você pode acessar a lista de anotações mais usadas para Servlets no site do Grupo A.

Quadro 6.1 » Principais métodos da interface `ServletConfig`

Método	Descrição
`getInitParameter(String nome)`	Retorna o valor do parâmetro de inicialização do Servlet que contém o nome informado pelo parâmetro do método.
`getServletName()`	Retorna o nome do Servlet atual.
`getServletContext()`	Retorna um objeto contendo o contexto do Servlet, isto é, como ele se comunica com o seu contêiner.

O contexto de um Servlet é composto por várias informações: atributos de um Servlet e o seu nome, parâmetros de inicialização, caminho do Servlet, dados do servidor, entre várias outras informações que podem ser acessadas por meio de métodos da interface `ServletContext`.

Ainda considerando a hierarquia da Figura 6.2, temos a classe `GenericServlet`, que implementa os métodos definidos pelas interfaces e é definida como classe abstrata, usada para criar um Servlet genérico. Além disso, essa classe independe de protocolo específico. O método mais importante dessa classe é o `service()`, que funciona como o ponto principal para a entrada e a saída de dados do Servlet. Ele recebe como parâmetros um objeto do tipo requisição e outro do tipo resposta, que possibilitam respectivamente receber e devolver dados para o navegador.

Outra classe fundamental para o desenvolvimento de Servlets é a `HttpServlet`, que é apresentada com mais detalhes nas próximas seções.

» Ciclo de vida de um Servlet

O ciclo de vida de um Servlet é gerenciado pelo **servidor** ou pelo **contêiner** utilizando três métodos da interface Servlet: `init()`, `destroy()` e `service()`.

O processo inicia pelo recebimento de uma requisição por parte do servidor. Então ela é repassada para o Servlet contêiner, que verifica se o Servlet solicitado já existe e, caso exista, se ele já está na memória. Caso o Servlet não exista, um erro é gerado. Se ele não estiver na memória, o contêiner irá carregá-lo para a memória criando uma instância da classe de Servlet.

O contêiner inicializa a instância chamando o método `init()`, o qual é chamado uma única vez em todo o ciclo de vida do Servlet. A partir do momento em que ele é criado, esse objeto passa a ser usado para atender a todas as requisições de todos os clientes. Observe que uma instância do Servlet atende a várias requisições diferentes, mas que usam o mesmo contexto.

Após a criação da instância do Servlet, são criados os objetos `request` (classe `ServletRequest`) e `response` (classe `ServletResponse`), os quais são considerados objetos de escopo rápido, porque só existem enquanto a requisição estiver ativa. Assim, cada nova requisição enviada pelo cliente ao servidor faz com que esses objetos sejam criados novamente.

Ao concluir a criação desses objetos, eles são passados para o método `service()`, que é o ponto de partida para desenvolver o código do Servlet. Esse método pode tratar uma solicitação genérica da classe Servlet ou desviá-la para que outros métodos realizem seu tratamento. Isso vai depender de como você vai organizar o seu código. O método `service()` recebe como parâmetro os objetos `request` e `response` (passados por referência), e, a partir desses objetos, o Servlet identifica qual a origem da requisição e sabe para onde enviar as respostas da solicitação. No momento em que a resposta é enviada ao cliente que fez a solicitação, os objetos `request` e `response` são destruídos.

O método `destroy()` é chamado quando o Servlet não está mais sendo usado ou quando o servidor retira o Servlet da memória. Esse método é similar ao `init()`, pois é chamado uma única vez pelo contêiner.

A Figura 6.3 apresenta o processo de criação e destruição de um Servlet durante o seu ciclo de vida, usando o diagrama de estados da UML.

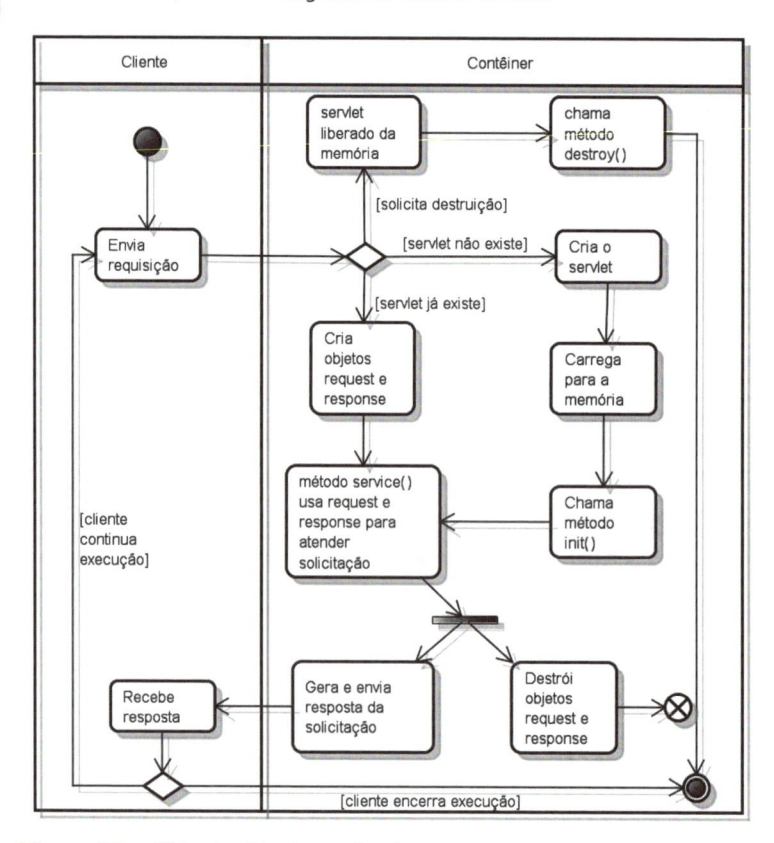

Figura 6.3 Ciclo de vida de um Servlet.
Fonte: Autores.

» Primeiro Servlet

O primeiro exemplo de Servlet que desenvolvemos é usado apenas para mostrar uma mensagem no navegador do cliente. O objetivo desse exemplo é evidenciar alguns dos principais elementos que são usados na construção de Servlets.

Na Figura 6.4, há várias instruções de importação indicando a localização das classes da API de Servlets. Nela, observamos ainda o uso da anotação `@WebServlet`, que foi incluída para indicar, dentro do corpo do próprio Servlet, qual é o tipo de padrão de URL que será atendido por esse Servlet. No caso do exemplo, URLs que contiverem em seu nome o padrão `Exemplo1` serão atendidas pelo Servlet implementado por esse código.

```java
import java.io.*;
import javax.servlet.*;
import javax.servlet.annotation.WebServlet;
import javax.servlet.http.*;

@WebServlet(urlPatterns = {"/Exemplo1"})
public class Exemplo1 extends HttpServlet {
    @Override
    protected void service(HttpServletRequest request, HttpServletResponse response)
            throws ServletException, IOException {
        response.setContentType("text/html;charset=UTF-8");
        try (PrintWriter out = response.getWriter()) {
            out.println("Imprimindo uma mensagem!");
        }
    }
}
```

Figura 6.4 Primeiro Servlet.
Fonte: Autores.

Como esse Servlet irá atender a requisições HTTP, é necessário que a classe que está sendo definida seja subclasse de HTTPServlet e que ainda sobrescreva o método `service()` da superclasse, de modo que seja possível receber requisições e enviar as respostas ao cliente. O método `service()` recebe os objetos `request` e `response`. Após o recebimento desses objetos, o Servlet sabe qual foi a requisição realizada e para onde deve enviar a resposta.

Como esse Servlet irá gerar o conteúdo dinamicamente, é necessário definir o padrão de codificação do conteúdo que será impresso usando `text/html;charset=UTF-8`. A classe `PrintWriter` é uma classe Java que permite imprimir em uma determinada saída, que pode ser a saída-padrão, um arquivo ou o navegador do cliente. No caso desse exemplo, a mensagem deve ser exibida no navegador do cliente, e o objeto `response` determina qual o dispositivo em que a saída será exibida.

> **» IMPORTANTE**
>
> Observe, na Figura 6.4, a linha que realiza o tratamento das exceções. Ela utiliza a inicialização de recursos com `try-with-resources`, em que o objeto é inicializado na cláusula `try`. Isso permite que seja omitida do código a liberação de recursos, como as chamadas aos métodos `flush()` ou `close()`. Se você não está acostumado com essa sintaxe, recomendamos que faça uma análise da versão Java 7, pois esse tipo de recurso foi introduzido nessa versão da linguagem Java.

Ao finalizar o código de um Servlet, como podemos executá-lo? A partir de um navegador, você deverá informar a localização do Servlet, o seu contexto e o seu nome para que ele seja executado corretamente. Como estamos trabalhando com um servidor local que roda na própria máquina, podemos executar o Servlet informando que será usado "localhost" como servidor e que ele responderá na porta 8080. Em seguida, informamos o contexto e o seu nome, `Exemplo1`, o qual foi configurado pela anotação `@WebServlet` (Fig.6.5). A anotação `@WebServlet` é usada para indicar que uma determinada classe é um Servlet, e, por meio do parâmetro `urlPatterns`, é possível determinar como o Servlet será identificado no navegador. Note que a mensagem escrita aparecerá no navegador. Porém essa mensagem não é uma página HTML, ela é apenas um texto. Para gerar como resposta uma página HTML, é necessário reorganizar o código, como apresenta a Figura 6.6.

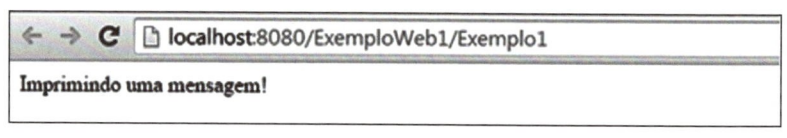

```
← → C  localhost:8080/ExemploWeb1/Exemplo1
Imprimindo uma mensagem!
```

Figura 6.5 Ativando o Servlet no navegador.
Fonte: Autores.

Na Figura 6.6, o HTML é construído dentro do Servlet e é enviado para o navegador. Embora essa seja uma possibilidade de uso, esse tipo de solução não é mais utilizado nas versões atuais da API de Servlets.

Conforme já mencionado neste capítulo, as anotações substituem algumas das definições que antes eram realizadas dentro de arquivos de configuração XML (eXtensible Markup Language). No caso da Figura 6.7, resolvemos definir que o nome do Servlet será "Exemplos" e que, para ativá-lo no navegador, podemos usar na URL tanto `Exemplo3` quanto `ex3`. Observe que há vários atributos que a anotação `WebServlet` permite usar para a configuração do servlet (p. ex., `name`, `urPatterns`, `description`, `initParams`, `value`).

```
1   import java.io.*;
2   import javax.servlet.*;
3   import javax.servlet.annotation.WebServlet;
4   import javax.servlet.http.*;
5
6   @WebServlet(urlPatterns = {"/Exemplo2"})
7   public class Exemplo2 extends HttpServlet {
8       @Override
9       protected void service(HttpServletRequest request, HttpServletResponse response)
10              throws ServletException, IOException {
11          response.setContentType("text/html;charset=UTF-8");
12          try (PrintWriter out = response.getWriter()) {
13              out.println("<hmtl>");
14              out.println("<head><title>Exemplo 2</title></head>");
15              out.println("<body>");
16              out.println("<h1>Imprimindo uma mensagem!</h1>");
17              out.println("<body>");
18              out.println("</hmtl>");
19          }
20      }
21  }
```

Figura 6.6 Exibindo uma mensagem a partir de um HTML gerado pelo Servlet.
Fonte: Autores.

```
1   import java.io.*;
2   import javax.servlet.*;
3   import javax.servlet.annotation.WebServlet;
4   import javax.servlet.http.*;
5
6   @WebServlet(name = "Exemplos", urlPatterns={"/Exemplo3", "/ex3"})
7   public class Exemplo3 extends HttpServlet {
8       @Override
9       protected void service(HttpServletRequest request, HttpServletResponse response)
10              throws ServletException, IOException {
11          response.setContentType("text/html;charset=UTF-8");
12          ServletConfig conf = this.getServletConfig();
13          try (PrintWriter out = response.getWriter()) {
14              out.println("Olá, Mundo!");
15              out.println(conf.getServletContext().getServletContextName());
16              out.println(conf.getServletName());
17          }
18      }
19  }
```

Figura 6.7 Utilizando anotações para configurar o Servlet.
Fonte: Autores.

Em vez de utilizar os Servlets para escrever páginas HTML, podemos usá-los para manipular bancos de dados e processar as informações neles contidas, de modo a exibir o conteúdo em páginas dinâmicas ou ainda processar informações recebidas como parâmetros em requisições, passando o resultado do processamento para páginas JSP.

» Processando os parâmetros das requisições

A classe `HttpServlet` (classe abstrata) permite criar Servlets que atenderão a requisições HTTP. Os métodos mais importantes dessa classe são `doGet()` e `doPost()`, que tratam respectivamente os métodos GET e POST das requisições HTTP.

O **método GET** é usado para recuperar informações a partir de um servidor. Também é utilizado para leitura e para incluir alguns dados curtos junto à solicitação (URL), por exemplo:

```
http://localhost:8080/ExemploServlets/
    Exemplo4?id=teste&senha=12345
```

No caso da URL anterior, `Exemplo4` corresponde ao nome do Servlet, enquanto `id` é o parâmetro e `teste` é o valor desse parâmetro, que está sendo passado ao Servlet. O Servlet receberá dois parâmetros `id` e `senha` e poderá processar essas informações. A Figura 6.8 mostra como capturar os parâmetros que são enviados junto à requisição por meio do método GET. Note que, para manipular os valores como números, é necessário convertê-los para o tipo apropriado, pois todos os parâmetros passados são sempre tratados como `Strings`. Nesse exemplo, você ainda deve observar que os métodos `doGet()` e `doPost()` desviam o processamento para o método `processRequest()`, que irá implementar as funcionalidades do Servlet.

```java
import java.io.*;
import javax.servlet.*;
import javax.servlet.annotation.WebServlet;
import javax.servlet.http.*;

@WebServlet(urlPatterns = {"/Exemplo4"})
public class Exemplo4 extends HttpServlet {
    protected void processRequest(HttpServletRequest request, HttpServletResponse response)
            throws ServletException, IOException {
        String user = request.getParameter("id");
        Integer senha = Integer.parseInt(request.getParameter("senha"));
        response.setContentType("text/html;charset=UTF-8");
        try (PrintWriter out = response.getWriter()) {
            out.println("<!DOCTYPE html>");
            out.println("<html><head><title>Servlet Exemplo4</title>");
            out.println("</head><body>");
            out.println("<h1>Valores lidos</h1>");
            out.println("<h2>Usuário: " + user + "</h2>");
            out.println("<h2>Senha: " + senha + "</h2>");
            out.println("</body>");
            out.println("</html>");
        }
    }

    @Override
    protected void doGet(HttpServletRequest request, HttpServletResponse response)
            throws ServletException, IOException {
        processRequest(request, response);
    }

    @Override
    protected void doPost(HttpServletRequest request, HttpServletResponse response)
            throws ServletException, IOException {
        processRequest(request, response);
    }
}
```

Figura 6.8 Obtendo valores enviados na requisição com GET.
Fonte: Autores.

O **método POST** é usado para enviar dados de formulários ao servidor e é recomendado quando o conteúdo for muito grande ou exigir sigilo. Por exemplo, no formulário HTML da Figura 6.9, ao enviá-lo, a ação vinculada irá ativar o Servlet `Exemplo4`.

```html
<!DOCTYPE html>
<html>
    <head>
        <title>Formulário acessando servlet</title>
    </head>
    <body>
        <form method="POST" action="/ExemploWeb1/Exemplo4">
            <label> Usuário:</label>
            <input type="text" name="id"/>
            <br /><br />
            <label> Senha:</label>
            <input type="text" name="senha"/>
            <br /><br />
            <input type="submit"/>
        </form>
    </body>
</html>
```

Figura 6.9 Formulário HTML enviado ao Servlet `Exemplo4`.
Fonte: Autores.

Quando o botão de "submit" do formulário for ativado, será chamado o Servlet mapeado no `action`, ou seja, o Servlet `Exemplo4`, o qual irá obter os dados que foram informados nos campos do formulário por meio do método POST e irá manipular essas informações. Para obter essas informações do formulário, podemos usar o mesmo código do Servlet apresentado na Figura 6.8, pois o método `getRequestParameter()` da classe `HttpServletRequest` é usado da mesma forma quando os dados são enviados por GET ou por POST.

» Objetos implícitos de um Servlet

Em sua execução, um Servlet tem acesso aos objetos implícitos de requisição (`request`), resposta (`response`), sessão (`session`) e aplicação (`application`). Com esses objetos, é possível obter informações a respeito da requisição que foi recebida, sobre a sessão que está sendo usada para o envio de dados, entre outras informações.

Na Figura 6.10, apresenta-se um exemplo com alguns dados da requisição e depois a verificação da validade da sessão. A partir dos objetos implícitos anteriormente mencionados, é possível ter acesso a outros objetos de um Servlet, como `ServletContext`, `ServletConfig`, `Cookies`, `HttpSession`, entre outros.

```java
@WebServlet(urlPatterns = {"/Exemplo5"})
public class Exemplo5 extends HttpServlet {
    protected void processRequest(HttpServletRequest request, HttpServletResponse response)
            throws ServletException, IOException {
        response.setContentType("text/html;charset=UTF-8");
        try (PrintWriter out = response.getWriter()) {
            /* TODO output your page here. You may use following sample code. */
            out.println("<!DOCTYPE html>");
            out.println("<html><head><title>Servlet Exemplo6</title>");
            out.println("</head><body>");
            out.println("<h1>Dados da Requisição</h1>");
            out.println("<h2>QueryString: " + request.getQueryString() +"</h2>");
            out.println("<h2>ID da Sessão: " + request.getRequestedSessionId() +"</h2>");
            out.println("<h2>Protocolo: " + request.getProtocol() +"</h2>");
            String str = request.isRequestedSessionIdValid()?
                        "<h2>Sessão ainda é válida!</h2>":
                        "<h2>Sessão inválida!</h2>";
            out.println(str);
            out.println("</body>");
            out.println("</html>");
        }
    }

    @Override
    protected void doGet(HttpServletRequest request, HttpServletResponse response)
            throws ServletException, IOException {
        processRequest(request, response);
    }

    @Override
    protected void doPost(HttpServletRequest request, HttpServletResponse response)
            throws ServletException, IOException {
        processRequest(request, response);
    }
}
```

Figura 6.10 Servlet utilizado para acessar objetos implícitos.
Fonte: Autores.

>> Agora é a sua vez!

1. Na API dos Servlets Java, acesse a interface `ServletContext`, verifique os métodos e a documentação associada a eles para ter ideia de todas as informações que você consegue obter a partir do contexto de um Servlet e elabore um resumo acerca dessas informações.

2. Crie o Servlet `ServletExercicio1`. Ele deve imprimir na tela do navegador os dados a seguir:
   a. O contexto e o nome do Servlet.
   b. O nome e a versão do contêiner.
   c. O nome da aplicação do Servlet.
   d. O endereço IP da máquina do cliente que fez a requisição.
   e. O nome do *host* que recebe a requisição.
   f. O método da requisição (POST ou GET).
   g. A Query String que está na requisição.
   h. O protocolo utilizado na requisição.

>> Agora é a sua vez!

3. Crie o Servlet `ServletExercicio2`. Ele deve usar a classe `Calendar` e mostrar na tela do navegador a data atual.

4. Crie o Servlet `ServletExercicio3`. Esse Servlet deve:
   a. Usar as classes `Usuario` e `UsuarioDAO` definidas nos capítulos anteriores.
   b. Definir o método `getTodos()`, que retorna todos os usuários cadastrados em um banco de dados em uma coleção.
   c. Exibir na tela do navegador todos os usuários cadastrados na base de dados. Você deve percorrer a coleção para mostrar os dados dos usuários na tela do navegador.

Obs.: Use pacotes para organizar as classes em suas respectivas camadas.

>> JSP

Outra forma de um usuário da Web interagir com um servidor é por meio da tecnologia JavaServer Pages (JSP), que permite a criação dinâmica de páginas pela inclusão de instruções e de estruturas de dados e de controle dentro de páginas Web, convertendo-as em módulos Java executáveis no servidor. Para entender um pouco sobre essa tecnologia, nesta seção apresentamos os principais aspectos relacionados às páginas JSP, seu contexto, sua estrutura e diversos exemplos práticos. Além disso, discutimos o uso de JavaBeans, Expression Language e JSP Standard Tag Library.

>> Introdução

JavaServer Pages (JSP) é uma tecnologia Java que permite o desenvolvimento de páginas dinâmicas. Com essa tecnologia, é possível criar páginas Web com código Java embutido, o qual viabiliza acesso a dados que estão armazenados no servidor.

Quando uma solicitação de página ".jsp" é enviada ao servidor, o conteúdo da página JSP é transformado em uma classe de Servlet. A classe é executada no contêiner de Servlets, e a resposta é enviada para o cliente da mesma maneira que um Servlet faz. A pergunta que você pode se fazer é a seguinte: se uma página JSP é convertida em um Servlet, por que não usar somente Servlets? A resposta é bem simples: caso você crie um Servlet, terá que colocar dentro do código Java instruções HTML, CSS (Cascading Style Sheets) ou outras, uma vez que a página é gerada dinamicamente. Já no caso das páginas JSP, você coloca de forma embutida o código Java dentro da página, ficando mais fácil gerenciar a aparência desta. O Quadro 6.2 apresenta uma comparação entre essas duas tecnologias.

Quadro 6.2 » Comparação entre as tecnologias Servlet e JSP

Servlet	JSP
Produz conteúdo dinâmico por meio de requisições HTTP.	Produz conteúdo dinâmico por meio de requisições HTTP.
Realiza o processamento dos dados.	Realiza a apresentação dos dados.
É aplicado nas tarefas de autenticação, transferência de controle para outros componentes, conexão com banco de dados, etc.	É aplicada para a criação de páginas Web, tornando o desenvolvimento mais independente do código Java.
No padrão MVC, os Servlets são a camada de controle.	No padrão MVC (Model View Controller), as páginas JSP são a camada de visão.

A tecnologia JSP permite escrever dentro do HTML comandos da linguagem de programação Java usando expressões, diretivas, scriptlets, etiquetas de ação, entre outros. Além desses elementos, as páginas JSP ainda possibilitam o uso dos objetos da linguagem Java, dos objetos implícitos dos Servlets e outros específicos das páginas JSP.

» Objetos implícitos

Conforme já mencionado, uma vez compiladas, as páginas JSP produzem uma classe de Servlet, e, como tal, essa classe pode acessar todo e qualquer objeto implícito que um Servlet tem acesso, tais como os apresentados no Quadro 6.3. Na terceira coluna do quadro, é descrito o escopo de abrangência do objeto, ou seja, o tempo em que ele permanece acessível. Existem quatro tipos de escopo que um objeto pode utilizar:

- **Escopo de solicitação ou `request`:** indica que o objeto pode ser compartilhado entre páginas, desde que elas visualizem a mesma solicitação (`request`). Com esse escopo, o objeto existe desde o momento da requisição até o envio da resposta para o cliente.

- **Escopo de aplicação:** indica que o objeto pode ser compartilhado por todos os clientes da aplicação, mesmo em diferentes sessões, desde que eles estejam acessando a mesma aplicação. Pode-se pensar nesse escopo como uma área de memória global que pode ser acessada por qualquer cliente e em qualquer instante do tempo.
- **Escopo de sessão:** é compartilhado por todas as requisições realizadas na mesma sessão, ou seja, objetos `request` provenientes de uma mesma janela e um navegador. Dessa forma, é importante que você observe que existe uma sessão por cliente.
- **Escopo de página:** determina que o objeto não é compartilhado com outros e que ele só existe durante o processamento da página.

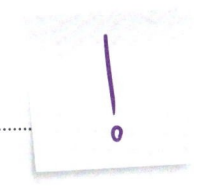

>> IMPORTANTE

Uma sessão é criada quando o cliente abre o navegador e envia uma requisição a um servidor. A partir desse instante, a sessão terá sempre o mesmo número identificador, obtido por meio de `session.getId()`. É por esse `id` que o escopo de sessão é estabelecido pelo contêiner da JSP.

Quadro 6.3 >> Objetos implícitos e suas classes

Nome do objeto	Classe do objeto	Escopo
request	HttpServletRequest	Solicitação
application	Representa o objeto ServletContext	Aplicação
response	HttpServletResponse	Página
pageContext	javax.servlet.jsp.PageContext	Página
out	javax.servlet.jsp.JspWriter	Página
config	Representa o objeto ServletConfig	Página
session	javax.servlet.http.HttpSession	Sessão

Um dos primeiros objetos implícitos que podemos utilizar é o `out`, que é usado para imprimir algum conteúdo da tela do navegador. Note, na Figura 6.11, que a página `Exemplo1.jsp` realiza somente a ação de imprimir uma mensagem na tela. O resultado gerado nessa figura é equivalente ao resultado gerado na Figura 6.4, porém a sua implementação torna-se muito mais fácil de realizar e compreender. Observe ainda que, para imprimir uma mensagem, é necessário usar os símbolos "<%" e "%>" e, entre eles, o código Java que você deseja escrever.

```
<!DOCTYPE html>
<html>
    <head>
        <meta http-equiv="Content-Type" content="text/html; charset=UTF-8">
        <title>Exemplo 1</title>
    </head>
    <body>
        <%
            out.println("Imprimindo uma mensagem!");
        %>
    </body>
</html>
```

Figura 6.11 Primeira página JSP.
Fonte: Autores.

Outro objeto constantemente utilizado em nossas páginas JSP é o `request`, o qual possibilita acessar dados que estão embutidos na requisição. Na Figura 6.12, é possível observar que está sendo impresso o identificador do usuário, o qual foi enviado junto à requisição usando os métodos GET ou POST. A partir do objeto `request`, é obtido o valor associado ao parâmetro `id`. Com esse objeto, é possível acessar todos os métodos da classe `HttpServletRequest`.

```
<!DOCTYPE html>
<html>
    <head>
        <meta http-equiv="Content-Type" content="text/html; charset=UTF-8">
        <title>Exemplo 2</title>
    </head>
    <body>
        <%
            out.println("Parâmetro usuário:"+ request.getParameter("id"));
        %>
    </body>
</html>
```

Figura 6.12 Acessando dados do objeto `request`.
Fonte: Autores.

Um dos possíveis usos do objeto `response` é o redirecionamento entre *páginas*. Com o redirecionamento, uma página JSP pode passar o controle para outra página. Na Figura 6.13, há um exemplo de como direcionar o controle da *página* `Exemplo3.jsp` para a página `Exemplo2.jsp`. Observe que o redirecionamento difere da inserção de um *link* para a página `Exemplo2.jsp` dentro da *página* `Exemplo3.jsp`. O redirecionamento passa o controle da execução para a *página* redirecionada de forma automática.

```
<!DOCTYPE html>
<html>
    <head>
        <meta http-equiv="Content-Type" content="text/html; charset=UTF-8">
        <title>Exemplo 3</title>
    </head>
    <body>
        <% response.sendRedirect("Exemplo2.jsp");%>
    </body>
</html>
```

Figura 6.13 Redirecionamento de controle entre páginas.
Fonte: Autores.

>> Agora é a sua vez!

1. Crie uma página JSP que imprima na tela do navegador os dados a seguir:
    a. O contexto sob o qual a página está sendo executada.
    b. O endereço IP da máquina do cliente que fez a requisição.
    c. O nome do *host* que recebe a requisição.
    d. O método da requisição (POST ou GET).
    e. O protocolo usado na requisição.
    f. Os nomes e os valores dos parâmetros contidos na requisição.

2. Crie uma página JSP que use a classe `Calendar` e mostre na tela do navegador a data atual.

>> Scriptlets

Um dos recursos utilizados em páginas JSP são os scriptlets, que compreendem a inclusão de código Java puro dentro do HTML utilizando os símbolos "<%" e "%>". O código Java contido nesses símbolos será executado durante a requisição à página. Os scriptlets podem usar classes definidas pela linguagem Java padrão ou ainda por classes definidas pelo programador.

Se você analisar o exemplo apresentado na Figura 6.14, verá que duas variáveis são inicializadas e que o cálculo da idade é realizado e impresso dentro do conteúdo da página. Assim como utilizamos variáveis e instruções para a impressão de valores dessas variáveis, você pode usar estruturas de controle (if/else, for, while, do/while, switch/case).

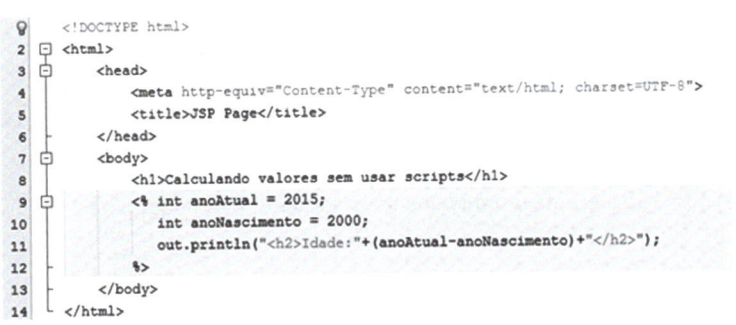

```
<!DOCTYPE html>
<html>
    <head>
        <meta http-equiv="Content-Type" content="text/html; charset=UTF-8">
        <title>JSP Page</title>
    </head>
    <body>
        <h1>Calculando valores sem usar scripts</h1>
        <% int anoAtual = 2015;
           int anoNascimento = 2000;
           out.println("<h2>Idade:"+(anoAtual-anoNascimento)+"</h2>");
        %>
    </body>
</html>
```

Figura 6.14 Utilizando scriptlets.
Fonte: Autores.

❯❯ Expressões

As expressões são usadas para inserir o resultado de uma variável ou expressão em uma página JSP. Elas são delimitadas pelos símbolos <%=" e "%>. O valor da variável ou da expressão deve ser incluído logo após o sinal de igual. Note que, nesse caso, o ponto e vírgula (;) não deve ser incluído dentro dos símbolos, como consta na Figura 6.15. Observe que o laço `for` faz parte de um scriptlet, enquanto o valor da variável `i` é impresso usando uma expressão.

```
1   <!DOCTYPE html>
2   <html>
3       <head>
4           <meta http-equiv="Content-Type" content="text/html; charset=UTF-8">
5           <title>JSP Page</title>
6       </head>
7       <body>
8           <% for (int i=0; i<10; i++){%>
9               <h2> <%=i%> </h2><br />
10          <%}%>
11      </body>
12  </html>
```

Figura 6.15 Utilizando expressões.
Fonte: Autores.

❯❯ Diretivas

As diretivas são usadas para informar ao contêiner detalhes sobre como deve ocorrer o processamento da página. Elas podem definir o tipo de página que está sendo criada, realizar a importação de classes ou ainda incluir bibliotecas de TAGs personalizadas, entre outras atividades.

Uma diretiva é incluída em uma página JSP por meio dos símbolos "<%@" e "%>". A regra de sintaxe geral definida para as diretivas compreende:

```
<%@diretiva atributo1 = "valor1", atributo2 = "valor2", ...%>
```

onde:

- **diretiva pode ser:** `page`, `include` ou `taglib`
- **atributo pode ser:** `contentType`, `errorPage`, `isErrorPage`, `import`, `extends`, `language`, `session`, etc.

O Quadro 6.4 apresenta resumidamente os atributos permitidos para a diretiva `page`.

Quadro 6.4 » **Atributos da diretiva** `page`

Atributo	Descrição	Exemplo
`info`	Usado para incluir na página informações gerais sobre ela.	`<%@page info="Autor, ano" %>`
`language`	Usado para definir a linguagem que será usada para a criação do script da página.	`<%@page language="java" %>`

`contentType`	Usado para indicar o formato da resposta que será gerada pela página JSP.	`<%@page contentType="text/html" %>`
		
		formatos:
		`text/html`
		`text/plain`
		`text/xml`

`import`	Usado para importar uma classe Java ou uma definida pelo programador.	`<%@page import="java.util.*" %>`
`session`	Usado para sinalizar se uma página está vinculada ou não ao gerenciamento de sessões.	`<%@page session="true" %>` Obs.: a linha acima indica que a página faz parte de uma sessão.
`isThreadSafe`	Usado para que uma página JSP, ao ser transformada em um Servlet, possa atender a múltiplas solicitações.	`<%@page isThreadSafe="true" %>` Obs.: os valores permitidos neste caso são `true/false`
`errorPage`	Usado para indicar que uma página deve ser chamada caso ocorra algum erro durante o processamento da página atual.	`<%@page errorPage="PagErro.jsp"%>`

A Figura 6.16 apresenta como usar a diretiva `page` em uma página JSP. A primeira diretiva configura que a resposta será do tipo texto e HTML, seguindo a codificação UTF-8. A segunda diretiva importa a classe `ClasseColecao`, que está definida no pacote `br.com.grupoa` e a interface `List` definida em `java.util`. Neste último caso, você poderia incluir todas as instruções de `import` em uma única linha ou ainda incluir uma diretiva `import` para cada pacote que necessite ser importado dentro da página. Finalmente, temos a diretiva `erroPage`, a qual define que, caso algum erro ocorra na página, o controle será direcionado para a página `PaginaErro.jsp`, sendo esta responsável por realizar o tratamento dos erros gerados.

```jsp
<%@page contentType="text/html" pageEncoding="UTF-8"%>
<%@page import="br.com.grupoa.ClasseColecao, java.util.*" %>
<%@page errorPage="PaginaErro" %>

<!DOCTYPE html>
<html>
    <head>
        <meta http-equiv="Content-Type" content="text/html; charset=UTF-8">
        <title>JSP Page</title>
    </head>
    <body>
        <h1>Dados da coleção:</h1>
        <%
            List<String> lista = ClasseColecao.carregaColecao();
            for(String valor : lista){
        %>
                <h2><%= valor %> </h2>
        <%}%>
    </body>
</html>
```

Figura 6.16 Utilizando diversas diretivas `page`.
Fonte: Autores.

A Figura 6.17 mostra como definir uma página de erro. Observe que, para definir uma página JSP como página de erro, é necessário usar o atributo `isErrorPage` como `true`. O conteúdo exibido por essa página, quando um erro for gerado, é a pilha de execução.

```jsp
<%@page contentType="text/html" pageEncoding="UTF-8"%>
<%@page isErrorPage="true" %>
<!DOCTYPE html>

<html>
    <head>
        <meta http-equiv="Content-Type" content="text/html; charset=UTF-8">
        <title>Página de Erro</title>
    </head>
    <body>
        <h1>Essa é a página padrão para erros no seu site!</h1>
        <h2> Descrição do erro <%= exception %></h2>
        <h2> Descrição do erro <% exception.printStackTrace(
                                    response.getWriter()); %></h2>
        <a href="index.jsp"> Voltar ao índice </a>
    </body>
</html>
```

Figura 6.17 Definindo uma página de erro: `PaginaErro.jsp`.
Fonte: Autores.

A Figura 6.18 apresenta a classe `ClasseColecao` usada para adicionar valores em uma lista e retorná-los para a página JSP. Esses valores podem ser gerados aleatoriamente, como na figura, ou lidos a partir de um banco de dados. Essa classe foi criada somente para ilustrar como uma página pode buscar valores e como eles podem ser manipulados em uma página JSP.

```java
public class ClasseColecao {
    public static List<String> carregaColecao(){
        ArrayList<String> minhaLista = new ArrayList<>();
        for(int i=0; i<10; i++){
            minhaLista.add("valor "+i);
        }
        return minhaLista;
    }
}
```

Figura 6.18 Buscando dados de uma classe.
Fonte: Autores.

A diretiva `include` é utilizada para incluir o conteúdo de uma página JSP em outra. Com essa diretiva, é realizada a cópia do conteúdo uma vez, e este não é mais alterado, pois a inclusão é estática, o que significa dizer que uma página passa a ser parte da outra. A sintaxe dessa diretiva é dada por:

```
<%@ include file="URL_do_arquivo"%>
```

ou

```
<jsp:directive.include file="URL_do_arquivo"/>
```

Observe que essa diretiva realiza a inclusão de uma página dentro da outra em tempo de tradução da JSP, porém existe outra forma de realizar a inclusão dinâmica, como é abordado posteriormente neste capítulo.

Finalmente, temos a diretiva `taglib`, que permite que uma página use um conjunto de TAGs personalizadas. A sintaxe para uso dessas etiquetas é dada por:

```
<%@taglib uri="URL_da_BibliotecaTAGs" prefix="Prefixo_TAG" %>
```

ou

```
<jsp:directive.taglib      uri="URL_da_BibliotecaTAGs"
                           prefix="Prefixo_TAG" />
```

Essa diretiva é mais explorada em outra seção deste capítulo.

Agora é a sua vez!

1. Escreva uma página JSP que apresente no HTML a data atual (data completa e horário).
2. Crie uma página JSP que converta a temperatura de Celsius (°C) para Fahrenheit (°F).
3. Usando as classes `Figura` e `Circulo` (exercícios do Capítulo 3), crie uma página JSP que leia o raio de um círculo e imprima o valor do raio, da área e do perímetro em outra página.

   Obs.: Use o redirecionamento de páginas para exibir esses valores.
4. Elabore uma página JSP que solicite a data de nascimento de uma pessoa e calcule-a, exibindo o resultado em outra página JSP.
5. Monte a aplicação Web descrita a seguir:
   a. Crie a página `Login.jsp`. Ela deve exibir um formulário em que são informados o identificador e a senha do usuário.
   b. Verifique se os dados estão cadastrados no banco de dados. Para tanto, use as classes `Usuario` e `UsuarioDAO`, definidas nos capítulos anteriores.
   c. Se os dados (identificador e senha) estiverem incorretos, você deve exibir uma mensagem de erro na página `LoginInvalido.jsp`. Caso os dados estejam corretos, abra a página `Menu.jsp`, que deve exibir a mensagem "Bem-vindo!".
   d. Use a diretiva para página de erro caso ocorra alguma exceção.

Ações JSP: include e forward

A tecnologia JSP é composta por três ações principais: `jsp:include`, `jsp:forward` e `jsb:usebean`.

A ação `jsp:include` é semelhante à diretiva `include`, apresentada previamente, a principal diferença está no fato de que, com essa ação, é possível incluir em tempo de execução uma página dentro da outra. A diretiva `include` copia o conteúdo e não o altera mais. Entretanto, com `jsp:include`, é possível atualizar a página incluída quando a página JSP for atualizada. O principal uso para esse tipo de solução é a inclusão de menus dinâmicos, cabeçalhos ou rodapés das páginas que compõe uma aplicação Web.

Na Figura 6.19, observa-se a criação da página `index.jsp`, que apresenta o modo de utilizar a ação `jsp:include` em uma página. A página `menu.jsp` é chamada, e o resultado de seu processamento é incluído na página. No caso desse exemplo, o nome completo do usuário é informado na página `index.jsp` e exibido no topo da página. Após, é incluída a página `menu.jsp`, a qual gera dinamicamente os itens do menu e exibe essa página dentro da página `index.jsp`, como na Figura 6.20.

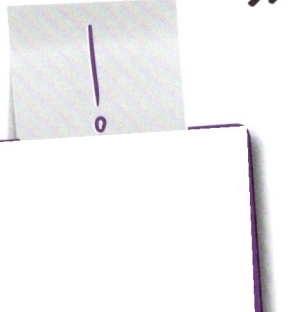

```jsp
1    <%@page contentType="text/html" pageEncoding="UTF-8"%>
2    <%
3        String nome = request.getParameter("nomeCompleto");
4    %>
5    <!DOCTYPE html>
6    <html>
7        <head>
8            <meta http-equiv="Content-Type" content="text/html;
9                                              charset=UTF-8">
10           <title>Usando jsp:include</title>
11       </head>
12       <body>
13           <h1>Olá <%=nome%>, seja bem-vindo ao nosso sistema!</h1>
14           <jsp:include page="menu.jsp"/>
15       </body>
16   </html>
```

Figura 6.19 Utilizando `jsp:include`.
Fonte: Autores.

Olá scb, seja bem-vindo ao nosso sistema!

Cadastrar Curso
Cadastrar Aluno
Listar Alunos
Sair

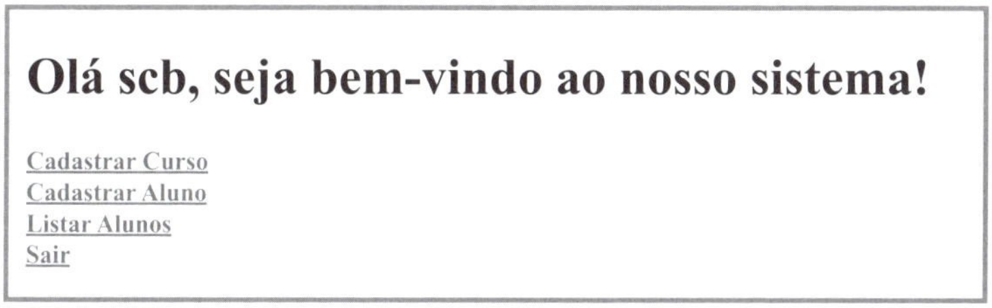

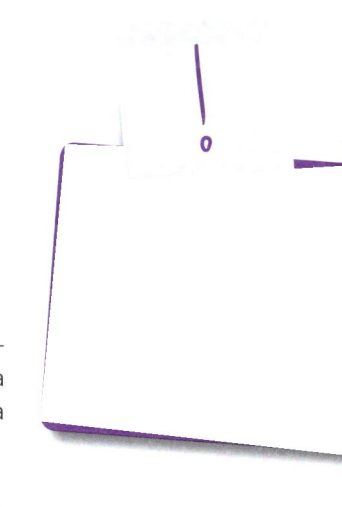

Figura 6.20 Incluindo uma página JSP dentro de outra usando `jsp:include`.
Fonte: Autores.

Com a `jsp:include`, o controle do processamento permanece na página que inclui a(s) outra(s) página(s). Se você deseja redirecionar o controle para outra página JSP, deve usar a ação `jsp:forward`. Essa ação encaminha a solicitação para outra página, e esta passa a ter o controle da execução.

A Figura 6.21 ilustra o resultado obtido com o resultado da ação `jsp:forward`, apresentada na Figura 6.22. Com o código dessa figura, o resultado da execução é diferente do apresentado na Figura 6.19, pois, ao executar essa ação, o controle deixa a página atual e passa a ser da página que sofreu o redirecionamento (`menu.jsp`). Assim, os dados do usuário mostrados no topo da página não são exibidos, pois o controle da execução passa para a página do redirecionamento.

```jsp
<%@page contentType="text/html" pageEncoding="UTF-8"%>
<%
    String nome = request.getParameter("nomeCompleto");
%>
<!DOCTYPE html>
<html>
    <head>
        <meta http-equiv="Content-Type" content="text/html;
                                                 charset=UTF-8">
        <title>Usando jsp:forward</title>
    </head>
    <body>
        <h1>Olá <%=nome%>, seja bem vindo ao nosso sistema!</h1>
        <jsp:forward page="menu.jsp"/>
    </body>
</html>
```

Figura 6.21 Utilizando `jsp:forward`.
Fonte: Autores.

Cadastrar Curso
Cadastrar Aluno
Listar Alunos
Sair

Figura 6.22 Redirecionando páginas JSP com a ação `jsp:forward`.
Fonte: Autores.

A ação de `jsp:forward` ao redirecionar uma página envia todos os parâmetros já recebidos dentro dela. Por exemplo, na Figura 6.21, o parâmetro `nome` é automaticamente redirecionado para a página `menu.jsp`, pois ele faz parte do objeto implícito `request`. Caso você deseje incluir um novo parâmetro na requisição, deve complementar a ação `jsp:forward` com os seus parâmetros, conforme descreve a sintaxe geral a seguir:

```
<jsp:forward page= "URL_pagina_redirecionamento.jsp">
<jsp:param name="nome_parametro" value="valor_parametro"/>
/jsp:forward>
```

A Figura 6.23 exemplifica como embutir parâmetros em um redirecionamento de página. Depois de carregada, a página `menu.jsp` poderá acessar os parâmetros que já fazem parte da requisição e também o parâmetro `data`, que é embutido na execução da página da Figura 6.23.

```
1  <%@page contentType="text/html" pageEncoding="UTF-8"%>
2  <%@page import="java.util.*"%>
3  <%
4      Calendar data = Calendar.getInstance();
5  %>
6  <!DOCTYPE html>
7  <html>
8      <head>
9          <meta http-equiv="Content-Type" content="text/html;
10                                           charset=UTF-8">
11         <title>Usando jsp:forward com parâmetros </title>
12     </head>
13     <body>
14         <jsp:forward page="menu.jsp">
15             <jsp:param name="data" value='<%=data%>'/>
16         </jsp:forward>
17     </body>
18 </html>
```

Figura 6.23 Embutindo parâmetros em um redirecionamento de página.
Fonte: Autores.

>> Agora é a sua vez!

1. Monte a aplicação Web descrita a seguir:
   a. Crie a página `Login.jsp`. Ela deve exibir um formulário em que são informados o identificador e a senha do usuário.
   b. Verifique se os dados estão cadastrados no banco de dados. Para tanto, use as classes `Usuario` e `UsuarioDAO`, definidas nos capítulos anteriores.
   c. Se os dados (identificador e senha) estiverem incorretos, você deve exibir uma mensagem de erro na página `LoginInvalido.jsp`. Caso os dados estejam corretos, abra a página `menu.jsp`, que deve exibir a mensagem "Bem-vindo, <nome do usuário>!" e, na mesma página, o menu do sistema.
   d. Use a diretiva para página de erro caso ocorra alguma exceção.
   e. Use a ação `jsp:include` para incluir o menu dentro da página `index.jsp`. Faça o código de modo a gerar dinamicamente o menu usando a descrição da tabela a seguir:

codMenu	Menu	Página
1	Cadastrar Usuário	cadUser.jsp
2	Listar Usuários	listUser.jsp
3	Sair	sair.jsp

   f. Use a ação `jsp:forward` para realizar o redirecionamento entre as páginas quando necessário.

>> Usando Beans

A tecnologia JSP possui uma ação específica para manipular componentes Java-Beans. Basicamente, para criar esse tipo de componente não é necessário estender alguma classe ou implementar interfaces, embora seja recomendado que um Bean implemente a interface `Serializable`.

As regras que devem ser seguidas para a criação de um Bean compreendem:

- Definir o construtor sem parâmetros.
- Definir todos os atributos como `private`.
- Criar métodos `get`/`set` para todos os atributos.
- Criar para atributos booleanos o método `isNomeDoAtributoBoleano()`.

Mas como um Bean é chamado dentro de uma página JSP? Para poder usar um JavaBean, você deve usar a ação JSP `jsp:useBean`. Essa ação cria uma instância da classe do Bean dentro da página JSP e viabiliza o acesso aos atributos e métodos da classe.

A sintaxe da ação `jsp:useBean` é dada por:

```
<jsp:useBean id="nome_instância" class="pacote.nome_classe_bean" scope ="page|request|session|application">
```

Analisando a sintaxe anteriormente citada, podemos determinar que:

`nome_instância`: corresponde ao nome do objeto para acesso nos scriptlets da página.

`pacote.nome_classe_bean`: compreende o nome do pacote e da classe do objeto que se deseja criar.

`escopo`: pode ser de quatro categorias:

1) `page` – determina que o objeto estará ativo somente na página atual, ou seja, ele faz parte da página (`javax.servlet.jsp.pagaContext`) enquanto ela existir. Assim que a página for encerrada, o Bean é destruído.

2) `request` – estabelece que o objeto será incorporado como um atributo do objeto `request`. Desse modo, ele poderá ser acessado em todas as páginas que fizerem uso do mesmo objeto de requisição. Observe que, independentemente de usar as ações `jsp:forward ou jsp:include`, o objeto permanecerá dentro do objeto de requisição.

3) `session` – define que o objeto será incorporado como um atributo do objeto `session` e poderá ser acessado enquanto a sessão existir.

4) `application` – indica que o objeto fará parte do objeto `ServletContext` e, com isso, poderá ser acessado por todas as páginas que compõe a aplicação.

A Figura 6.24 mostra como é possível criar um Bean cujo nome é `usuarioBean` e que tem como escopo a requisição. Observe que, mesmo informando o pacote em que a classe `Usuario` (Bean) está definida, é necessário incluir a diretiva `@page import`, que determina a localização da classe.

```
<%@page contentType="text/html" pageEncoding="UTF-8"%>
<%@page import="br.com.grupoa.classes.Usuario" %>
<jsp:useBean id="usuarioBean"
    class=" br.com.grupoa.classes.Usuario" scope="request"/>
```

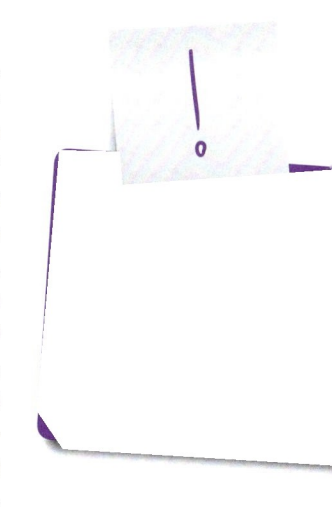

Figura 6.24 Incluindo um Bean em uma página JSP.
Fonte: Autores.

Após a criação do Bean, ele pode ser utilizado dentro da página JSP. Para tanto, podemos buscar valores armazenados nos atributos ou alterar valores contidos em cada atributo. Para fazer isso, é necessário usar respectivamente as ações `jsp:getProperty` e `jsp:setProperty`.

A ação `jsp:getProperty` é usada para chamar o método `getXX()` da classe do Bean. Na Figura 6.25, ela é usada para imprimir o `id` do usuário na tela com um título `h2`. O atributo `name` dessa ação é utilizado para identificar qual Bean será utilizado, e o atributo `property` indica qual propriedade deve ser usada, qual método `get()` será chamado.

A ação `jsp:setPropety` funciona de maneira semelhante à `jsp:getProperty`, pois ela permite alterar o valor de um atributo. Ela pode ser usada de duas formas: em uma delas, devem ser informados o nome do Bean, a propriedade e o valor (`<jsp:setProperty name="usuarioBean" property="id" value="teste"/>`); na outra, os parâmetros da solicitação devem corresponder aos nomes dos atributos na classe do Bean. Imagine que o formulário mostrado na Figura 6.26 chama a página `valida.jsp`, que é representada na Figura 6.25. Quando o formulário é enviado, fazem parte do objeto `request` os parâmetros `id` e `senha`. Após a ativação da página `valida.jsp`, esses parâmetros estão embutidos dentro da página. Desse modo, quando usamos `property='*'`, o JSP sabe que deve localizar no `request` os parâmetros `id` e `senha`, pois na classe `Usuario` há os atributos `id` e `senha`. Caso os parâmetros possuam nomes diferentes dos nomes contidos na classe do Bean, o código irá produzir um erro, porque, se na classe foi definido o `id` ao montar a ação `jsp:setProperty`, ele vai gerar uma instrução semelhante à: `usuarioBean.setId(request.getParameter("id"))`.

```
11      <!- definições da página -->
12      <%@page import="br.com.grupoa.classes.Usuario" %>
13      <!- definições da página -->
14      <jsp:useBean id="usuarioBean"
15              class="br.com.grupoa.classes.Usuario" scope="request"/>
16      <jsp:setProperty name="usuarioBean" property="*" />
17
18      <!- definições da página -->
19      <h2> <jsp:getProperty name="usuarioBean" property="id"/></h2>
```

Figura 6.25 Acessando dados de um Bean em uma página JSP.
Fonte: Autores.

```
1   <html>
2       <head>
3           <title>Login</title>
4       </head>
5       <body>
6           <form method="POST" action="valida.jsp">
7               <label> Usuário:</label>
8               <input type="text" name="id"/>
9               <br /><br />
10              <label> Senha:</label>
11              <input type="text" name="senha"/>
12              <br /><br />
13              <input type="submit"/>
14          </form>
15      </body>
16  </html>
```

Figura 6.26 Formulário Exemplo para Login.
Fonte: Autores.

As ações `jsp.getProperty` e `jsp.setProperty` são muito importantes, pois evitam que o programador faça várias linhas de código. Por exemplo, se você fosse ler o parâmetro que veio na requisição e ele fosse do tipo inteiro, seria necessário realizar a conversão em seu código. Entretanto, com essas ações, você apenas as utiliza, e a própria JSP se encarrega de converter os valores para os tipos de dados definidos pela classe do Bean.

>> Agora é a sua vez!

Refaça o último exercício proposto neste capítulo usando as ações `jsp:useBean`, `jsp.getProperty` e `jsp.setProperty`.

» Expression language (EL)

A partir da versão 2.0 da tecnologia JSP, foi incluído o recurso de Linguagem de Expressão ou Expression Language (EL). Essa é uma linguagem interpretada pelo Servlet contêiner. Ela foi pensada com o objetivo de reduzir o código Java existente em páginas JSP. Com isso, o código usado dentro das páginas é simplificado, visto que são usadas TAGs, e não instruções Java, para incluir dinamicidade às páginas JSP.

Com a EL, você poderá buscar dados e exibi-los, mas não conseguirá alterá-los, uma vez que ela é apenas uma linguagem de expressão. Essa linguagem permite reduzir as instruções Java dentro das páginas. Desse modo, tanto programadores quanto projetistas Web conseguem elaborar um sistema Web sem um conhecimento muito detalhado da linguagem Java.

Para usarmos essa notação, vamos deixar de lado a sintaxe `<%= expressão %>` para usar `${expressão}`. A Figura 6.27 exibe, na parte superior, o código para criar um Bean e pegar o valor da propriedade `id` usando as ações da JSP. Na parte inferior do quadro, observa-se como usar a EL para obter o valor da propriedade `id`.

```
17    <jsp:useBean id="usuarioBean2" class="br.com.grupoa.classes.Usuario" scope="request"/>
18    <h2> <jsp:getProperty name="usuarioBean2" property="id"/></h2>

21    <jsp:useBean id="usuarioBean3" class="br.com.grupoa.classes.Usuario" scope="request"/>
22    <h2> ${usuarioBean3.id} </h2>
```

Figura 6.27 Código com ações × código com EL.
Fonte: Autores.

Note que a expressão usada na parte inferior da figura chamará automaticamente o método `getId()`. Logo, para que nenhum erro ocorra, você deve colocar dentro da EL o parâmetro `id` com letras minúsculas; caso contrário, ele não irá encontrar o método correspondente.

» JSP Standard TAG Library (JSTL)

A JSTL consiste em um conjunto de classes e TAGs que simplifica a programação das páginas JSP. As classes que compõe essa biblioteca seguem a especificação JSR-52 e foram desenvolvidas pela Apache Foundation.

As classes da JSTL estão organizadas em quatro grandes grupos de TAGs:

1. `core` – TAGs que implementam as funcionalidades mais comuns da linguagem Java, como estruturas de controle, impressão, declaração de variáveis, entre outras.

2. `internationalization` – TAGs que permitem disponibilizar o conteúdo de uma página em outras línguas. Geralmente, são usadas para formatar datas, horas, mensagens conforme o local do usuário, entre outras funcionalidades.

3. `SQL` – TAGs que possibilitam a conexão e a manipulação de bancos de dados.

4. `XML` – TAGs semelhantes às do conjunto `core`, porém são usadas na manipulação de arquivos XML.

Esses quatro grupos de TAGs permitem reduzir as tarefas que geralmente são repetitivas e complexas. Além disso, viabilizam uma padronização no código e aumentam a produtividade das equipes de desenvolvimento. O objetivo desta seção não é explorar a JSTL a fundo, mas apenas dar uma ideia de como usá-la em seus projetos.

O primeiro passo para o uso da JSTL é incluir a diretiva `@taglib`, que tem como atributos `prefix` e `uri`. O primeiro atributo consiste em um prefixo para utilizar uma determinada TAG. O segundo atributo se refere ao arquivo Tag Library Descriptor (TLD), que contém as classes, os atributos, enfim todo o comportamento da TAG.

Considerando as TAGs do grupo `core`, temos como principais: `out`, `set`, `if`, `choose`/`when`/`otherwise`, `import`, **URL**, `foreach`.

Observe que, logo no início do código da Figura 6.27, utiliza-se a diretiva `@taglib` para usar as TAGs do grupo `core`. Na `uri`, é definida a localização da `JSTL core`, e no `prefix` é definido o prefixo `c`. Com isso, ao usar/chamar a TAG devemos colocar o prefixo e a TAG (p. ex., `c:out`) . A TAG **out** desse exemplo é responsável por exibir/imprimir o conteúdo na tela. A sua vantagem, se comparada à TAG JSP `<% %>`, é o fato de ela permitir processar ou não conteúdo HTML, bem como conteúdo inexistente/nulo. No atributo `value`, você deve informar o que deseja imprimir. Nesse exemplo, também é chamado para o objeto `userBean` o método `getId()`, usando a notação de expressões.

Outra TAG muito usada é a `foreach`, que permite percorrer valores em uma coleção ou *array*. A Figura 6.29 mostra como percorrer uma lista de usuários cadastrados no banco de dados. Note que, usando a `jstl foreach`, não é necessário colocar o nome do método `getLista()`, mas somente o nome do objeto (`userBean`) e do método que desejamos chamar (`lista`). Essa TAG define a variável de acesso por meio do elemento `var` e a origem dos itens que serão percorridos usando o elemento `items`.

```
1   <%@page contentType="text/html" pageEncoding="UTF-8"%>
2   <%@page import=" br.com.grupoa.classes.*"%>
3   <%@taglib uri="http://java.sun.com/jsp/jstl/core" prefix="c" %>
4   <!DOCTYPE html>
5   <html>
6       <head>
7           <meta http-equiv="Content-Type" content="text/html; charset=UTF-8">
8           <title>JSP Page</title>
9       </head>
10      <body>
11          <jsp:useBean id="userBean" class="br.com.grupoa.classes.Usuario" scope="request"/>
12          <jsp:setProperty name="userBean" property="id" param="id" />
13
14          <label> ID com getId(): </label>
15          <%=userBean.getId()%>
16          <br />
17          <label> ID com expressões: </label>
18          <c:out value="${userBean.id}"/>
19          <br />
20          </form>
21      </body>
22  </html>
```

Figura 6.28 Utilizando JSTL TAG out.
Fonte: Autores.

```
1   <%@page contentType="text/html" pageEncoding="UTF-8"%>
2   <%@page import="java.util.*"%>
3   <%@page import="br.com.grupoa.classes.*"%>
4   <%@taglib uri="http://java.sun.com/jsp/jstl/core" prefix="c" %>
5
6   <!DOCTYPE html>
7   <html>
8       <head>
9           <meta http-equiv="Content-Type" content="text/html; charset=UTF-8">
10          <title>JSP Page</title>
11      </head>
12      <body>
13          <jsp:useBean id="userBean" class=" br.com.grupoa.classes.Usuario" scope="request"/>
14          <%List<Usuario> lista = userBean.getLista();
15          for(Usuario user: lista){ %>
16              <h2> <%=user.toString() %></h2>
17          <%}%>
18          <br />
19          <h1> Listando com expressões: </h1>
20          <c:forEach var="user" items="${userBean.lista}">
21              <h2>
22                  ${user.id}, ${user.nomeCompleto}
23              </h2>
24          </c:forEach>
25      </body>
26  </html>
```

Figura 6.29 Utilizando JSTL TAG foreach.
Fonte: Autores.

Utiliza-se muito também a TAG choose/when/otherwise, que consiste na simulação do comportamento de uma instrução switch/case. Nesse caso, o c:choose seria o switch. Cada caso seria representado pela TAG c:when, e a instrução default do switch seria expressa pela TAG c:otherwise. A Figura 6.30 apresenta um exemplo de como verificar condições usando a programação tradicional e as TAGs do grupo core. Observe ainda nesse exemplo que, para verificar se o id não está vazio, você pode colocar dentro da TAG a expressão not empty.

```
1   <%@page contentType="text/html" pageEncoding="UTF-8"%>
2   <%@page import="java.util.*"%>
3   <%@page import="br.com.grupoa.classes.*"%>
4   <%@taglib uri="http://java.sun.com/jsp/jstl/core" prefix="c" %>
5
6   <!DOCTYPE html>
7   <html>
8       <head>
9           <meta http-equiv="Content-Type" content="text/html; charset=UTF-8">
10          <title>JSP Page</title>
11      </head>
12      <body>
13          <h1> Listando com for: </h1>
14          <jsp:useBean id="userBean" class=" br.com.grupoa.classes.Usuario " scope="request"/>
15          <%List<Usuario> lista = userBean.getLista();
16             for(Usuario user: lista){
17                 if(user.getId()!=null && !user.getId().equals("")){
18              %>
19                  <h2> <%=user.toString() %></h2>
20              <% }
21                  else{%>
22                      <h2> Usuário com ID inválido!</h2>
23                  <%}
24              }%>
25              <br />
26          <h1> Listando com expressões: </h1>
27          <c:forEach var="user" items="${userBean.lista}">
28              <c:choose>
29                  <c:when test="${not empty user.id}">
30                      <h2>
31                          ${user.id}, ${user.nomeCompleto}
32                      </h2>
33                  </c:when>
34                  <c:otherwise>
35                      <h2> Usuário com ID inválido!</h2>
36                  </c:otherwise>
37              </c:choose>
38          </c:forEach>
39      </body>
40  </html>
```

Figura 6.30 Utilizando JSTL TAG choose/when/otherwise.
Fonte: Autores.

Outra TAG que podemos utilizar em nossas páginas é a import, que permite incluir outras páginas dentro da página atual. Ela tem a mesma funcionalidade que a diretiva @page include e que a ação jsp:include, porém, com essa TAG, você pode incluir páginas contidas em outros servidores. A Figura 6.31 apresenta como utilizar a TAG import para incluir, por exemplo, dentro da página index.jsp a página menu.jsp.

```
1   <%@page contentType="text/html" pageEncoding="UTF-8"%>
2   <%@taglib uri="http://java.sun.com/jsp/jstl/core" prefix="c" %>
3
4   <!DOCTYPE html>
5   <html>
6       <head>
7           <meta http-equiv="Content-Type" content="text/html;
8                                           charset=UTF-8">
9           <title>Usando JSTL - TAG import</title>
10      </head>
11      <body>
12          <h1>Olá <%=request.getParameter("nome")%>, seja bem-vindo ao nosso sistema!</h1>
13          <c:import url="menu.jsp"/>
14      </body>
15  </html>
```

Figura 6.31 Utilizando JSTL TAG import.
Fonte: Autores.

>> PARA SABER MAIS

A JSTL define várias outras TAGs que você poderá utilizar, por exemplo:

- `c:catch`, usada para capturar as exceções que ocorrem no corpo da página.

- `c:forTokens`, usada para percorrer Strings que são delimitadas por algum caractere, como vírgulas, dois pontos, ponto e vírgula, etc.

- `c:url` e `c:param`, usadas respectivamente para a criação de *links* para outras URLs e para a passagem de parâmetros para a URL.

- `c:redirect`, usada para redirecionar para outra URL.

- `c:remove`, usada para remover uma variável, ou propriedade de um Bean, de um escopo especificado.

- `c:set`, usada para definir uma variável, ou propriedade de um Bean, e seu valor em um determinado escopo.

>> Agora é a sua vez!

1. Para um projetista de páginas JSP, é mais fácil usar scriptlet ou JSTL? Argumente com exemplos.
2. Pesquise as TAGs não exploradas neste capítulo e dê exemplos de como utilizá-las.
3. Refaça os exercícios deste capítulo usando as TAGs do grupo `core` da JSTL.

REFERÊNCIAS

BASHAM, B.; SIERRA, K.; BATES, B. *Use a cabeça!* Servlets e JSP. 2. ed. Rio de Janeiro: Alta Books, 2008.

QIAN, K. et al. *Desenvolvimento Web Java*. Rio de Janeiro: LTC, 2010.

Rodrigo Prestes Machado

capítulo 7

Construindo *Web Services* com Java EE

Web Service, ou serviço Web, é um tópico importante quando o assunto é a abordagem de aspectos sobre a integração de dados entre sistemas, desenvolvimento de componentes de software especializados ou arquitetura de sistemas. A tecnologia Java Enterprise Edition (EE) disponibiliza duas maneiras de se construir serviços Web: a primeira baseada em padrões XML e a segunda fundamentada no estilo arquitetural REST – Representational State Transfer. Este capítulo apresentará, de um ponto de vista prático, aspectos da implementação de Web Services em Java.

Objetivos de aprendizagem

» Identificar o que é e quais são os empregos dos *Web Services*.

» Distinguir os principais conceitos envolvidos para construir um XML *Web Service*.

» Reconhecer o funcionamento e a forma de implementar um RESTful *Web Service*.

>> Introdução

A fim de analisar o suporte da tecnologia Java *Enterprise Edition* (EE) para a construção de serviços Web (*Web Services*) é necessário ter uma boa compreensão sobre o que é um serviço Web.

Um *Web Service* provê uma maneira padrão de interoperabilidade entre aplicações cliente/servidor por meio do Hypertext Transfer Protocol (HTTP). O uso do HTTP, juntamente com padrões eXtensible Markup Language (XML) específicos para a construção de serviços, favorece para que uma grande quantidade de aplicações desenvolvidas em plataformas, linguagens e *frameworks* distintos possa trocar dados e, consequentemente, diminuir o grau de acoplamento entre os sistemas. Isso permite, por exemplo, que um serviço escrito em Java, rodando em um servidor Linux, possa trocar dados com um cliente construído na linguagem Objective-C e alicerçado pelo sistema operacional iOS.

O uso mais comum dos serviços é na construção de componentes de software ou no suporte à interoperabilidade de dados entre sistemas. Os componentes de software, materializados como serviços, geralmente fornecem operações corriqueiras em sistemas, tais como conversão entre moedas, previsão do tempo, traduções de idioma, entre tantas outras. Entretanto, é comum notar *Web Services* construídos com a finalidade de trocar dados entre aplicações. Um exemplo disso são os sistemas que permutam informações com aplicativos escritos para dispositivos móveis. Dessa forma, a facilidade fornecida pelos serviços torna essa tecnologia interessante para o reúso de componentes e a integração entre sistemas.

De um ponto de vista conceitual, um *Web Service* é um componente que expõe uma Application Programming Interface (API) e pode ser acessado por meio do HTTP. A Figura 7.1 apresenta o funcionamento de um *Web Service* de uma perspectiva abstrata: (1) o serviço roda em um servidor Web e expõe operações na rede por meio do HTTP, (2) o cliente Web executa as operações trocando dados com o serviço.

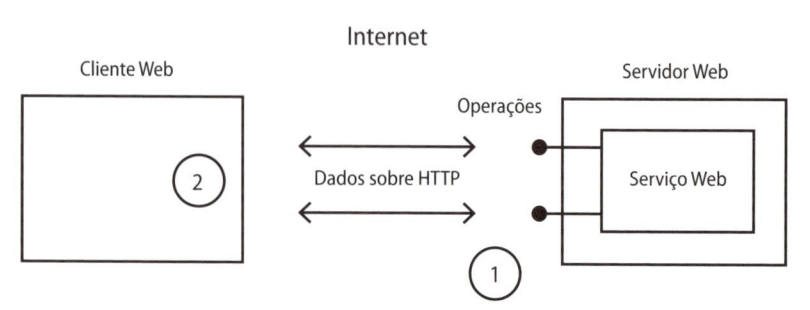

Figura 7.1 Funcionamento de um *Web Service*.
Fonte: Autor.

Entretanto, de um ponto de vista concreto, um serviço Web pode ser escrito de maneiras distintas. Neste capítulo, serão discutidas duas formas de implementação dos serviços, uma por meio de **padrões XML** e outra por meio da **arquitetura Representational State Transfer** (REST). Dessa forma, as próximas seções deste capítulo abordam o funcionamento, as vantagens e as desvantagens de cada uma das duas formas de implementação dos serviços Web disponíveis na plataforma Java EE.

>> XML *Web Services*

Dentro da tecnologia Java EE, a API ***Java* API *for* XML** *Web Services* (**JAX-WS**) provê os subsídios necessários para a construção de serviços que utilizam padrões XML como sua base tecnológica. Os serviços construídos com o JAX-WS são indicados quando há necessidade de suportar requisitos não funcionais encontrados em alguns cenários de integração de dados. Dessa maneira, os XML *Web Services* suportam, por meio de um conjunto de padrões XML, questões como transação, segurança, entre outros.

>> PARA SABER MAIS

Os XML *Web Services* escritos com a tecnologia Java EE suportam um conjunto de protocolos XML que apoiam a implementação de requisitos não funcionais, como confiabilidade na troca de mensagens (*WS-ReliableMessaging* e *WS-RMPolicy*), segurança (*WS-Security*, *WS-SecureConversation*, *WS-Trust* e *WS-SecurityPolicy*), transação (*WS-Coordination* e *WS-AtomicTransaction*) e, finalmente, questões relacionadas com os metadados responsáveis pela descrição das características do serviço (*WS-MetadataExchange*, *WS-Transfer* e *WS-Policy*). Para saber mais sobre esses recursos, acesse o site do Grupo A: **www.grupoa.com.br**.

Existem dois padrões que são fundamentais na implementação de um XML *Web Service*, o **Simple Object Access Protocol** (**SOAP**) e o *Web Service* **Description Language** (**WSDL**). Enquanto o SOAP é uma linguagem que determina um formato para troca de mensagens, o WSDL é um padrão que define as operações oferecidas pelo serviço. Assim, antes de discutir a implementação de um XML *Web Service*, apresenta-se a seguir de forma breve esses dois padrões.

» SOAP e WSDL

O **SOAP** é um formato XML de troca de mensagens entre os serviços e os clientes. Uma mensagem no formato SOAP contém os seguintes elementos: `envelope`, `header`, `body` e `fault`. A TAG `envelope` é o principal elemento de um documento SOAP, pois indica que o documento em XML está em conformidade com o padrão SOAP. A TAG `header` é um elemento opcional. Quando presente, contém informações sobre serviço, por exemplo, autenticação, tipos de dados utilizados, entre outros. Já a TAG `body` possui os dados que serão trocados entre as requisições dos clientes e as repostas do serviço. Finalmente, o elemento `fault` detém informações sobre erros e *status*.

Já o padrão **WSDL** tem como objetivo descrever as operações e a forma de acesso a um serviço. Para cumprir esse papel, um documento WSDL é estruturado por meio de elementos com funções distintas, são eles: `type`, `message`, `portType`, `binding` e `service`.

Como o nome sugere, `type` é o trecho do documento que define os tipos de dados que serão utilizados pelas operações do serviço. Uma característica importante está no fato de o WSDL permitir a criação de tipos complexos, por exemplo, declarar um tipo "cliente" que contém atributos como: *nome*, *e-mail*, *telefone*, entre outros.

Para cada comunicação de entrada ou saída do serviço, é necessário definir uma mensagem, escrita no documento WSDL por intermédio da TAG `message`. Por exemplo, em uma operação de soma, será necessário criar duas mensagens, uma destinada para a entrada dos valores e outra responsável por retornar o resultado da computação.

A TAG `portType` define um conjunto de todas as operações de um serviço, similar à uma interface ou a um contrato escrito em uma linguagem orientada a objetos. Para um método de soma, o trecho de um documento indicado pelo `portType` definirá uma operação WSDL por meio da união das mensagens de entrada e saída que foram definidas na seção da TAG `message`.

A principal funcionalidade do elemento `binding` está na escolha do protocolo utilizado para cada operação. As mensagens podem ser transportadas de várias maneiras. Entre as mais comuns destacam-se: HTTP GET, HTTP POST, SOAP.

Finalmente, o elemento `service` define as portas de um serviço. O conceito de porta no WSDL remete a uma associação do protocolo escolhido na TAG `binding` com endereço IP e a porta de rede real, geralmente 80 ou 8080. Dessa forma, o elemento WSDL `service` caracteriza-se por ser um contêiner de várias portas.

O SOAP e o WSDL são os principais padrões para construção de um XML *Web Service*. Por isso, é importante que o programador compreenda o funcionamento desses documentos para poder desenvolver serviços de forma plena. Assim, mostra-se a seguir como construir XML *Web Service* utilizando a tecnologia Java EE.

» Implementando um XML *Web Service* com JAX-WS

O primeiro passo para criar um XML *Web Service* é decorar uma classe Java com a anotação @WebService e indicar quais métodos fazem parte do serviço meio da anotação @WebMethod. Por exemplo, observe o código a seguir:

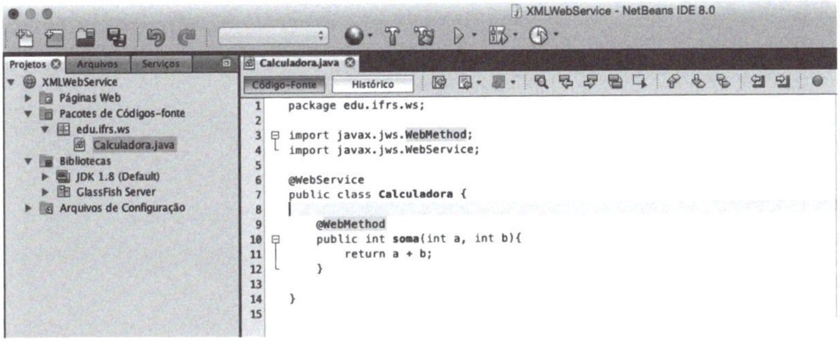

Figura 7.2 Desenvolvimento de um XML *Web Service* no NetBeans.
Fonte: Autor.

A classe Java apresentada na Figura 7.2 define um XML *Web Service* com uma operação de soma na sua API. Para construir um serviço, primeiramente é criado um projeto de Aplicação Web no NetBeans. Assim, a imagem mostra o uso da anotação @WebService na declaração da classe Calculadora e a diretiva @WebMethod definindo o método soma como uma operação disponível no serviço.

Por padrão, todos os métodos públicos da classe são considerados como parte do serviço. Desse modo, não é necessário decorar os métodos com a anotação @WebMethod. Entretanto, se for necessário desconsiderar um método público das operações do serviço, utiliza-se a anotação @WebMethod(exclude = true), atribuindo o valor true ao atributo exclude.

Quando o sistema for colocado em execução no GlassFish, é possível acessar o WSDL do serviço por meio de uma URL no seguinte formato:

```
http://host:porta/aplicação/Classe + Service?wsdl
```

Onde:

- **Host:** é o nome ou o endereço IP da máquina em que a aplicação está rodando.
- **Porta:** é o número da porta em que a aplicação está rodando no servidor. Por padrão, o GlassFish utiliza a porta 8080; entretanto 80 é a porta padrão dos servidores Web em produção.

- **Aplicação:** é o nome da aplicação. No NetBeans, o nome da aplicação é dado pelo nome do projeto.
- **Classe:** é o nome da classe que implementa o serviço concatenado com Service?wsdl.

Assim, se o projeto estiver sendo executado localmente (*localhost*), o WSDL do serviço implementado pela classe Calculadora pode ser acessado por meio do *link*:

http://localhost:8080/XMLWebService/CalculadoraService?wsdl

A Figura 7.3 apresenta o WSDL gerado para a classe Calculadora com a operação de soma.

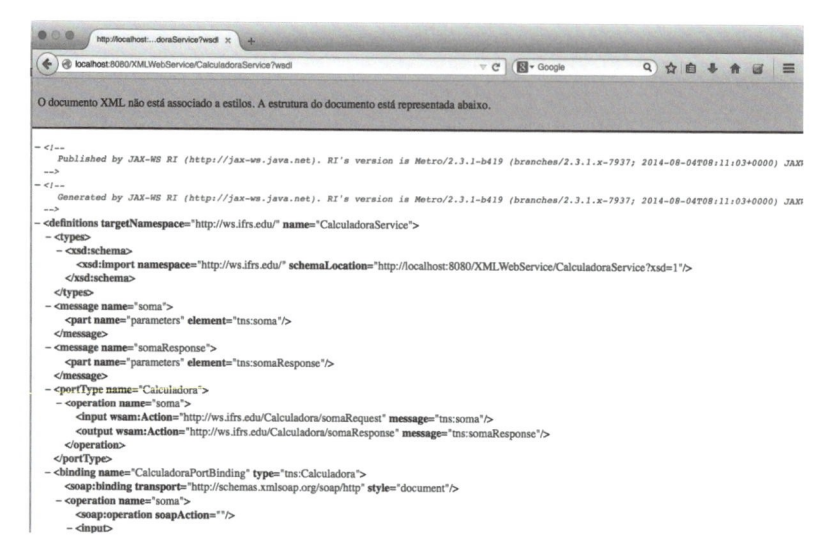

Figura 7.3 WSDL do serviço implementado pela classe Calculadora.
Fonte: Autor.

As anotações permitem realizar algumas configurações nos serviços. O atributo serviceName da anotação @WebService, quando presente, altera o nome do serviço, modificando o endereço do WSDL. Por exemplo, se utilizarmos a anotação @WebService(serviceName="Calculator"), o endereço do WSDL do serviço será alterado para http://localhost:8080/XMLWebService/Calculator?wsdl, ou seja, o atributo serviceName desconsiderará o nome da classe e atribuirá o nome Calculator para o *Web Service*.

O atributo name, quando aplicado à anotação @WebService, altera o nome do portType de um documento WSDL e pode ser utilizado da seguinte maneira, @WebService(name="Operations"). Da mesma forma, o atributo portName da anotação @WebService modifica o nome do elemento port em um WSDL, por exemplo, @WebService(portName="CalculatorPort"). A Figura 7.4 mostra a utilização dos atributos serviceName, portType e portName da anotação @WebService na classe Calculadora.

```
package edu.ifrs.ws;

import javax.jws.WebMethod;
import javax.jws.WebService;

@WebService(
        serviceName = "Calculator",
        name = "Operations",
        portName = "CalculatorPort")
public class Calculadora {

    @WebMethod(operationName = "sum")
    public int soma(int a, int b){
        return a + b;
    }

    @WebMethod(exclude = true)
    public int multiplica(int a, int b){
        return a * b;
    }
}
```

Figura 7.4 Opções de configuração de um *Web Service* com o JAX-WS.
Fonte: Autor.

É possível notar na linha 12 da classe `Calculadora` que o atributo `operationName` da anotação `@WebMethod` é utilizado para alterar o nome da operação `soma` para `sum`. Além disso, apesar de a classe `Calculadora` possuir dois métodos públicos, `soma` e `multiplica`, apenas o método de `soma` faz parte do *Web Service*, pois o método `multiplica` foi removido do WSDL por meio do atributo `exclude`, com o valor `true`, aplicado na linha 17 por meio da anotação `@WebMethod`.

Muitas vezes um serviço deve implementar uma interface Java. Nesses casos, o uso da anotação `@WebMethod` não é permitido. Deve-se utilizar o atributo `endpointInterface` da anotação `@WebService`. A Figura 7.5 ilustra essa situação.

```
package edu.ifrs.ws;

import javax.jws.WebService;

@WebService(
        serviceName = "Calculator",
        portName = "CalculatorPort",
        endpointInterface = "edu.ifrs.ws.CalculatorWS")
public class Calculadora implements CalculatorWS {

    @Override
    public int sum(int a, int b){
        return a + b;
    }

    @Override
    public int multiply(int a, int b){
        return a * b;
    }
}
```

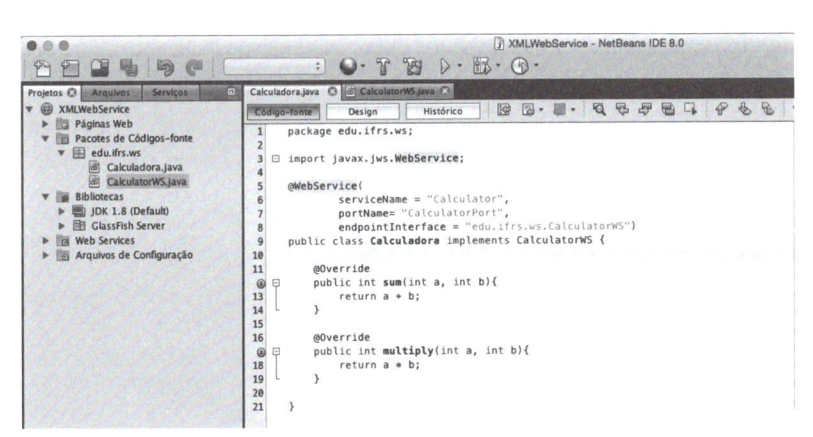

Figura 7.5 Construção de um serviço que implemente uma interface Java.
Fonte: Autor.

Nessa figura, é possível notar na linha 8 que a classe `Calculadora` respeita a interface `CalculatorWS`. Observa-se também que os métodos `sum` e `multiply`, definidos na interface, não recebem a anotação `@WebMethod`. Outro ponto importante é o fato de o atributo `endpointInterface` receber o nome completo da interface Java, nesse caso, composto pelo nome do pacote e o nome da interface Java (`edu.ifrs.ws.CalculatorWS`). Se o atributo `endpointInterface` não for definido, todos os métodos públicos da classe serão transformados em operações do *Web Service*. A utilização do atributo `endpointInterface` na anotação `@WebService` é obrigatória somente se a intenção for criar um serviço que respeite apenas os métodos projetados pela interface Java. Além disso, nessa situação, não é permitido o uso do atributo `name` da anotação `@WebService`, pois isso altera o nome do elemento `portType` de um documento WSDL. Como o nome de um `portType` é análogo ao nome de uma interface Java, o valor de `portType` será dado pelo nome da interface Java que o serviço implementa, ou seja, no `CalculatorWS`. Na Figura 7.6, temos o código da interface.

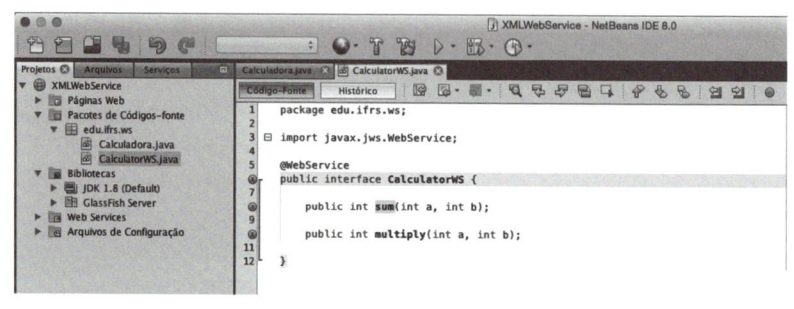

Figura 7.6 Interface Java para o XML *Web Service*.
Fonte: Autor.

Para verificar se o *Web Service* está funcionando corretamente, basta passar o parâmetro `tester` para o serviço, por exemplo, `http://localhost:8080/XMLWebService/Calculator?tester`. Isso possibilitará que o JAX-WS produza uma página Web de teste capaz de invocar cada operação do serviço. A Figura 7.7 mostra a página de teste para os métodos de soma e multiplicação do serviço `Calculator`.

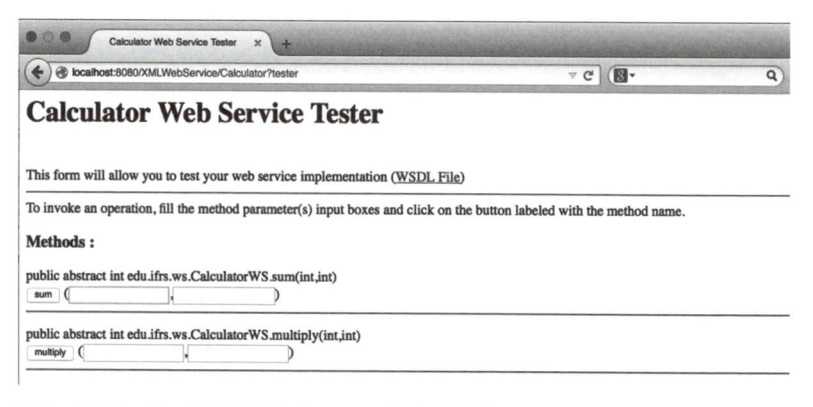

Figura 7.7 Interface Web para o teste do serviço `Calculator`.
Fonte: Autor.

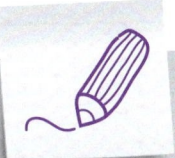

Agora é a sua vez!

Crie um XML *Web Service* contendo operações matemáticas de soma, substração, multiplicação e divisão. Depois de colocá-lo em execução, acesse o documento WSDL do serviço e identifique os elementos. Utilize a página de teste para verificar as mensagens SOAP que são trocadas no momento da invocação de uma operação. Caso você necessite, visite o site do Grupo A para baixar o projeto XMLWebService para o NetBeans.

» Construindo um cliente para um XML *Web Service*

Uma das formas mais rápidas para criar um cliente para o serviço é utilizar o *wizard* do NetBeans a fim de gerar o código automaticamente. O código gerado para o cliente irá refletir o WSDL do serviço, ou seja, serão criadas classes em Java que irão abstrair o *Web Service*. Dessa forma, o NetBeans irá ler o WSDL do serviço e escrever classes com a mesma nomenclatura. Por exemplo, para o serviço `Calculator`, será disponibilizada uma classe Java de mesmo nome.

Depois de criar um projeto Web no NetBeans, deve-se procurar a ferramenta "Cliente para *Web Service*". A Figura 7.8 ilustra essa opção.

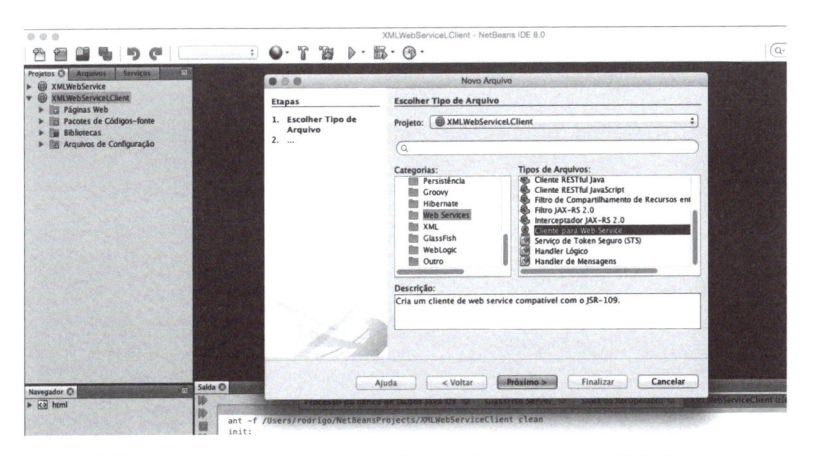

Figura 7.8 Ferramenta para geração de um cliente para um XML *Web Service*.
Fonte: Autor.

Quando a ferramenta for selecionada, serão apresentadas algumas opções para a criação do cliente. Entre as opções disponíveis pela ferramenta, pode-se informar a URL do WSDL juntamente com o nome de um pacote Java. A Figura 7.9 apresenta essa configuração no momento da criação de um cliente para o XML *Web Service*.

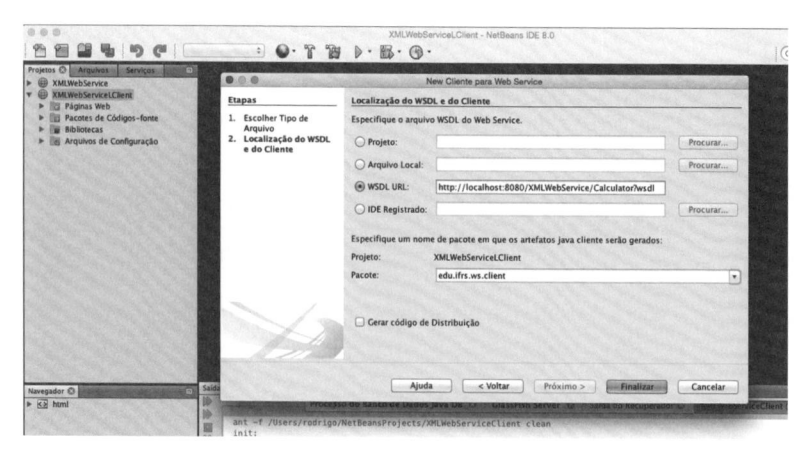

Figura 7.9 Configuração do cliente para um XML *Web Service*.
Fonte: Autor.

As classes criadas ficam disponíveis na pasta "Código-fonte Gerados (jax-ws)" do Netbeans e dentro no pacote Java informado anteriormente. Na Figura 7.10, é possível observar as classes que foram geradas de forma automática. Pode-se verificar também um exemplo de Servlet que utiliza as classes do cliente criado. Entre as linhas 21 e 27, o Servlet WSClient acessa o *Web Service* com o objetivo de realizar uma operação de multiplicação. Na linha 21, o objeto service da classe Calculator é instanciado. A classe Calculator, gerada pelo NetBeans, pode ser considerada como uma abstração do serviço, ou seja, ela encapsula os objetos capazes de invocar as operações do *Web Service*. Uma vez instanciado, o objeto service pode ser usado para acessar as operações do serviço. Dessa maneira, a linha 23 demonstra a instanciação de um objeto port do tipo CalculatorWS. Já na linha 25, é invocado o método multiply do objeto port. Nesse momento, os valores são enviados para o *Web Service*, processados e retornados para o Servlet. Finalmente, na linha 27, o resultado da operação de multiplicação é apresentado.

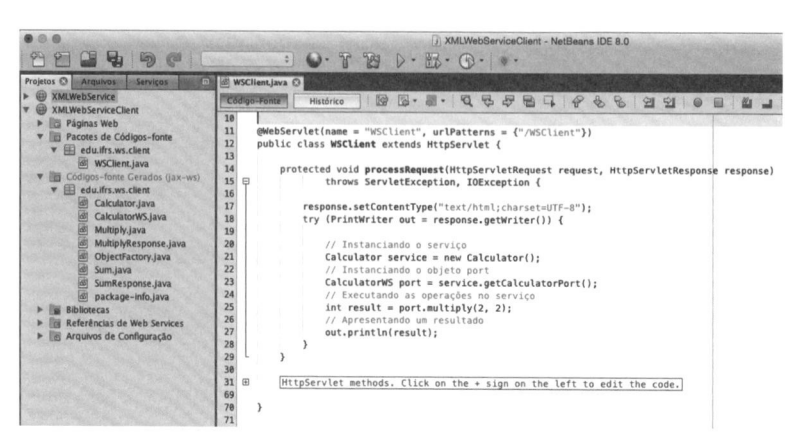

Figura 7.10 Exemplo de uso de um cliente para o XML *Web Service*.
Fonte: Autor.

>> Agora é a sua vez!

Reproduza o cliente para o XML *Web Service* para operações matemáticas. Uma vez construído, analise as classes `Calculator` e `CalculatorWS`, que foram geradas pelo NetBeans com o objetivo de verificar as anotações usadas na construção do cliente para o XML *Web Service*. Se você tiver dificuldade, visite o site do Grupo A e baixe o projeto XMLWebServiceClient do NetBeans.

>> RESTful *Web Services*

No Java EE, a API **Java API for RESTful Services** (**JAX-RS**) é responsável pelo suporte ao desenvolvimento de serviços com base no estilo arquitetural ***Representational State Transfer*** (**REST**). Os *Web Services* desenvolvidos dentro desse estilo aplicam as restrições do REST para produzir propriedades interessantes para a aplicação, como baixo acoplamento, escalabilidade e simplicidade arquitetural.

As principais regras formuladas pelo REST são as seguintes:

- As aplicações devem respeitar o modelo cliente/servidor.
- Devem existir intermediários entre o cliente e o servidor e, nesses mediadores, ser possível a utilização de *cache*, por exemplo, o *proxy* do HTTP.
- Qualquer tipo de recurso deve ser definido por meio de *Uniform Resource Identifiers* (URIs), da mesma forma como acontece com os *links* na Web.
- Deve-se delimitar um conjunto de métodos, por exemplo, HTTP GET, POST, PUT, etc.
- Não se deve possuir um estado para a aplicação (*stateless*)[1].

Como pode ser observado, todas características do REST estão presentes no HTTP. Dessa forma, podemos dizer que o HTTP segue o estilo de arquitetura REST. Assim, os RESTful *Web Services* escritos em Java utilizam o HTTP e, consequentemente, o estilo REST como sua base arquitetural.

---

[1] Por padrão, uma aplicação Web não possui estado, pois trabalha dentro de uma lógica de requisições dos clientes e resposta dos servidores. Entretanto, existem mecanismos, como *cookies* e sessões, que permitem que um sistema desenvolvido na Web possa guardar estados de variáveis. Essa mesma lógica pode ser aplicada para os RESTful *Web Services*.

Um RESTful *Web Service* pode ser adequado nas seguintes condições:

1. Se a natureza do serviço for *stateless*. Apesar de poder utilizar *cookies* e sessões do HTTP para controle do estado das variáveis, os RESTful *Web Services* são apropriados quando não existir necessidade de guardar estados.

2. O produtor e o consumidor possuírem uma compreensão mútua do contexto e do conteúdo que será transmitido. Diferentemente dos XML *Web Services*, em que existe o WSDL capaz de descrever as operações do serviço, um RESTful *Web Service* utiliza apenas os métodos do HTTP, portanto, necessitando de entendimento do contexto entre cliente e serviço.

3. Em situações em que a largura de banda é limitada. Por trabalhar sob o HTTP, os RESTful *Web Services* não necessitam de infraestrutura adicional para a sua operação.

4. Se um serviço necessitar ser incorporado em um página Web, por exemplo, por meio de *Asynchronous Javascript and XML* (AJAX). Nesse caso, recomenda-se o uso dos RESTful *Web Services*.

Para construir um serviço REST com essa tecnologia, inicialmente se deve determinar um identificador para o serviço por meio de uma *Uniform Resource Locator* (URL). Posteriormente, essa URL receberá requisições HTTP realizadas por meio dos métodos GET, POST, PUT, entre outros. Cada requisição HTTP que chegar ao serviço será atendida por um método de uma classe Java. Com o objetivo de facilitar o trabalho do programador, o JAX-RS disponibiliza algumas anotações que simplificam o desenvolvimento de um RESTful *Web Service*. Dessa maneira, cabe aos desenvolvedores decorarem as classes Java por meio das anotações para definir a URL do serviço e os métodos que serão executados para cada tipo de requisição HTTP.

» Principais anotações disponíveis no JAX-RS

O JAX-RS disponibiliza um conjunto de anotações que facilitam o desenvolvimento de um RESTful *Web Service*. As anotações do JAX-RS são acionadas no momento da execução, ou seja, todos os artefatos referentes ao serviço são criados enquanto o sistema estiver rodando. O Quadro 7.1 apresenta as principais anotações definidas pelo JAX-RS.

Quadro 7.1 » Principais anotações do JAX-RS

Anotação	Descrição

@Path	A anotação `@Path` indica um caminho relativo para acesso ao serviço. Por exemplo:
	
	``
	@Path("/calculator")
	public class Calculator {
	``
	
	Nesse caso, a classe `Calculator` será hospedada por meio do caminho `/calculator`.
	
	Essa anotação também pode declarar variáveis, `@Path ("/calculator/{value}")`, onde `{value}` implementa um parâmetro que poderá ser enviado para o serviço.
	
	Obrigatoriamente, a anotação `@Path` é utilizada na declaração de uma classe Java. Entretanto, essa anotação também pode ser aplicada aos métodos. Nesse caso, o caminho para acessar a operação do método será a concatenação entre o caminho relativo indicado na classe e o caminho do método. Observe o exemplo:
	
	``
	@Path("/calculator")
	public class Calculator {
	
	    @Path("{a}/{b}")
	    public Result soma()
	``
	
	Nesse exemplo, o caminho relativo para acessar o método soma é `/calculator/{a}/{b}`

@GET
@POST
@PUT
@DELETE
@HEAD
	As anotações `@GET`, `@POST`, `@PUT`, `@DELETE` e `@HEAD` indicam os métodos da classe Java que serão executados quando as requisições HTTP chegarem no serviço. Cada anotação estabelece correspondência com o método do HTTP. Por exemplo, se um método Java for decorado com a anotação `@GET`, então, esse método estará preparado para tratar requisições HTTP GET que forem realizadas para o serviço. Veja o exemplo a seguir:
	
	``
	@Path("/calculator")
	public class Calculator {
	
	    @GET
	    @Path("{a}/{b}")
	    public Result soma()
	``
	
	Assim, para realizar uma operação de soma, será necessário enviar uma requisição HTTP GET para `/calculator/2/3`. Note que atribuímos os valores 2 e 3 para `{a}` e `{b}` respectivamente.

Quadro 7.1 » *Continuação*

Anotação	Descrição
@PathParam	A anotação `@PathParam` faz referência aos parâmetros declarados na anotação `@Path`. Observe o trecho de código a seguir: ```@GET
@Path("{a}/{b}")
public Result soma(@PathParam("a")
int x, @PathParam("b") int y)``` Nesse exemplo, o método Java `soma` possui dois parâmetros inteiros, `x` e `y`. Dessa forma, a anotação `@PathParam("a")` indica que o valor de `x` será extraído do parâmetro `{a}` que foi declarado como caminho relativo em `@Path("{a}/{b}")`.
@Produces	A anotação `@Produces` especifica o tipo de dados retornado por uma operação do serviço conforme a especificação *Multipurpose Internet Mail Extensions* (MIME), que define o formato das mensagens trocadas na Internet. Se essa anotação decorar uma classe Java, então todos os métodos devem produzir dados no mesmo formato. Entretanto, usar o `@Produces` na declaração de um método é o uso mais comum. Observe o exemplo: ```@GET
@Path("{a}/{b}")
@Produces("application/json")
public Result soma(@PathParam("a") int x,
@PathParam("b") int y)``` Nesse exemplo, o método `soma` deve retornar dados no formato *JavaScript Object Notation* (JSON) por meio da transformação dos atributos e dos valores de um objeto `Result`. Se a classe `Result` contiver um atributo `value`, então o método `soma` deve produzir o JSON `{"value":"5"}`, onde 5 será o resultado da soma. Como existem muito tipos MIME para o programador recordar, foi criada a classe chamada `MediaType`, que auxilia na configuração desses tipos de dados. O exemplo a seguir mostra como utilizar a anotação `@Produces` para retornar dados JSON com a classe `MediaType`. `@Produces(MediaType.APPLICATION_JSON)`

Quadro 7.1 » *Continuação*

Anotação	Descrição
@Consumes	A anotação @Consumes é o oposto da @Produces. Enquanto @Produces é utilizada para informar o tipo de dados retornado pelo serviço, @Consumes indica o tipo de dados que será consumido pelo serviço. As mesmas regras de @Produces podem ser aplicadas para @Consumes.

@ApplicationPath	A anotação @ApplicationPath é utilizada para definir o mapeamento base para todas as classes Java que disponibilizam serviços. Essa anotação pode ser usada apenas na classe que herda de javax.ws.core.Application. Veja o exemplo a seguir:
	
	`import javax.ws.rs.core.Application;`
	
	`@ApplicationPath("/service")`
	`public class ServiceConfig extends Application {`
	
	Nessa situação, /service será o caminho inicial para todos os serviços de um sistema. Portanto, o caminho completo para o método de soma será:
	
	`http://host:porta/aplicação/service/calculator/2/3`

@QueryParam	A anotação @QueryParam é usada para extrair dados dos parâmetros passados por GET em uma URL do serviço, por exemplo, /service/query?userName=PersonName. Nesse caso, o ponto de interrogação separa o parâmetro userName do serviço referenciado por query. Assim, o serviço poderia ser implementado da seguinte maneira:
	
	`@GET`
	`public void execute(@QueryParam("userName") String name)`
	
	No trecho de código citado, o valor da variável name é retirado do parâmetro username.

A fim de ilustrar o uso das anotações, a Figura 7.11 apresenta um exemplo de serviço REST para operações matemáticas.

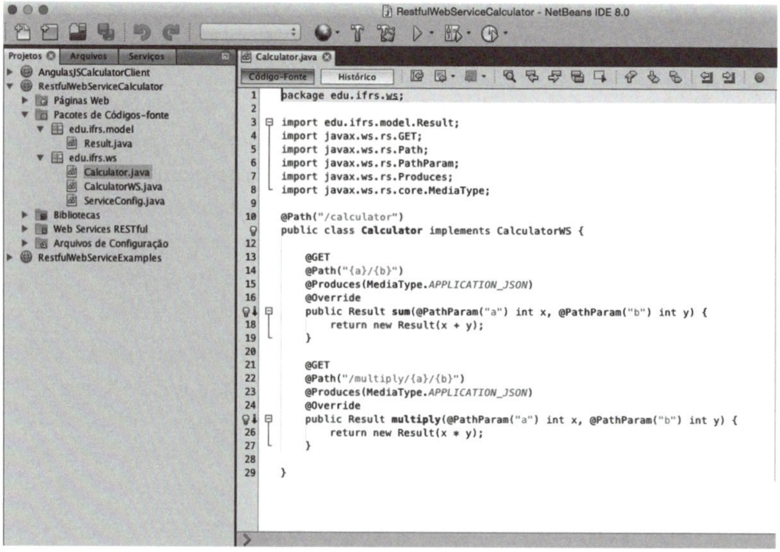

Figura 7.11 RESTful *Web Service* para o serviço que implementa operações matemáticas.
Fonte: Autor.

Inicialmente é desenvolvida uma classe Java chamada Calculator que implementa a interface CalculatorWS. A interface define as operações de soma e multiplicação (sum e multiply respectivamente) que foram posteriormente codificadas na classe. Para construir o serviço, na linha 10, é utilizada a anotação @Path("/calculator") na declaração da classe Calculator. A operação de soma é decorada com as anotações @GET e @Path("{a}/{b}"), como mostram as linhas 13 e 14. Isso significa que sum poderá ser acessado por meio do método GET do HTTP e receberá os valores para realizar a soma pela URL. Nas variáveis do método, linha 17, utilizam-se as anotações @PathParam("a") e @PathParam("b"), que possuem a capacidade de extrair os valores da URL e atribuir para x e y na devida ordem. O retorno do método de soma é feito no formato JSON, pois foi utilizada a anotação @Produces(MediaType.APPLICATION_JSON), capaz de concatenar pares de atributos e valores de um objeto Result e transformar esses pares numa String em JSON. A principal diferença do método sum para o multiply está na anotação @Path, como apresentam as linhas 14 e 22. Enquanto o método de soma é acessado por meio do *link* /calculator/{a}/{b}, o método de multiplicação utiliza a URL /calculator/multiply/{a}/{b}, onde {a} e {b} serão substituídos pelos valores que serão somados ou multiplicados. Nesse caso, é importante salientar que ambos os métodos respondem às operações de GET do HTTP, porém em URLs distintas.

Para publicar o serviço, é necessário criar uma URL base e mapear todas as classes que implementam serviços. Umas das formas de se fazer isso é implementar uma classe que herde de javax.ws.rs.core.Application e decora-lá com a

anotação @ApplicationPath. Dessa forma, foi construída a classe Service-
Config respeitando essas peculiaridades. A Figura 7.12, apresenta a classe ServiceConfig.

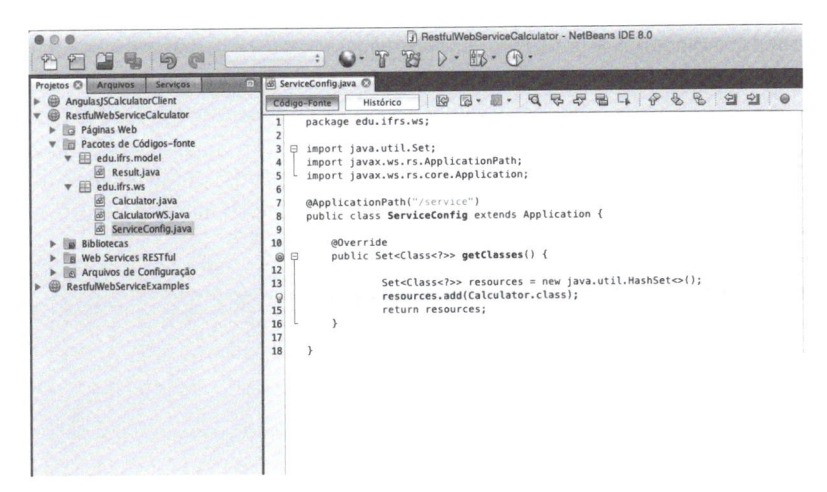

Figura 7.12 Uso da anotação @ApplicationPath.
Fonte: Autor.

A classe ServiceConfig recebeu a anotação @ApplicationPath("/
service"), ou seja, /service será o caminho relativo base para todos os serviços do sistema. Assim, para acessar o serviço de soma, teremos que utilizar a URL
http://host:porta/aplicação/service/calculator/{a}/{b}. Já
para o serviço de multiplicação, a URL do serviço será http://host:porta/
aplicação/service/calculator/multiply/{a}/{b}.

A classe Application possui um método chamado getClasses que pode ser
sobrescrito com o objetivo de retornar um conjunto de classes que constituem um
RESTful *Web Services*. Assim, como pode ser observado na linha 11, o método get-
Classes foi sobrescrito em ServiceConfig. A linha 13 demonstra a instanciação de um HashSet que agrupará os *Web Services*. Por fim, na linha 14, um objeto
que representa a classe Calculator é adicionado ao conjunto de serviços a partir
do caminho /service.

Existem diversas formas de utilizar as anotações do JAX-RS para construir serviços
interessantes. Assim, apresentam-se a seguir exemplos corriqueiros de clientes e
seus respectivos RESTful *Web Services*.

>> Exemplos de RESTful *Web Service*

Nesta seção, são apresentados três exemplos para a construção de clientes Web e
serviço baseado em REST. Cada exemplo evidencia uma combinação de clientes
Web com seus respectivos serviços, e, em cada serviço, são apresentadas combina-
ções distintas do uso das anotações JAX-RS. Os exemplos são:

1. Um cliente Web que envia dados HTTP POST por intermédio de um formulário Web;
2. Um cliente que remete dados por HTTP POST, porém no formato JSON;
3. Um cliente que envia dados por meio de HTTP GET como parâmetros com o objetivo de demonstrar o uso da anotação @QueryParam.

Exemplo 1

Uma das situações mais corriqueiras é o envio de dados para o serviço por meio de formulários Web escritos com HTML. Na Figura 7.13, exemplificamos essa situação.

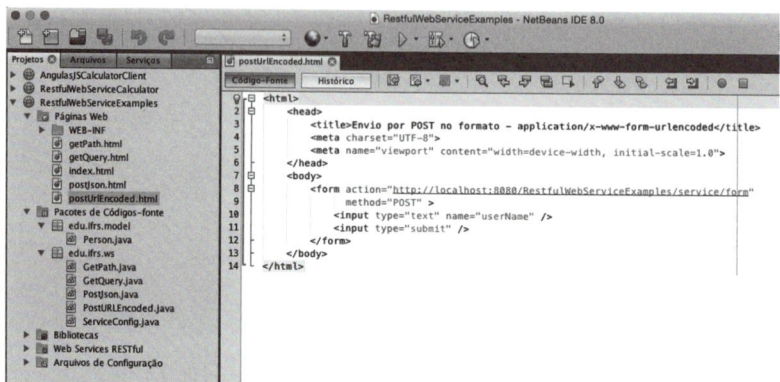

Figura 7.13 Envio de dados para o serviço por meio de um formulário Web.
Fonte: Autor.

Nessa figura, os dados do formulário são enviados por POST para um serviço localizado em /RestfulWebServiceExamples/service/form, linhas 8 e 9. Na linha 10, há um campo de texto com o atributo name igual a userName. Já na linha 11, o exemplo implementa um botão do HTML.

Na Figura 7.14, pode-se analisar um serviço capaz de receber os dados do formulário.

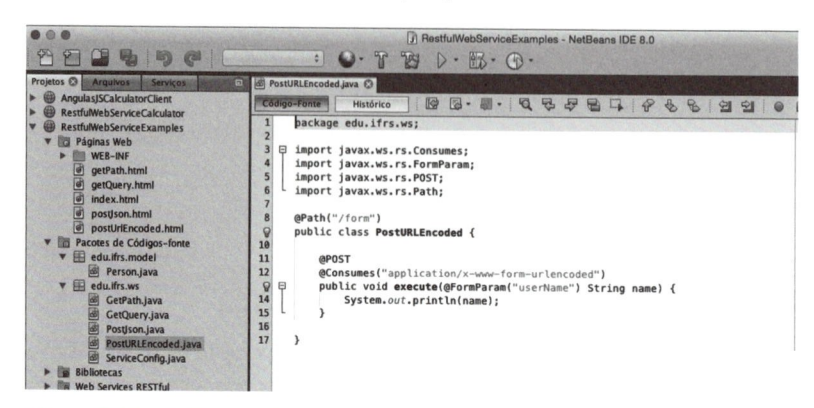

Figura 7.14 RESTful *Web Service* para processar dados de um formulário Web.
Fonte: Autor.

No código da figura, a classe `PostURLEncoded` é hospedada no caminho relativo `/form`. O método `execute` é decorado com a anotação `@POST`, capaz de responder requisições HTTP POST. Para recuperar os dados, utiliza-se a anotação `@Consumes` com o tipo MIME `application/x-www-form-urlencoded`, que representa dados provenientes de um formulário Web. Nesse caso, é possível utilizar a anotação `@FormParam` como meio de atribuir os valores para as variáveis. No exemplo, a anotação `@FormParam("userName")` atribui dados para a variável `name` do método `execute`. Portanto, o exemplo mostra uma maneira de enviar dados para um serviço por intermédio de um formulário HTML.

Exemplo 2

Outra situação de rotina é o envio de dados no formato JSON por meio de HTTP POST. A Figura 7.15 apresenta entre as linhas 6 e 13 um código em JavaScript que será executado no momento em que a TAG `body` for carregada (`onload="send()"`). Analisando o exemplo, observa-se que, na linha 8, está escrito o código para instanciar o objeto `xmlHttp` da classe `XMLHttpRequest` (Ajax). Já na linha 9, o método `open` recebe três parâmetros: (1) a String POST, que representa o método do HTTP que será usado; (2) a URL de acesso ao serviço; (3) e o booleano `true` que configura uma requisição assíncrona, ou seja, a requisição do cliente e a resposta do serviço não serão sincronizadas. Na linha 10, por meio do método `setRequestHeader`, ajusta-se o cabeçalho da requisição HTTP para informar ao serviço que os dados do cliente serão enviados no formato JSON (`application/json`). Finalmente, na linha 11, codifica-se o método `send`, capaz de enviar para o serviço o objeto JSON, `{"userName":"Person Name(Json)"}`, com atributo `userName` e estado `PersonName(JSON)` para o serviço.

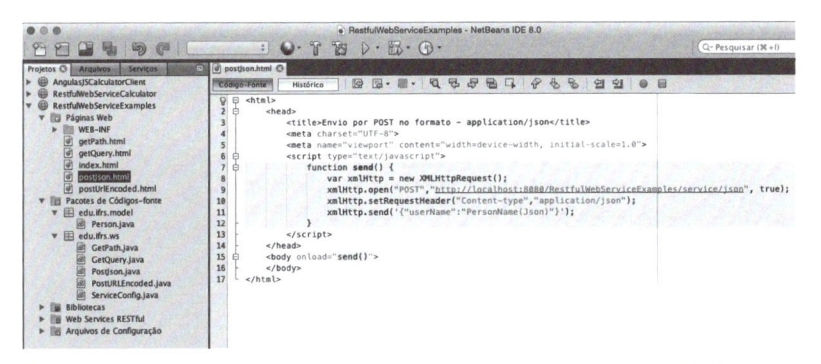

Figura 7.15 Cliente Web para o envio de dados JSON por meio de HTTP POST.
Fonte: Autor.

Para criar um serviço que receba um objeto JSON por meio de HTTP POST, primeiramente a classe `PostJson` é decorada com a anotação `@Path("/json")`, como demonstra a Figura 7.16.

Figura 7.16 RESTful *Web Service* para receber dados JSON por meio de HTTP POST.
Fonte: Autor.

Pode-se observar que o método `execute` recebe a anotação `@POST`, permitindo invocar esse método quando uma requisição HTTP POST chegar no caminho relativo /json. Para poder receber os dados em JSON, o método `execute` também é decorado com a anotação `@Consumes("application/json")` na linha 12. O método `execute` possui apenas um objeto da classe `Person` como parâmetro de entrada. Essa classe foi construída com o objetivo de transformar um objeto JSON em Java, pois a implementação JAX-RS do Glassfish é capaz de realizar essa conversão. Para que a transformação aconteça de forma automática, é necessário que os atributos da classe `Person` correspondam aos atributos do JSON, ou seja, para o JSON {"userName":"PersonName(Json)"}, a classe `Person` deve possuir o atributo `username`, como mostra a Figura 7.17.

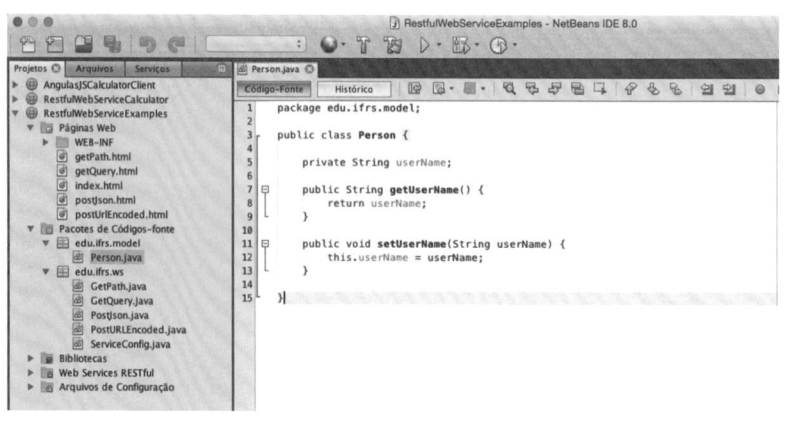

Figura 7.17 Classe `Person`.
Fonte: Autor.

Exemplo 3

Neste exemplo, o objetivo é demonstrar como enviar dados para um serviço por meio de parâmetros de consulta HTTP GET, como `query?userName=PersonName`. Para isso, desenvolve-se uma variação do cliente Web, a qual é apresentada na Figura 7.15. A Figura 7.18 apresenta as alterações realizadas.

Figura 7.18 Cliente Web para o envio de dados por meio de parâmetros de consulta do HTTP GET.
Fonte: Autor.

Nas linhas 9, 10 e 11, pode-se notar que o método `open` é alterado em dois pontos: (1) a forma de envio do HTTP passou de POST para GET; (2) a URL do serviço foi alterada com o objetivo de enviar dados para o serviço `/query`, na linha 10. Além disso, é removido o método `setRequestHeader`, pois os dados serão enviados pela própria URL, ou seja, sem a necessidade de informar o tipo de dado que será enviado no cabeçalho da requisição HTTP. A Figura 7.19 apresenta o serviço referenciado por `/query` que é desenvolvido para esse cliente Web.

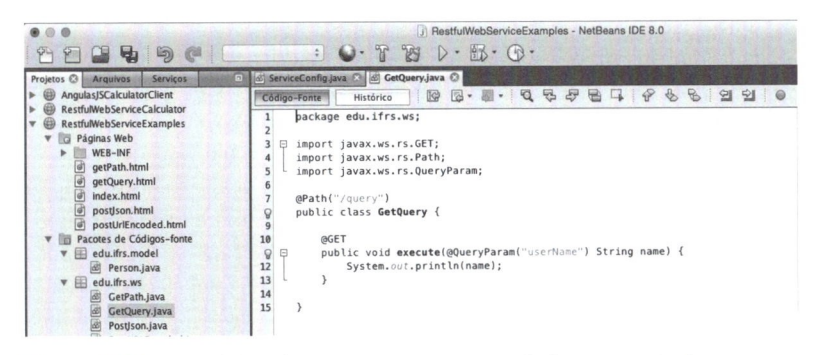

Figura 7.19 RESTful *Web Service* para recuperar dados por meio de parâmetros de consulta do HTTP GET.
Fonte: Autor.

No exemplo de serviço, a classe `GetQuery` é decorada com a anotação `@Path("/query")` e o método `execute` com a anotação `@GET`, possibilitando, portanto, que o método atenda às requisições HTTP GET realizadas no caminho `/query`. O valor do parâmetro `name` do método `execute`, na linha 11, é recuperado a partir da anotação `@QueryParam("userName")`. Assim, quando o serviço for executado, a anotação `@QueryParam` extrairá o dado do parâmetro `userName` e atribuirá para a variável `name`.

Os exemplos mostram situações comuns no desenvolvimento de clientes e serviços Web. Apresenta-se a seguir uma forma de integrar uma aplicação Web com um RESTful *Web Service* por meio do *framework* AngularJS. Geralmente os *frameworks* escritos em JavaScript possuem diversas ferramentas interessantes para o desenvolvimento de clientes para os serviços. O entendimento da integração entre os serviços e os clientes permite construir sistemas Web com um baixo acoplamento e, por consequência, com grandes possibilidades de reúso.

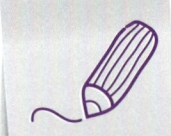

» Agora é a sua vez!

Reproduza os exemplos apresentados. Se você tiver dificuldades, baixe o projeto RESTfulWebService-Example no site do Grupo A.

› Construindo um cliente para um RESTful *Web Service* usando o AngularJS

Como pode ser observado nos exemplos anteriores, um cliente para um RESTful *Web Service* pode ser escrito de diversas formas, pois se trata de um serviço com base em requisições e respostas HTTP. Apesar de existirem várias maneiras para se construir um cliente, nesta seção, apresenta-se um exemplo baseado no *framework* AngularJS. Desenvolvido pelo Google, o AngularJS possui diversos recursos interessantes para a construção de aplicativos Web. Entre eles, o *framework* disponibiliza extensões que auxiliam na construção de clientes para serviços baseados em REST na linguagem JavaScript. Além disso, o AngularJS estabelece um padrão *Model View Controller* (MVC), possibilitando que o código JavaScript obtenha uma boa organização e, consequentemente, oportunidades de reúso.

Para desenvolver um cliente para o serviço de operações matemáticas já descrito, inicialmente se deve fazer a importação do *framework* AngularJS. Para baixar o AngularJS, é necessário acessar o site http://angularjs.org. A Figura 7.20 ilustra o código HTML escrito para o cliente do serviço REST `Calculator`. Nas linhas 10 e 11 do arquivo `index.html`, podem-se observar a importação do AngularJS (angular.min.js) e a extensão AngularJS-Resource (angular-resource.min.js), responsável por auxiliar no desenvolvimento de clientes para os RESTful *Web Services*.

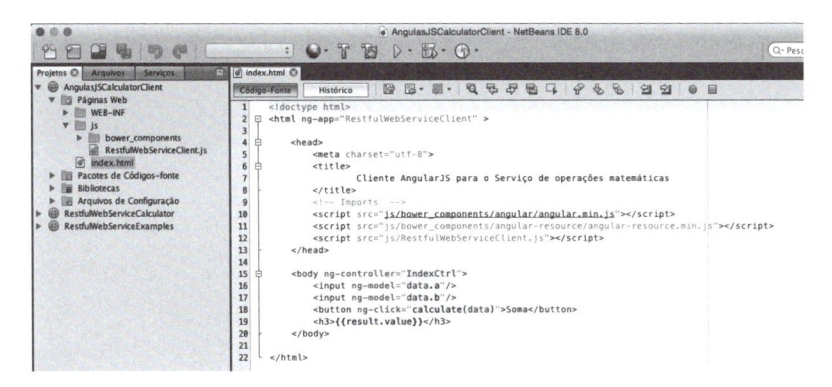

Figura 7.20 Código HTML para o cliente do serviço Calculator.
Fonte: Autor.

> ## >> PARA SABER MAIS
>
> O AngularJS pode ser importado por meio de URLs disponibilizadas na Web, por exemplo: `<script src="http://ajax.googleapis.com/ajax/libs/angularjs/1.2.26/angular.min.js"></script>`.

Depois de realizar a importação do AngularJS, um conjunto de recursos passa a ser disponibilizado pelo *framework*. Assim, na linha 2, usa-se a directiva ng-app, que faz referência para uma aplicação em AngularJS, nesse caso, chamada de RestfulWebServiceClient. No exemplo, o escopo da aplicação Restful-WebServiceClient vai da TAG <html> até a TAG </html>. Dentro de uma aplicação AngularJS podem existir diversos controladores. Assim, na linha 15, utiliza-se a diretiva ng-controller="IndexCtrl" para indicar IndexCtrl como o controlador que está atuando entre as TAGS <body> e </body>.

Apesar de ser utilizado apenas um controlador no exemplo, uma página (ou *view*) pode ter mais de um controlador no código HTML. Dentro da TAG <body>, são construídos dois campos de texto, um botão e um espaço para apresentar o valor da soma que será retornado pelo serviço. Nos campos de texto, linhas 16 e 17, utiliza-se a diretiva ng-model para criar uma correspondência entre o valor do campo e a aplicação AngularJS. Nesse exemplo, data é um objeto com duas propriedades, a e b. Já na linha 18, usa-se a diretiva ng-click, que, nesse caso, irá executar o método calculate(data) do controlador IndexCtrl quando ocorrer um evento que clique no botão. A Figura 7.21 apresenta o código JavaScript para a aplicação RestfulWebServiceClient.

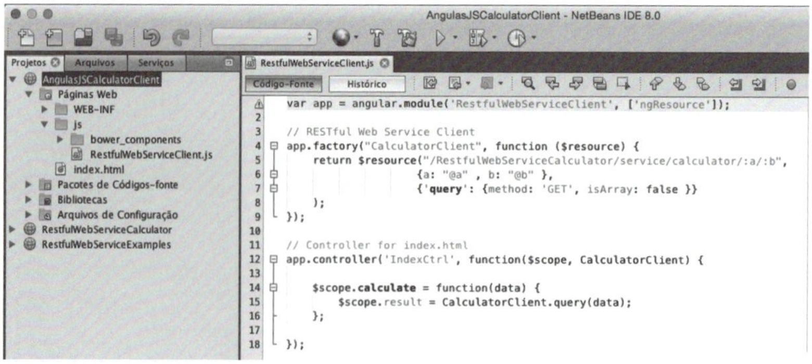

Figura 7.21 Aplicação RestfulWebServiceClient.
Fonte: Autor.

Na linha 1, a aplicação `RestfulWebServiceClient` é criada por meio do método `module` do objeto `angular`. Nessa mesma linha, o trecho `['ngResource']` declara uma dependência com a extensão AngularJS-Resource. No momento da execução, a extensão AngularJS-Resource disponibilizará uma fábrica referenciada por `$resource`, a qual permite instanciar um objeto capaz de interagir com os RESTful *Web Services*. O resultado da execução da primeira linha será atribuído para a variável `app`, que encapsulará todos os objetos da aplicação `RestfulWebServiceClient`. Dessa maneira, sempre que forem criados novos elementos para a aplicação eles serão instanciados por meio dos métodos de `app`.

Na linha 4, pode-se notar a construção do objeto `CalculatorClient` que encapsula alguns métodos capazes de acessar um RESTful *Web Service*. O método `factory` de `app` recebe dois parâmetros: o nome do objeto que será disponibilizado para a aplicação, nesse caso, `CalculatorClient`; e uma função que fabrica esse objeto. Note que a função posicionada no segundo parâmetro de `factory` recebe o objeto `$resource`, que será instanciado pela extensão AngularJS-Resource. Nesse exemplo, o objeto `$resource` realiza todo o trabalho de instanciar `CalculatorClient`. Para utilizar a fábrica `$resource`, é necessário obedecer a seguinte sintaxe:

```
$resource(url, [paramDefaults], [actions], options);
```

`url` Trata-se uma URL que pode possuir parâmetros prefixados indicados por dois pontos. Na linha 5 do exemplo, utilizou-se a seguinte URL, `/RestfulWebServiceCalculator/service/calculator/:a/:b`, onde `:a` e `:b` tratam-se das variáveis que receberão os valores para serem somados.

`paramDefaults` – É campo opcional que indica os valores iniciais para as variáveis que foram definidas na URL. Se o valor do parâmetro for prefixado com o símbolo @, então o valor do parâmetro poderá ser extraído das propriedades correspondentes em um objeto `data`, que deve ser fornecido no momento da execução de um método do objeto `CalculatorClient`. Por exemplo, na linha 6 do exemplo, tem-se: `{a: "@a", b: "@b"}`, então o valor indicado por "@a" pode ser obtido por meio de `data.a`.

`actions` – Tratam-se de declarações opcionais que modificam o conjunto-padrão de métodos disponibilizados pelo objeto `CalculatorClient`. Na linha 7 do exemplo, o método `query` do objeto `CalculatorClient` é alterado, pois, como o serviço retorna os dados em JSON, é necessário transformar String JSON para objeto JavaScript. Dessa maneira, a declaração `method` faz referência para os métodos do HTTP: GET, POST, PUT, entre outros. Já `isArray`, de posse do valor `false`, indica que os valores retornados pelo serviço serão transformados em objeto. Porém, por padrão, `isArray` possui o valor `true`, o que transforma os dados retornados em um *array* JavaScript.

`options` – O campo opcional *options* disponibiliza configurações que estendem os comportamentos-padrão do objeto `CalculatorClient`. No exemplo, não é utilizado esse parâmetro.

A vantagem de criar um cliente para RESTful *Web Service* por meio da extensão AngularJS-Resource está no fato de o objeto `CalculatorClient`, criado a partir da fábrica `$resource`, possuir métodos predefinidos que auxiliam na integração com os serviços. Esses métodos são os apresentados no Quadro 7.2.

Quadro 7.2 » **Métodos-padrão de um objeto criado por meio de `$resource`**

Métodos do objeto CalculatorClient	Métodos do HTTP	Configuração padrão
get	GET	
save	POST	
query	GET	isArray : true
remove	DELETE	
delete	DELETE	

Assim, ao executar o método `get` do objeto `CalculatorClient`, por exemplo, `CalculatorClient.get()`, uma mensagem HTTP GET será enviada para o serviço. No exemplo, tanto o método `get` quanto o método `query` são capazes de invocar a soma no RESTful *Web Service*. Entretanto, o método `query` foi alterado devido ao fato de a configuração `isArray` ter o valor `true` e o serviço retornar dados no formato JSON, como pode ser observado na Figura 7.11.

Finalmente, na linha 12, o controlador `IndexCtrl` é criado por meio do método `controller` do objeto referenciado por `app`. Nesse caso, o controlador `IndexCtrl` realiza a ligação entre a ação do usuário na página com o código que implementa a ação. O método `controller` recebe dois parâmetros: o nome do controlador e uma função que servirá como contêiner das funcionalidades disponibilizadas pelo controlador. Essa função contêiner recebe dois parâmetros, `$scope` e `CalculatorClient`. Enquanto `$scope` é um objeto que faz referência aos elementos específicos de uma aplicação, `CalculatorClient` é o objeto que possui métodos capazes de acessar o serviço REST. Na linha 14, a função

`$scope.calculate` é declarada. Essa função recebe como parâmetro o objeto `data`, que conterá os dados de soma fornecidos. Nesse caso, o objeto `data` encapsula duas propriedades, `a` e `b`. Já na linha 15, o método `query` do objeto `CalculatorClient` é declarado. O método `query` recebe o objeto `data` como parâmetro. Dessa forma, no momento da execução, os valores das propriedades de `data`, `a` e `b` serão encaixados na URL do serviço `/RestfulWebService-Calculator/service/calculator/:a/:b`. Quando o serviço for invocado, por meio de uma operação de GET no HTTP, o resultado da computação será armazenado em `$scope.result`. Assim, o resultado da soma será retornado no formato JSON, por exemplo, `{"value" : "4"}`, onde `4` é o resultado da operação de soma. Na linha 19 do arquivo `index.html` (Fig. 7.20), o resultado é apresentado para o usuário da seguinte forma: `{{result.value}}`.

O AngularJS oferece ferramentas interessantes para a construção de clientes Web e, consequentemente, para o desenvolvimento de sistemas com arquiteturas baseadas em serviços. Como pode ser observado no exemplo, o domínio dos RESTful *Web Services*, juntamente com *frameworks* JavaScript, possibilita o desenvolvimento de sistemas Web com baixo acoplamento entre os serviços e as interfaces com o usuário.

>> Agora é a sua vez!

Leia as afirmações a seguir e discuta com seus colegas se são verdadeiras ou falsas. Elabore uma justificativa para as afirmativas falsas.

a. Um *Web Service* permite a comunicação de dados entre aplicações (interoperabilidade), porém, para que isso ocorra, é necessário que as aplicações sejam desenvolvidas na mesma linguagem de programação.

b. Em Java EE, é possível implementar dois tipos de *Web Services*: XML e REST. *Web Services* com base em XML utilizam um conjunto de protocolos, como WSDL e SOAP. Já os serviços com base em REST utilizam os métodos do HTTP para implementar as operações.

c. Para executar um XML *Web Service* é necessário utilizar pelo menos dois protocolos básicos: WSDL e SOAP. Enquanto o WSDL é um padrão para descrever um *Web Service* (mensagens, operações, porta, etc.), o SOAP é um formato para a troca de dados.

d. Não é recomendado utilizar um *Web Service* com base em XML em uma rede com pouca largura de banda.

e. Em um RESTful *Web Service*, não é necessário que o produtor e o consumidor tenham compreensão mútua do contexto e do conteúdo que está sendo repassado.

>> Agora é a sua vez!

f. Anotações como `@Consumes` e `@Produces` são utilizadas para definir os tipos de dados de entrada e saída de um XML *Web Service*.

g. A única forma de passar parâmetros para um RESTful *Web Service* é por meio da URL.

h. Um RESTful *Web Service* oferece uma melhor integração com sistemas que possuem interface Web.

i. Um *Web Service* com base em REST não guarda informações de estado. Porém, assim como no HTTP, podemos utilizar *cookies* com o objetivo de persistirmos os valores das variáveis de uma aplicação.

j. A anotação `@GET` indica o nome de um serviço (ou recurso) que está sendo disponibilizado dentro do servidor de aplicação.

REFERÊNCIAS

JENDROCK, E. et al. Building RESTful Web Services with JAX-RS. In: JENDROCK, E. et al. *The Java EE 7 tutorial*. 5th ed. Upper Saddle River: Addison-Wesley Professional, 2014. v. 1, p. 559-583.

JENDROCK, E. et al. Building Web Services with JAX-WS. In: JENDROCK, E. et al. *The Java EE 7 tutorial*. 5th ed. Upper Saddle River: Addison-Wesley Professional, 2014. v. 1, p. 545-558.

JENDROCK, E. et al. Introduction to Web Services. In: JENDROCK, E. et al. *The Java EE 7 tutorial*. 5th ed. Upper Saddle River: Addison-Wesley Professional, 2014. v. 1, p. 514-544.

W3SCHOOLS. *AngularJS Tutorial*. [S.l.]: Refsnes Data, c2015. Disponível em: <http://www.w3schools.com/angular/default.asp>. Acesso em: 12 jan. 2015.

W3SCHOOLS. *Introduction to Web Services*. [S.l.]: Refsnes Data, c2015. Disponível em: <http://www.w3schools.com/webservices/ws_intro.asp>. Acesso em: 18 out. 2014.